人文社科
高校学术研究论著丛刊

# 新时代大学生劳动教育教程

徐趁丽　石林　佘林芳　主编

中国书籍出版社

**图书在版编目(CIP)数据**

新时代大学生劳动教育教程 / 徐趁丽,石林,佘林芳主编. --北京:中国书籍出版社,2020.10
ISBN 978-7-5068-8045-9

Ⅰ.①新… Ⅱ.①徐… ②石… ③佘… Ⅲ.①劳动教育－高等学校－教材 Ⅳ.①G40-015

中国版本图书馆 CIP 数据核字(2020)第 206258 号

## 新时代大学生劳动教育教程

徐趁丽　石　林　佘林芳　主编

| 丛书策划 | 谭　鹏　武　斌 |
| --- | --- |
| 责任编辑 | 毕　磊 |
| 责任印制 | 孙马飞　马　芝 |
| 封面设计 | 东方美迪 |
| 出版发行 | 中国书籍出版社 |
| 地　　址 | 北京市丰台区三路居路 97 号(邮编:100073) |
| 电　　话 | (010)52257143(总编室)　　(010)52257140(发行部) |
| 电子邮箱 | eo@chinabp.com.cn |
| 经　　销 | 全国新华书店 |
| 印　　厂 | 三河市德贤弘印务有限公司 |
| 开　　本 | 710 毫米×1000 毫米　1/16 |
| 字　　数 | 323 千字 |
| 印　　张 | 18 |
| 版　　次 | 2021 年 10 月第 1 版 |
| 印　　次 | 2021 年 10 月第 1 次印刷 |
| 书　　号 | ISBN 978-7-5068-8045-9 |
| 定　　价 | 86.00 元 |

版权所有　翻印必究

# 目　　录

第一章　劳动和劳动教育 …………………………………………………… 1
　　第一节　劳动的内涵 ……………………………………………………… 1
　　第二节　劳动教育的内涵 ………………………………………………… 2
　　第三节　我国传统文化视阈下的劳动教育 ……………………………… 5

第二章　新中国成立以来劳动教育的历史回顾 …………………………… 22
　　第一节　1949—1956 年的劳动教育 …………………………………… 22
　　第二节　1957—1977 年的劳动教育 …………………………………… 28
　　第三节　1978—1999 年的劳动教育 …………………………………… 36
　　第四节　2000—2012 年的劳动教育 …………………………………… 40
　　第五节　习近平新时代中国特色社会主义思想对劳动教育的
　　　　　　新发展 ………………………………………………………… 43

第三章　新时代大学生劳动教育概述 ……………………………………… 54
　　第一节　新时代大学生劳动教育的内涵 ………………………………… 54
　　第二节　新时代大学生劳动教育的原则 ………………………………… 57
　　第三节　新时代大学生劳动教育的意义 ………………………………… 63
　　第四节　新时代大学生劳动教育的对策 ………………………………… 68

第四章　新时代大学生的劳动价值观 ……………………………………… 78
　　第一节　新时代大学生劳动价值观存在的问题 ………………………… 78
　　第二节　大学生应树立正确的劳动价值观 ……………………………… 90
　　第三节　劳动教育对立德树人的功能支撑 ……………………………… 92
　　第四节　培育践行社会主义核心价值观 ………………………………… 102

第五章　新时代高校劳动教育课的组织机构及基础劳动教育课 ………… 133
　　第一节　新时代高校劳动教育课的组织机构 …………………………… 133
　　第二节　新时代高校学生的基础劳动教育课 …………………………… 139

# 第六章 新时代大学生劳动教育的有效实施······149
## 第一节 新时代大学生劳动教育的实施体系概述······149
## 第二节 新时代大学生劳动教育的实施路径······154

# 第七章 新时代大学生劳动教育实务······192
## 第一节 新时代大学生家庭劳动实务······192
## 第二节 新时代大学生学校劳动实务······207
## 第三节 新时代大学生社会劳动实务······220

# 第八章 新时代大学生劳动教育的实践安全与保障体系······233
## 第一节 新时代大学生劳动教育的实践安全······233
## 第二节 新时代大学生劳动教育的保障体系······240

# 附录······254

# 参考文献······278

# 第一章　劳动和劳动教育

《中共中央国务院关于全面加强新时代大中小学劳动教育的意见》指出,"劳动教育是中国特色社会主义教育制度的重要内容,直接决定社会主义建设者和接班人的劳动精神面貌、劳动价值取向和劳动技能水平",要"把劳动教育纳入人才培养全过程""促进学生形成正确的世界观、人生观、价值观"。大学,是大学生世界观、人生观、价值观确立的关键时刻,劳动教育,可以让大学生立足实践,认识世界,探索真理,不断完善自己。

## 第一节　劳动的内涵

劳动并不是一个新话题,但却应该是一个常议常新的话题。在新的时代里,我们对劳动的认识也要发生新的变化,要脱离以往的定势思维,要对劳动的概念理解跟得上新时代的步伐,焕发新时代的特色。

《现代汉语词典》中对劳动的解释有三个:"一是人类创造物质或精神财富的活动,二是专指体力劳动,三是进行体力劳动。"可以看出,我国对于劳动的概念理解在一定程度上是偏重体力劳动。马克思将劳动解读为:"劳动首先是人和自然之间的过程,是人的自身的活动来引起、调整和控制人和自然之间的物质交换的过程。"因从这里可以看出劳动的本质是人和自然之间的某种互动交换的过程。黄济教授指出:"劳动是人类特有的活动,是人类区别于动物的本质特征,是人类社会赖以生存和发展的基础。劳动是人类的本质特征,是创造社会物质财富和文化财富的根源。"阐述了劳动与人类和社会之间的关系,即劳动是人类所独有的,可以创造社会并且使社会发展的一种活动。《文史哲百科辞典》中对劳动的含义有着比较全面的概括:"人们使用工具改造自然物,使之适合自己需要的有目的的活动,即劳动力的使用或消费,包括脑力劳动和体力劳动。"[1]

---

[1] 高清海.《文史哲百科辞典》.吉林大学出版社,1988.

在以前贫穷、物质资源普遍匮乏的年代,劳动的主要任务是社会大生产,用来解决温饱问题,当时的社会对文化科学知识的要求并不迫切,因此劳动多指体力劳动。然而,新时代是一个开放的时代,物质富裕充足的社会环境和经济高速的发展,对体力劳动者的文化素养提出了更高的要求,劳动的概念变为脑力劳动和体力劳动相结合。

综上所述,对"劳动"一词的解释是基于学者所研究的视角,角度不同,所下的定义自然不同。关于劳动的内涵,我国宪法明文规定"公民有劳动的权利和义务"。这就要求每一个有劳动能力的人,都要把劳动看成是自己的光荣职责,必须以国家主人翁的态度对待劳动。本书的劳动是在教育学视角下展开的,对劳动的定位是人们有目的有意识的运用体力和智力改造事物的活动,也就是一种体力劳动和脑力劳动相结合的实践活动。学生通过劳动,不仅可以创造物质和精神财富,更能使其身心得到健康的发展。

# 第二节 劳动教育的内涵

我国的劳动教育大都被归为德育的一部分,这使劳动教育成为了德育的附属内容,从某种程度上来说是掩盖了劳动教育自身的独立性,淡化了人们对劳动教育的重视性,这也是劳动教育一直被边缘化的原因之一。

本书中的劳动教育不单单是指向学生传授现代生产的基本技能,从而使学生树立正确的劳动观点和态度,养成热爱劳动、热爱劳动人民,具有良好的劳动习惯,尊重并且珍惜劳动成果的一种教育。在经济全球化大背景下,人们在对外在物质沉迷于满足的时候,很容易忽视对内在自我的认识和完善。因此,新时代的劳动在创造物质财富的同时,需要更加注重其自身内心财富的创造。相应的劳动教育也不仅仅只是教会受教育者在社会中如何通过劳动而学会生存,更应该关注其内在心理的健康成长,劳动教育的核心价值应该是对人本身的促进和发展,劳动教育的最终的目的是要实现人的全面发展。这也是符合了教育学角度的育人性。

人们对劳动教育的本质属性认识大体可以分为四类。

## 一、将劳动教育主要视为德育的内容

《辞海》对劳动教育的定义是:"劳动教育是德育的内容之一,对学生进行热爱劳动和劳动人民、珍惜劳动成果、树立正确的劳动观点和劳动态度、通过日常生活培养劳动习惯和技能的教育活动。"《中国大百科全书》中将劳动教育定义为:"使学生树立正确的劳动观点和劳动态度,热爱劳动和劳动人民,养成劳动习惯的教育,是德育的内容之一。"这两个定义均更强调劳动教育的德育属性,直接将劳动教育定义为德育的一部分,把劳动习惯和技能的教育看作是日常生活培养的结果,并不突出劳动教育的智育价值。

## 二、将劳动教育主要视为智育的内容

《教师百科辞典》对劳动的定义是:"劳动教育就是向受教育者传播现代生产的基本知识和技能,培养他们具有正确的劳动观点、劳动习惯和热爱劳动人民、劳动成果的感情。劳动教育十分重视劳动过程中的智力因素,把平凡的劳动同创造性劳动结合起来,把简单的劳动与富有知识的劳动结合起来。"成有信在其《教育学原理》中更是直截了当地将劳动教育定义为:"培养学生具有现代工农业生产的基本知识和基本技能的教育。"这两个定义均更强调劳动教育的智育属性,将劳动教育的主要价值定位为传播现代生产基本知识和技能,提高社会劳动生产的智力水平。

## 三、将劳动教育视为德育和智育的综合体

《中国百科大辞典》在劳动技术教育词条下对劳动教育和技术教育做了分别解释:"劳动教育是以劳动实践为主,结合进行思想教育。技术教育是使学生掌握一定的生产知识及技术和劳动技能。其实施有利于培养学生的劳动观点、劳动技能和劳动习惯,为普通教育和职业教育打下基础。"也就是说,劳动教育更偏重德育,技术教育更偏重智育,二者相结合共同培养劳动观点、劳动技能和劳动习惯。黄济先生认为,劳动教育是一个涉及范围很广、不甚确定的概念,"但从其基本任务而言,不外两大方面:一是劳动技能的培养,二是思想品德的教育。在学校的劳动教育中,常常是二者兼而有之。"徐长发认为:"劳动教育是使青少年学生获得正确劳动观念、劳动习惯、劳动情感、劳动精神,了解和懂得生产技术知识,掌握生活和劳动技能,在劳动创造中追求幸福感的育人活动。它包括劳动思想观念的教育、劳动技术知识和劳动技能的教育。"这些定义均强调劳动教育的思想品德教育和知识技能教育双重属性。

## 四、将劳动教育视为促进学生全面发展的实践教育形式

陈勇军认为,"劳动教育的本质涵义是指通过参加劳动实践活动所进行的一种有目的、有计划、有组织的培养受教育者多种素质的教育活动,是融德育、智育、体育、美育为一体的全面提高学生素质的综合性教育。"可见,陈勇军倾向于将劳动教育视为学生参加劳动实践活动的教育形式,并借此全面提升德智体美各方面素质。许多伟大的教育家也倾向于将劳动教育理解为结合儿童生活和社会生产实际进行的"做中学"的活动。苏霍姆林斯基认为,"劳动教育是对年轻一代参加社会生产的实际训练,同时也是德育、智育和美育的重要因素",其劳动教育的理想追求是"使每一个人早在少年时期和青年早期就能领悟到劳动能使他的自然天赋更全面、更明显地发挥出来,劳动会带给他精神创造的幸福"。可见,苏霍姆林斯基把劳动教育视为让学生参加社会生产实际训练的形式,通过这一形式渗入德育、智育和美育,全面发挥儿童的自然天赋。陶行知也把劳动教育视为"在劳力上劳心"的实践活动。他说:"中国教育之通病是教用脑的人不用手,不教用手的人用脑,所以一无所能",劳动教育的目的就在于"谋手脑相长,以增进自立之能力,获得事物之真知及了解劳动者之甘苦"。可见,伟大的劳动教育实践家们更倾向于把劳动教育理解为"做中学"的实践形式,在劳动教育的目的方面,他们更强调劳动教育之于个体发展的内在价值——激发劳动热情、促进认知发展、提高实践能力、养成良好个性。

从前人关于劳动教育的定义分析可以发现,劳动教育既是一种教育内容,又是一种教育形式。作为内容,劳动教育可以理解为"关于劳动"的教育,它应该是与德智体美四育并举的概念,有自身独特的教育任务——热爱劳动和劳动人民的情感的养成,正确的劳动观念和劳动态度的培养、劳动习惯和劳动技能的培养等,但由于劳动教育的这些内容被认为可以包含在广义的德育和智育范围内,所以,劳动教育一直没有取得与德智体美四育并举的地位。作为形式,劳动教育可以理解为"通过劳动"的教育,就是让学生通过生产劳动的实际锻炼,全面发展德智体美各方面素质。当劳动教育被视作教育形式时,它就只是完成各育任务的载体,难以取得与其他各育平等的地位。可见,劳动教育在学校中被弱化现象的出现,与劳动教育本身的性质和在国民教育体系中的地位不明确有很大的关系。因此,要落实习近平总书记提出的"建构德智体美劳全面培养的教育体系"的总要求,首先需要着力解决的就是劳动教育在整个教育体系中的性质和地位问题。

### 五、对劳动教育概念的再认识

作为全面发展的教育体系之一部分，我们既要看到劳动教育作为形式所具有的树德、增智、健体、育美的综合育人价值，更要看到劳动教育作为内容在国民素质养成中所具有的德智体美育不可替代的独特价值。因为作为合格的公民，每个人都应工作，都得劳动，所以，具备基本的劳动能力以及对劳动的正确认知、价值观和生活态度是最基本、最重要的公民素质。从这一认识出发，中共中央、国务院于2015年印发了《关于构建和谐劳动关系的意见》，要求各级党委和政府从夺取中国特色社会主义新胜利的全局和战略高度，深刻认识构建和谐劳动关系的重大意义，把构建和谐劳动关系作为一项紧迫任务，采取有力措施抓实抓好。从长远看，构建和谐劳动关系，不仅需要各级党委和政府制定规范、健全机制，更需要在学校教育阶段就为学生提供相对系统而完整的劳动教育，使学生不仅掌握胜任工作的基本劳动知识与技能，而且拥有正确的劳动价值观、劳动伦理观和劳动权益意识。经过了这种系统的教育后，如果学生将来在工作中，无论是作为资方还是劳方，都能在合法维护自身权益的同时积极承担自己的劳动伦理责任，都能从社会分工的角度正确认识双方的角色和相互依存关系，那么，劳动关系领域的冲突与矛盾必然会极大降低，和谐劳动关系与社会主义和谐社会的构建才会有长治久安的内在基础。因此，劳动教育理应成为国民教育体系中与德智体美育并举的专门一部分。

## 第三节　我国传统文化视阈下的劳动教育

习近平总书记指出："中华文化源远流长，蕴育了中华民族的宝贵精神品格，培育了中国人民的崇高价值追求。自强不息、厚德载物的思想，支撑着中华民族生生不息、薪火相传，今天依然是我们推进改革开放和社会主义现代化建设的强大精神力量。"[①]在五千年的历史长河中，勤劳勇敢智慧的中国人民创造了辉煌的历史，铸就了灿烂的中华文明。在长期的与

---

① 《习近平谈传统文化：抛弃传统等于割断了自己的精神命脉2》人民网，http://theory.people.com.cn/n/2015/0109/c40555-26356863-2.html.

自然抗争的过程中,先民们还形成了丰富的劳动思想,精卫填海、夸父逐日、后羿射日、愚公移山、女娲补天、鲧禹治水、钻燧取火等神话传说都反映了古人对劳动的礼赞和对命运的抗争。《论语·子张》中主张"仕而优则学,学而优则仕",《论语·尧曰》中主张"因民之所利而利之";《孟子·梁惠王上》中主张"不违农时,谷不可胜食也;数罟不入洿池,鱼鳖不可胜食也;斧斤以时入山林,材木不可胜用也";《左传·宣公十二年》中主张"商农工贾,不败其业";等等。时至今日,这些思想中仍有许多内容闪耀着智慧的光芒,影响着一代又一代的中国人,并成为当今劳动教育理论的重要思想来源。

中华文明虽历经沧桑,饱受磨难,却延绵不绝,历久弥新。整理、继承与合理地批判利用中国古代劳动教育思想,就成为摆在劳动教育者面前的一项重要课题。从教育的起源来看,我国先民早期的教育发生于实际生活的需要,教育与生活基本是一致的。早期农业的发展促进了耕读文化的产生,教育的普及又进一步加速了耕读文化的传播。在这个过程中,耕读文化对我国劳动教育的发展产生了深远的影响,其深刻的思想内涵独具魅力,折射着中国由古代到现代转变的思想光辉,对于整个社会发展、社会教育体系的构建发挥着不可磨灭的作用,对我们今天开展劳动教育也有着重要的现实意义。本节即尝试从传统哲学中的劳动反思、农耕文明中的社会分工、劳力与劳心的价值之辨、仁政思想中的劳动正义和耕读传家中的劳动教育五个方面,系统地梳理中国古代劳动思想与教育发展,以期古为今用,为当今的中国特色社会主义劳动教育提供有益的借鉴和参考。

## 一、传统哲学中的劳动反思

古人不仅重视劳动和劳动分工,而且还形成了独特的劳动哲学,这其中道家的思想影响最大。道家思想对我国古代劳动哲学的影响主要表现在两个方面,这两个方面在某种程度上可以说是相互冲突的。一方面,中国古人重视劳动技能的提升,以至于把劳动上升到艺术的层面,方法是精神专一、心无旁骛,最后达到心物一体,即魏源所概括的"技可进乎道,艺可通乎神"。如《庄子·养生主》里著名的"庖丁解牛"就是如此。宰牛剔骨,这个在一般人看来既是破费体力也是考验技术和耐心的劳动,在庖丁做起来竟然是"手之所触,肩之所倚,足之所履,膝之所踦,砉然向然,奏刀騞然,莫不中音,合于桑林之舞,乃中经首之会",竟然发出了音乐一般的声音。经过勤学苦练,"以神遇而不以目视,官知止而神欲行",因而可以做到"依乎天理,批大郤,导大窾,因其固然",刀刃在骨节间都感到"恢恢乎其于游刃必有余地矣"。劳动不再是一种负担,而是达成某种艺术效果的手段;劳动过程不再是枯燥沉闷的,而是艺术般的享受过程。劳动、劳动者、劳动对象已融为一体,"所好者,道也,进乎技矣"。类似的例子还有《庄子·达生》篇里的"佝偻承蜩"的故事。佝偻承蜩之所以能够"犹掇之",乃是经历了"五六月,累丸二而不坠,则失者锱铢;累三而不坠,则失者十一;累五而不坠,犹掇之也"的艰苦过程,同时"吾处身也,若厥株拘;吾执臂也,若槁木之枝;虽天地之大,万物之多,而唯蜩翼之知。吾不反不侧,不以万物易蜩之翼",这种"用志不分,乃凝于神"就是达到如此境界的"道"。宋代欧阳修《卖油翁》中所揭示的"无他,但手熟尔",也是如此。明代魏学洢《核舟记》中记载民间微雕艺人王叔远核舟"技亦灵怪矣",反映了古人要将劳动做到极致,成为艺术的哲理,这正是今天我们所倡导的工匠精神的最生动写照。正是由于古代的劳动者强调工匠精神,我们的祖先才创造了无数精彩绝伦、令人叹为观止的不朽工艺品和建筑等,不仅给后人留下了精美的艺术品,也给我们留下了宝贵的精神财富,促进了技术的进步。但另一方面,古人特别是道家学派又将器物的精巧与人心的技巧生硬地联系到一起,认为"有机械者必有机事,有机事者必有机心",是失去了"纯白"之质的表现。《庄子·天地》篇载:

> 子贡南游于楚,反于晋,过汉阴,见一丈人方将为圃畦,凿隧而入井,抱瓮而出灌,搰搰然用力甚多而见功寡。子贡曰:"有械于此,一日浸百畦,用力甚寡而见功多,夫子不欲乎?"为圃者仰而视之曰:"奈何?"曰:"凿木为机,后重前轻,挈水若抽,数如泆汤,其名为槔。"为圃者忿然作色而笑曰:"吾闻之吾师,有机械者必有机事,有机事者必有机心。机心存于胸中则纯白不备,纯白不备,则神生不定,神生不定者,道之所不载也。吾非不知,羞而不为也。

从这段对话中可以看出,道家的主张是,宁愿用最为原始的方法汲水,也不愿采用可节省劳动的槔,因为在道家看来,"有机关之器者,必有机动之务,有机动之务者,必有机变之心。机变存于胸中,则纯白不备",这是对技艺的偏见和物质日益丰富持警惕和反对的态度,而对技艺的偏见阻碍了技术进步。实际上,在道家的创始人老子那里,早就有这样反对技艺进步的思想,如《老子》里讲的"大巧若拙""朴散为器"等。老庄哲学如果用一句话来概括,那就是自然主义,认为凡是接近自然的、原始的,都是素朴的,才是好的,看重的是七窍未开的混沌世界。这种思想也对儒家产生了影响,后世儒家知识分子对所谓"奇技淫巧"的敌视,应当也是受到了道家的影响,这就使得垄断了知识生产的精英阶层消解了技术进步和对工艺精益求精的工匠精神,形成了古代劳动哲学的一个内在冲突。

## 二、农耕文明中的劳动分工

众所周知,近代西方最早系统阐述劳动分工理论的是英国经济学家亚当·斯密,但实际上,早在春秋战国时期,中国的思想家们就已经提出了劳动分工的观点。虽然中国古代的经济形态总体上是自给自足的自然经济,但这并不意味着没有分工或不重视分工。因为在劳动实践中,一人不可能身兼数艺,再加上生产力的发展和生产技术的不断提高,劳动分工就成为必然之势。在先秦文献中经常提到"百工",如《墨子·尚贤上》中记载"凡天下群百工,轮、车、鞼、匏、陶、冶、梓、匠,使各从事其所能",就反映出这个时候已经有了不同的分工。成书于战国时代的《考工记》中记述了春秋战国时期木工、金工、皮革工、染色工、玉工、陶工6大类30个工种(其中木工分为七类,金工分为六类,皮工分为五类,染工分为五类,玉工分为五类,陶工分为两类),即反映了生产力的发展程度。而通过劳动分工,生产力又得到了进一步提高。管仲甚至还提出把民众分为士农工商四类,分业定居。《管子·小国》中有"士农工商四民者,国之石民也,不可使杂处""是故圣王之处士必于闲燕,处农必就田野,处工必就官府,处商必就市井""相语以事,相示以巧",甚至要求"士之子恒为士""农之子恒为农""工之子恒为工""商之子恒为商"(《国语·齐语》),以利于劳动效率的提高并以此维持社会秩序。

在战国时期,并不是每个思想家都赞同劳动分工论。孔子在《论语·卫灵公》中指出:"君子谋道不谋食。耕也,馁在其中矣;学也,禄在其中矣。君子忧道不忧贫。"在这里孔子就区分了两种不同的劳动,并提出君子从事的是脑力劳动。孟子对孔子的劳动分工学说又做了进一步发展,《孟子·滕文公上》中载:"无君子莫治野人,无野人莫养君子。"此外,在文中还指出战国时期许行、陈相等"皆衣褐、捆屦、织席以为食",主张"贤者与民并耕而食,饔飧而治",要求"君臣并耕"。在与陈相的辩论中,孟子从许行是否"必织布而后衣"、是否自织冠、是否自为釜甑铁耕等角度进行了驳斥,认为许行一派只看到了耕种的重要性并躬身实践,看不到劳动分工的重要性,认为从事纺织、冶炼等会妨碍耕种,而没有意识到,即使未来提高耕种的生产效率,也需要有专门的人从事纺织、冶炼等劳动,"以粟易械器者,不为厉陶冶;陶冶亦以其械器易粟者,岂为厉农夫哉?""百工之事固不可耕且为也"。如无分工,则"一人之身,而百工之所为备,如必自为而后用之,是率天下而路也"。荀子在孔孟基础上又进行了新的阐释,主张"君子以德,小人以力"。墨子不仅主张社会分工,而且还以筑墙为例,提出了生产过程内部分工的见解:"能筑者筑,能实壤者实壤,能欣(同掀)者欣,然后墙成也。"(《墨子·耕柱》)这与亚当·斯密的观点是契合的。

根据以上分析,这里有两点需要说明。一是无论是孔孟还是荀子、墨子,他们不仅主张劳动分工论,而且还注意到体力劳动和脑力劳动的分野。孟子的劳心劳力说,实际上已揭示了体力劳动和脑力劳动的分工,但他又讲"劳心者治人而劳力者治于人",将劳心者置于劳力者地位之上,而墨子也认为"教天下以义者""功贤于耕织",这就是他们的局限性了。二是管仲等过于强调四民的划分,以至于要求职业世袭,极易造成阶层固化,不利于社会流动。

## 三、劳力与劳心的价值之辨

关于劳动的重要性,古人都有明确的认识,但如何看待劳动特别是体力劳动,则有不同意见。总的看来,由于礼制的影响和等级观念的作祟,春秋战国时期的思想家普遍鄙视劳动特别是体力劳动,认为只有所谓"小人"(地位低下者)才从事体力劳动,而所谓"君子"则应"劳心""勤礼",且劳力者应为劳心者所役使,如春秋时知武子认为,"君子劳心,小人劳力,先王之制也"(《左传·襄公九年》),"君子勤礼,小人尽力"(《左传·成公十三年》)等,无一不是将"劳心"与"劳力"对立起来,并以此作为"君子"和"小人"的分野,认为"君子"应在"勤礼"上下功夫,而"小人"只要做好各种生产即可。春秋时鲁国的敬姜也认为"君子劳心,小人劳力,先王之训也"(《国语·鲁语》),于是按此分工原则,"劳心者"的工作就是"天子大采朝日,与三公九卿,祖识地德,日中考政,与百官之政事。师尹惟旅牧相,宣序民事。少采夕月,与大史司载纠虔天刑。日入,监九御,使洁奉禘郊之粢盛,而后即安。诸侯朝修天子之业命,昼考其国国职,夕省其典刑,夜儆百工,使无慆淫,而后即安。卿大朝考其职,昼讲其庶政,夕序其业,夜庀其家事,而后即安。士朝受业,昼而讲贯,夕而习复,夜而计过,无憾,而后即安",而劳力者只能"明而动,晦而休,无日以息",而且还要"择瘠土而处之,劳其民而用之",理由竟然是"民劳则思,思则善心生;逸则淫,淫则忘善,忘善则恶心生。沃土之民不材,淫也;瘠土之民,莫不向义,劳也"。这种观念直接为儒家所接受和继承,如孔子即对农业生产等体力劳动表示鄙薄:"樊迟请学稼,子曰:'吾不如老农。'请学为圃,曰:'吾不如老圃。'"(《论语·子路》)对于这段话,有人认为,这是孔子谦虚的表现,稼圃非孔子所擅长,故请樊迟向专业的老农老圃请教。但这种解读并不准确。这段话实际上表明了孔子的明确态度,即体力劳动是可鄙的,因为这句话后面紧跟着这样的表述:"樊迟出。子曰：'小人哉，樊须也！上好礼，则民莫敢不敬；上好义，则民莫敢不服；上好信，则民莫敢不用情。夫如是，则四方之民襁负其子而至矣，焉用稼？'"孔子即认为樊迟要学稼圃，就是"小人"（庶人）的表现，学习礼义等才是最重要的。《论语》中其他章节也为此提供了佐证。如《论语·子罕》里孔子自称"吾少也贱，故多能鄙事。君子多乎哉？不多也"，就是说，真正的"君子"是不会从事"鄙事"的。孟子在驳许行衍"君臣并耕"的主张时即明确提出："或劳心，或劳力；劳心者治人，劳力者治于人；治于人者食人，治人者食于人；天下之通义也。"（《孟子·滕文公上》）儒家之所以有如此的思想，与时代背景、学术思潮等密切相关。春秋以降，虽然"乐坏礼崩"，但绝不至于达到后人所想象的那种严重程度，实际上"礼"在调节各种社会关系方面仍发挥着重要作用。"礼别异"，礼的一个重要功能就是区分并强化等级，那么"君子"自然不能从事生产劳动，且"礼不下庶人"（郭店简书《尊德义》作"礼不逮于小人"），故只能是"君子""勤礼"，"小人"则与礼无缘，只能"勤力"。这样在价值谱系上，就有了高下之分、贵贱之别。儒家学派之外的其他诸子在这一问题上基本与儒家一致，如管仲的四民分类法，是将并不直接从事劳动生产的"士"排在首位，就连与儒家"互绌"、代表了中下阶层的墨家，也认为像他这样专事上说下教者"虽不耕织乎，而功贤于耕织"。需要说明的是，孔子、孟子、荀子、墨子等虽注意到脑力劳动和体力劳动的分野，但他们所讲的"劳心"，并非指从事科学研究和发明创造这样的智力劳动，而是指统治阶层对政权的管理，即"无恒产而有恒心"的"士"的活动。

春秋战国以来的知识界特别是儒家对体力劳动的看法，可以说在很大程度上直接影响了此后两千多年中国社会的走向。读书做官、成为"劳心者"而不是劳力者，就成为全社会的普遍价值取向。特别是在科举时代，"朝为田舍郎，暮登天子堂"就成为历代读书人的梦想。由于不重视科学研究这样的脑力劳动，再加上，上面提到的道家对技术的警惕和排斥，结果就使中国古代精英阶层不仅普遍鄙视生产劳动，而且也不关注发明创造这样的脑力劳动。正如清代乾隆年间使华的英国人马戛尔尼观察的那样，"这个国家的科学和医学知识程度很低，知识阶层对物质进步漠不关心"。陶希圣亦曾将士大夫阶级的特质概括为游惰性、依存性和争讼性，认为"优秀分子大抵贱工贱商而趋于政治活动，则生产技术不易改良，而农工商业不能进步"。

但是，儒家思想对劳动价值观的影响绝不止于此。由于儒家思想的复杂性，其对劳动价值观的影响实际上有两方面。一方面，儒家固然强调劳心劳力的对立和抑彼扬此，从而引导士人将读书视为功名之路、利禄之途；但另一方面，儒家也强调人格的独立，强调"义"而独立，人格的获得也需要劳动作为保障。如孟子讲"穷则独善其身,达则兼善天下"(《孟子·尽心上》),"说大人,则藐之,勿视其巍巍然"(《孟子·尽心下》),"富贵不能淫,贫贱不能移,威武不能屈"(《孟子·滕文公下》)等,都强调了士人要有独立的人格,不可屈从于权势,而劳动反而成为独善其身的重要保证,士人劳动而保持了人格的独立:躬耕于畎亩,才能独善其身;种豆南山下,方可不为五斗米折腰。正如清初大儒张履祥所言:"夫能稼穑,则可无求于人;可无求于人,则能立廉耻。知稼穑之艰,则不妄求于人;不妄求于人,则能兴礼让。"耕读世家也就成为古代很多知识分子的理想生活状态。在奸邪秉政、豺狼当道、政治黑暗、社会压抑的时候,很多知识分子更是选择了躬耕而隐的方式来表达自己的态度和不与统治者合作的反抗精神,甚至降身辱志,甘心从事所谓"贱业"。"竹林七贤"之一的嵇康,就是通过打铁这样的象征姿态,显示了乱世中的卓荦不群、特立独行的叛逆气质。此外,儒家思想中对仁爱、仁政等的强调,也使得士人容易对劳动人民产生同情心,对横征暴敛的统治者进行鞭挞。自科举取代门第成为选士的最重要标准之后,封建时代的知识分子有很多是脱胎于社会底层,对农民等劳动者有着天然的情感,怜悯、同情、讴歌劳动者就成为文学创作中的一个重要主题。原始儒家从道不从君的传统和对义利之辨的坚守,也使得士大夫阶层与皇权保持一定的张力,士人并非全然依附于最高统治者,在很多时候也是站在劳动者一边,为底层发声,批评官府,甚至成为官府的对立面,在改朝换代中出现他们的身影。

## 四、仁政思想中的劳动正义

劳动正义是"对劳动方式、劳动活动和劳动关系的正义追问""本质上是对劳动方式、劳动活动和劳动关系之合理性前提和目的性根据的哲学反思和价值检审",简言之,就是追问劳动所得与付出是否合理。这里从三个方面进行简述。

### (一)强调生产特别是农业生产的重要性

《白虎通义》中记载:"古之人民皆食禽兽肉。至于神农,人民众多,禽兽不足。于是神农因天之时,分地之利,制耒耜,教民农耕。"《周易·系辞下》中写道:"包羲氏没,神农氏作。斲木为耜,揉木为耒,耒耜之利,以教天下,盖取诸益。"《孟子·滕文公上》中有"后稷教民稼穑,树艺五谷,五谷熟而民人育"等。这些都表明先民对农业的重视。中国很早就进入了农耕社会,在以农立国的社会里,对农业生产的重要性怎么强调都不为过。先秦时期即设立农稷之官以指导农业生产。《周礼》中"大司徒"之职是"辨十有二壤之物而知其种,以教稼穑树艺(具体是"一曰稼穑,二曰树艺,三曰作材,四曰阜藩,五曰饬材,六曰通财,七曰化材,八曰敛材,九曰生材,十曰学艺,十有一曰世事,十有二曰服事")。大司徒下设"遂人"一职,"以岁时稽其人民,而授之田野,简其兵器,教之稼穑"。不仅如此,西周春秋时期,在每年春耕之前,周天子都要率诸侯行"籍田礼""以先群萌,率劝农功",宣扬"王室唯农是务",以此表明对农事的关切和重视。由于强调生产性的农业活动,古代甚至形成了重农抑商的政策,对不直接从事生产的商业进行限制和打压。

### (二)强调轻徭薄赋,善待农民等生产者

孔子、孟子等均反对聚敛,反对加重农民负担,主张藏富于民,认为"百姓足,君孰与不足?百姓不足,君孰与足?"(《论语·颜渊》)历史上凡是有远见的政治家、有作为的统治者,都会注意减轻农民的负担,以利于政权的长治久安。孟子甚至认为"民为贵,社稷次之,君为轻",还提出了"为民制产"的主张,即强调为生产者提供保障的重要性。

### (三)主张劳动者应享有劳动所得

前面提到了许行等人反对劳动分工的观点。从劳动分工的观点看,许行的主张显然行不通,但他们提出了一个值得思考的问题:劳动者并不享有全部劳动果实,统治者却可以坐享其成,许行学派认为这就是"厉民而以自养",这实际上触及劳动正义问题。由于封建剥削制度的存在,很多时候劳动者并不能获得与劳动付出相称的报酬,而统治者反而不劳而获,所谓"遍身罗绮者,不是养蚕人"。很多思想家都注意到这个事关正义的分配问题。许行学派认为所谓贤者应"与民并耕而食,饔飧而治",这当然不可行,但像银雀山出土的汉墓竹简中的《王法》即提出闲散人员要从事农业生产的主张中,注意到了劳动分配问题。清初李塨提出"天下有一无事之民则一民废,无一无事之民则天下治",认为不从事生产的游民是社会的乱源。

对劳动者的主体农民来说,土地就是最重要的生产资料,劳动者应享有劳动所得,首先也是最重要的就是要有土地。历代农民起义所提出的口号也多是围绕土地、公平等展开。少数思想家则提出了均分土地的设想。如清初的颜元提出"天地间田,宜天地间人共享之"的主张,其弟子李塨认为,要实现孟子所说的"制民恒产",就得实行"均田"之法:"非均田,则贫富不均,不能人人有恒产。"颜元、李塨还提出了"佃户分种"的具体主张,即用渐进的手段将地主多余的土地,在某种条件之下分给农民耕种,三

十年后,转移其使用权,从而达到均田的目标。李塔还主张用"收田"的手段,将官府所收集的土地分给农民耕种,达到"有田者必自耕,勿募人代耕""惟农为有田耳"。

## 五、耕读传家中的劳动教育

我国是世界上最早从事农业生产的国家之一,农业是先民们生存和发展的第一要事,伴随着农业的推广,农耕文明也逐渐发展起来。数千年以来,农耕文明对一代又一代的中国人产生了巨大的影响,也促进了人类社会的变革与演进。而耕读文化正是中国数千年农耕文明在特定的历史时期所形成的乡村文化。在《说文解字》中,所谓"耕"者,"犁也,从耒井声。一曰古者井田";所谓"读"者,"诵书也,从言卖声,徒谷切"。"耕"指的是从事农业生产劳动,耕田可以事稼穑,丰五谷,养家糊口,以立性命;"读"即读书,读书可以知诗书,达礼义,修身养性,以立高德。古代先民将"耕"和"读"结合起来,希望拥有耕读相结合的生活方式,因此白天从事农业劳动与晚上挑灯读书共同构成了我国独特的耕读文化,这与我们所强调的实践和学习相统一的劳动教育是不谋而合的。

耕读不仅是指一种半耕半读的教育和学习方式,更是一种高尚情怀、价值追求与文化修养。中国的耕读文化起源,可以追溯至春秋战国时期,至汉魏时期耕读文化的发展已经非常成熟,至唐宋时期耕读文化达到鼎盛。时至今日,耕读文化的精髓依然发挥着积极的社会影响和潜移默化的教育作用,其中最典型的就是耕读传家。颜之推在《颜氏家训》中指出,士大夫如果不了解农业,不参加农业劳动,"治官则不了,营家则不办",他认为只有通过农业劳动来体会人生,才能做好官、当好家。到了明末清初,实学思潮开始兴起。一些思想家躬身实践,直接从事农业生产,以此影响和带动一大批追随者。清初理学家张履祥则在《训子语》中阐述了"耕"与"读"的关系:"读而废耕,饥寒交至;耕而废读,礼仪遂亡。"张履祥于读书穷理之外,不废耕耘,认为"自古人士,未有读书而不能耕者""耕与读,又不可偏废"。他还列举了前朝耕读的实例:"吴康斋先生讲濂洛之学,率弟子以躬耕;刘忠宣公教子读书兼力农;何粹夫官归,辟后圃种菜,俱可为百世之师也。"他还指出:"唐宋以降,学者崇于浮文,力田之业,遂以目之农夫细民之所为,士君子罕顾而问焉。"对于士人以耕为耻的成因,张履祥认为是"只缘制科文艺取士,故竞趋浮末,遂至耻非所耻耳"。清末名臣曾国藩也始终将"耕读"作为治家的根本,他认为耕读是安身立命与传家的根本之道。《曾国藩全集·家书》中指出,"以耕读之家为本,乃是长久之计""吾细思,凡天下官宦之家,多至一代享用便尽,其子孙始而骄佚,继而流荡,终而沟壑,能庆延一二代者鲜矣;商贾之家,勤俭者能延三四代;耕读之家,谨朴者能延五六代;孝友之家,则可延十代八代。余今赖祖宗之积累,少年早达,深恐其以一身享用殆尽,故教诸弟及儿辈,但愿其为耕读孝友之家,不愿为仕宦之家"。此时的"耕"已经不仅仅局限于传统意义上的农业劳动,而有了更为深远的实践意义,今天看来这其实已经是先民们对劳动教育的推广。

## (一)耕读文化精神的体现

从"耕以致富,读能荣身"的朴素愿望,到"胸怀天下,振兴中华"的理想追求,耕读文化在发展中已经形成了的开拓进取、自信达观、自强不息的精神,培养了一代又一代的中华儿女,具体体现在以下四个方面。

### 1. 自强不息精神

在农耕文明时,人们将勤劳耕种、刻苦读书作为改变个人命运和报效国家朝廷的价值取向,实现家国命运的有机统一,实际上就是传统文化所提倡的"君子自强不息,勇于担当天下大任"的民族精神体现。所谓"修身齐家治国平天下""仁义礼智信""礼义廉耻"以及"富贵不能淫,贫贱不能移,威武不能屈"的士大夫君子精神,必须通过勤奋耕读的身体力行和学习实践才能养成。在古人看来,耕田可以事稼穑,丰五谷,养家糊口,以立性命;读书可以知诗书,达礼义,修身养性,以立高德。古代读书人一边辛勤耕作,一边刻苦学习,无论耕作多么繁忙,也动摇不了他们读书的意志。

### 2. 敬天惜时精神

先民们在长期的劳作中,形成了惜时、及时而作、顺应天时等观念,如《史记·五帝本纪》记载:"乃命羲和,敬顺昊天,数法日月星辰,敬授民时。"中国古人强调充分利用时间、不虚掷光阴的时间观,如《汉书·食货志》载:"冬,民既入,妇人同巷,相从夜绩,女工一月得四十五日。"颜师古注引服虔曰:"月之中,又得夜半为十五日,凡四十五日也。"荀子在《荀子·富国》中反复强调顺应天时,他说,"无夺民时","守时力民","使民夏不宛暍,冬不冻寒,急不伤力,缓不后时",顺时从事生产活动,才能更好地发挥劳动者在生产劳动中的积极性和主动性。

### 3. 人文理性精神

与前两点相联系的是,中国先民们逐渐形成了重人事轻鬼神的观念,重视现世,较少受宗教束缚,不再蒙昧迷信,故而人文精神发达。面对不可知的鬼神,他们采取了敬而远之的态度:"未知生,焉知死?"由于重视人文精神,所以先民们不相信救世主,而是相信命运把握在自己手中,故而很早就摆脱了原始宗教的束缚,形成了较为发达的人文理性,没有出现像欧洲那样长时间的神学统治,以至于钱穆先生认为中国历史就是文化史,就是中国人的人文理性的发展史。

4. 造福于民精神

耕读文化所秉持的重要道德修养,就是儒家强调的"修齐治平",先民将勤劳节俭、读书劳动的身体力行与道德情操的理想追求密切结合起来。宋代广东梅州的古氏家族,自古全望从江西迁徙到广东增城,古延绶从增城移居梅州,迨至古成之与古革兄弟四代五进士,在一百多年中蔚为望族,代代官宦,且牢记祖训家风:忠于君,勤于政,爱于民,守本分。古延绶虽然官至县令,并非高官显要,但当朝宰相、古成之的挚友、时任左仆射的吕蒙正却为他写了篇《墓志铭》,铭文中说古延绶"体圣神之遗风,德及生民,功施社稷",乃有德有功之人。追溯耕读文化的发展轨迹,忠信守义、精忠报国、为民造福的家国情怀,始终是民族发展壮大的动力,也是耕读文化的核心价值所在。

## (二)耕读文化经验的体现

纵观我国古代耕读文化的发展,虽然从当时大的社会环境来看,劳动教育没有被明确提出,也未受到知识阶层的关注,更没有被纳入主流的教育体系中,但在今天看来,将耕融入教育体系当中,其实也是古人开展劳动教育的一种重要方式。劳动最重要的就是学习与实践的结合,追溯历史,可以发现在生产劳动的"场域",古人仍留下了关于劳动教育的宝贵经验,主要从以下五个方面展开。

1. 耕读文化在家庭教育中的体现

在中国封建社会,家庭教育可说是人们最早接受的一种教育方式。一方面,在家庭教育中,先民们就十分重视孩子的道德习惯养成教育,如《三字经》中载有"性相近,习相远",《汉书·贾谊传》中强调"少成若天性,习惯如自然"。古代儒家思想重视子女成长过程中每个阶段的德育教育,并且强调通过具体的事情,如洒扫、做活、待人等方面,使子女了解和掌握基本的道德伦理,从而养成良好的习惯,如在《朱子家训》中写到了培养子女勤俭习惯的要求,"一粥一饭,当思来处不易;半丝半缕,恒念物力维艰"。古代先民注重从小开始,从日常生活中的小事培养子女勤俭的习惯。《童蒙须知》一书中有"人生八岁,则自王公以下,至于庶人之子弟,皆入小学,而教之以洒扫、应对、进退之节,礼、乐、射、御、书、数之文",对关于儿童衣着、礼貌、洒扫等各个方面要进行实际训练。另一方面,在儒家的家庭德育培养中,非常重视父母的示范作用,并且将子女的行为规范和道德品质作为家庭教育的根本。在《颜氏家训·治家篇》中有记载:"夫风化者,自上而行于下者也,自先而施于后者也。是以父不慈则子不孝,兄不友则弟不恭,夫不义则妇不顺矣。"儒家家庭德育培养要求在古代家庭教育中,要积极发挥家庭中长辈,尤其是父母自身的示范作用,使得在潜移默化、润物无声中达到事半功倍的家庭德育效果。儒家的家庭德育要求父母须对自身的品德和行为有严格的要求,通过自身的道德修养和良好的道德行为习惯来影响、感化和熏陶子女。家庭中的长辈,尤其是父母,以身作则,为子女作表率,相对于学校教育,可以起到不言而教的作用。以身作则的教育方式对子女良好行为习惯的养成有重要的作用。父母言传身教、以身作则,为子女树立了有形的最佳榜样。这些内容与今天我们家庭开展劳动教育的内容本质上是相通的。

2. 耕读文化在学堂教育中的体现

与耕读文化伴随发展的是教育方式也在逐渐改变,从"钻木取火"到"教民以作",进一步到"制耒耜,教民农作",并从"结绳而治"又转为"易之以书契"。在新石器时代,产生了传授和学习知识的机构"成均",是学校的前身。到了夏朝的时候,出现了严格意义上的学校。《孟子》中记载:"设为庠序学校以教之……夏曰校,殷曰序,周曰庠。"在这个时期,学校都是官办性质,所谓"学在官府"。到了西周时期,学校的教育渐渐发展成为国学和乡学。国学为贵族垄断,乡学则是士人和平民的子弟,乡村教育也正是从这里起源。到了春秋战国时期,社会动荡不安,官办教育开始衰落,私学渐渐兴起。诸子百家周游列国,临时设立讲学场所。孔子在讲学中提出"有教无类",主张教育公平,不论富贵、贫穷都可以享有平等的教育机会,使受教育的对象从贵族阶层扩大到普通百姓。私塾是我国古代社会当中开设于家庭、宗族或乡村的民间教育机构。《礼记·学记》当中记载有"家有塾"。私塾可以说是我国历史上持续时间最长、数量最多、分布最广的一种教育形态,是许多读书人接受教育的起点,为耕读文化的传播起到了十分重要的作用。私塾中主要以基础教育为主,在教学内容方面,在汉代以前主要是识字读书、人伦教化和基本的生活技能教育,唐宋以后随着科举制的逐渐确立,教学内容多为科举考试打基础。学生的学习方式多为跟随老师诵读,对内容理解方面没有太多要求,除此之外,老师也会教数学、写作等内容。耕读文化的传统一直延续到明清时期。清初北方大儒颜元则主张"垂意于习之一字",还以"习斋"为号,主习事,主事功,讲实用,强调"重习其所学,如鸟数飞以演翅……盖古人为学,全从真践履、真涵养做功夫"。在教学内容上,主张"以礼、乐、兵、农,心意身世,一致加功,是为正学",要求学生必须学习农学、钱谷、水利等知识:"凡为吾徒者,当立志学礼、乐、射、御、书、数及兵、农、钱、谷、水、火、工、虞。"在教学方法上,颜元更注重"习行",即亲自去观察,亲身去实践,以获得真知。他认为,"心中醒,口中说,纸上做,不在身上习过,皆无用也"。对于儒家主张的"格物致知",颜元给出了自己的新解,即训"格"为"习行""此'格'字乃'手格猛兽之格''格物'谓犯手实作其事,即孔门六艺之学是也。"他的弟子李塨亦致力于"礼乐兵农之学,水火工虞之业"。颜元还特别强调劳动之于修身的重要性,乃至明确提出了"劳动"一词:"君子处事也,甘恶衣粗食,甘艰苦劳动,斯可以无失矣。"而他本人即"用力农事,不遑食寝""耕田灌园,劳苦淬励",弟子李塨亦"以力田不足以养亲,兼识医卖药"。颜李学派学行一致,在当时产生了重大影响。虽然在耕读文化的传播发展过程中,古代思想家也开始渐渐重视学堂教育的实践内容,但是受到正统文化的影响,古代学堂的劳动教育与现代劳动教育相比较,古代的学堂教育更侧重于价值观层面的教化。

3. 耕读文化在世职中的体现

随着生产力的进步,古代私有制社会出现,传统的自然分工模式被打破,一些手工艺者的技艺与劳作逐渐被垄断。工艺匠人成为行业的掌门人,其本身所拥有的技术变成私有财产,需通过世职的方式传给下一代,以保持后代的生活来源。"父传子,兄传弟",技艺以"箕裘相继"模式世代延续。春秋时期管仲提出的"士之子恒为士""农之子恒为农""工之子恒为工""商之子恒为商"便是如此,这对后世影响很大。中国古代很多职业的确是世职式,代代相传,这样更加有利于技艺的传承和发展。古代的许多典籍都记载有技艺的世职传承,其中《庄子·逍遥游》记载过一个世代以纺织为业的家族,这种纺织技术独到且隐秘,外人很难看出门道。春秋战国时期,手工业者世世代代为匠人的情况很普遍。《考工记》中说"巧者述之守之",通常家族成员旦夕从事于某一技艺,不见异物而迁,所谓"父兄之教,不肃而成",家族子弟潜心于此而不转移志向,技艺达到了相当的高度,正如《礼记·学记》所说,"良冶之子,必学为裘;良弓之子,必学为箕"。受家庭环境的熏陶,子女很容易从小就学会很多技能:"其父兄之教,不肃而成,其子弟之学,不劳而能。夫是,则工之子恒为工。"(《国语·齐语》)"工匠之子,莫不继事。"(《荀子·儒效》)"工商皆为家传其业以求利。"(《唐六典》)元明时期,政府为了便于强制征调各类工匠服徭役,将工匠编入专门的"匠籍",子孙世代承袭,不得脱籍改业。各种技术、经验、工匠技艺是和劳动本身融为一体的,劳动技术为少数人掌握,有些特殊技艺被称为秘诀。这种世职传承虽有一定的局限性,但在某种程度上可以完整保留手艺的历史,在文字尚未广泛传播的时代,亲人之间世代全情传承一种技艺,在延续技艺的同时,也保持了技艺的完整与原真。这种传统技艺自上而下的世职传承,也成就了行业纵向传播与发展,凸显了行业发展的专业性和深度化。

4. 耕读文化中师徒文化的体现

在古代,教育和生产劳动是没有进行分化的,劳动与教育是合一的。在生产劳动中,由年长者向年轻的一代传授自己的拿手技能,这是古代师徒制的发展萌芽,也是手工业时代技术传承的一种主要模式,广泛存在于文化、艺术、技术传承等方面,到今天仍盛行于木工、焊工、剪纸、曲艺等专业行业领域。古书中记载有很多通过这种方式培养出来的优秀人才,其中有战国时期的扁鹊,师从长桑君,得其绝技而成为妇孺皆知的神医;成语"有眼不识泰山"中的"泰山"师从木工祖师鲁班;等等。虽然师徒制是前工业社会各国普遍的现象,但只有在中国,形成了独特的文化特点。中国古代工艺传承中的师徒制,不单单是技艺的学习与传承,更糅合了儒家的孝道观和尊师传统,形成了极富特色的技术文化与工匠文化。"庖丁解牛"典型地体现了"道"和"技"的本质联系。庖丁看重的不是技艺本身,而是超越于技艺之上的"道"。庖丁出神入化、炉火纯青的技艺便是源于"道"的指引,追求"技"之上的"道",使之合乎事物自然本性,做到器具与手工业者的和谐与统一,技术不仅是技术,更是超越于技术的精神体现,这种技术文化在今天依然是技术持久发展的方向指引。《吕氏春秋》中记载:"物勒工名,以考其诚。工有不当,必行其罪,以究其情。"发展到唐朝的时候,"勒名制"便作为一项强制性制度写入唐律,凡是制作兵器、陶瓷、金银器等工匠,都必须在他们所制造的作品上勒刻下自己的名字,以示对产品质量的担保,之后在"勒名制"的基础上又发展出"商标"制度,不难看出中国古代的工匠们异常珍视匠人的信誉,这也正是传统工匠精神的体现。

5. 耕读文化中工匠精神的体现

有史料记载,我国的"工匠精神"早在 4300 年前就已经有所体现。"工匠精神"源于"工匠","工匠"在古代被称为"百工",特指掌握某种技艺的手工从业者,今天我们熟知的鲁班、李冰都是"工匠"。《考工记》关于"工匠"的记载有很多,其中明确对"工匠"的职责内容进行界定,"工匠"不仅要对自然物料的形状和性能有充分的了解,同时自身的手艺也要精湛,加工出来的器具和设备要能够为人所用,满足使用者的需求。古代社会当中对于工匠的专业性、重要性和创造性已有相应的重视与认知。"工匠精神"要高于"工匠",也是工匠文化的核心内容。在《论语》中《诗经·卫风·淇澳》篇目中的"如切如磋,如琢如磨",原文是:"瞻彼淇澳,绿竹猗猗。有匪君子,如切如磋,如琢如磨。"在《毛传》中有记载:"治骨曰切,象曰磋,玉曰琢,石曰磨。"在古代关于工匠精神的内涵有很多种解释,有的把工匠精神单纯理解为一种工艺程序,有的把它理解为修身养性的方法,还有人认为它是一种文学表现手法。通过学者研究,其内涵接近于"道德修养"更为准确,它主要包括敬业、精益、钻研、专注、创新等内容。敬业是指工匠本身对自己所从事岗位的热爱,在工作中能够做到认真负责,正所谓"干一行,爱一行,钻一行"。精益就是精益求精,这里更加强调工匠的专业的态度和技能,追求极致与完美,坚持"匠心创作"。钻研是对手艺的坚持与恒心,不怕苦不怕累,能够持之以恒。专注是指做事情的投入度与关注度,集中全部精力投入到一件事情当中。创新则是对事物的突破与发展。这些不仅是当时教育中所推崇的精神,也是我们当今所认可的工匠文化内涵,具有深远的意义,推动和引领着时代的发展。另外,我们还需要注意的一点是古代的互师文化。韩愈在《师说》中提到"巫医乐师百工之人,不耻相师",即匠人同行之间相互通过交流切磋,相互学习、提高。"百工居肆以成其事",这其中也少不了这种交流与学习,技高为师,不以为耻。

当然,古代耕读文化传承和劳动教育也有一些消极因素,如技艺传承的封闭性、人身依附关系、有技术无科学、不利于社会流动等。但劳动教育发展历经千年,仍然有一定的合理性,我们应该取其精华,去其糟粕,认真总结中国古代非精英阶层的劳动教育实践的经验和优点,促进今天劳动教育体系的发展与完善。

## 本章小结

劳动是人类和人类社会的本质,是创造物质财富和精神财富的根源。劳动看似是一个很普通的话题,但却与人类的生存和发展有着不可分割的联系。本章探讨了劳动和劳动教育的内涵以及我国传统文化视阈下的劳动教育。劳动和教育的结合使劳动可以更好地传承,使知识可以更好地实践于生活。学界对劳动教育的研究应该永远不过时,劳动教育应该在一次又一次与时代的对话中更新和发展,从而焕发出新的活力。

### 拓展阅读

### 古人的智慧——桔槔①

桔槔是古代汉族一种原始的汲水工具,是中国古代社会的一种主要灌溉机械。

桔槔的结构,相当于一个普通的杠杆。在其横长杆的中间由竖木支撑或悬吊起来,横杆的一端用一根直杆与汲器相连,另一端绑上或悬上一块重石头。当不汲水时,石头位置较低(位能亦小);当要汲水时,人则用力将直杆与汲器往下压,与此同时,另一端石头的位置则上升(位能增加)。当汲器汲满后,就让另一端石头下降,石头原来所储存的位能因而转化:通过杠杆作用,就可能将汲器提升。这样,汲水过程的主要用力方向是向下。由于向下用力可以借助人的体重,因而给人以轻松的感觉,也就大大减少了人们提水的疲劳程度。

桔槔始见于《墨子·备城门》,作"颉皋",是一种利用杠杆原理的取水机械。春秋战国时使用桔槔的地区主要是经济比较发达的鲁、卫、郑等国(今山东西南、河南北部、河北南部)。

《说苑·反质》记载郑国大夫邓析过卫国,见五位农夫俱负缶而入井灌

---

① 引自360问答:桔槔是什么意思？https://wenda.so.com/q/1530216671210650.内容略有改动。

韭终日一区。邓析下车为之教:为机,重其后,轻其前,命曰桥。终日溉韭百区不倦。但卫国人说,并不是不知道有这种机械,而是有机之巧,必有机之败,所以不用之。

## 问题思考

1. 劳动的内涵是什么?
2. 劳动教育的内涵是什么?
3. 古代仁政思想中劳动正义体现在哪些方面?
4. 我国耕读文化中的精神体现主要有哪些?

# 第二章　新中国成立以来劳动教育的历史回顾

教育与生产劳动相结合是我党历来坚持的教育方针。早在1934年，毛泽东同志就把"教育与生产劳动联系起来"列为中华苏维埃政府文化教育总方针的主要内容。1958年《中共中央、国务院关于教育工作的指示》又明确将"教育与生产劳动相结合"确定为党的教育工作方针。20世纪90年代，教育"必须与生产劳动相结合"的提法被写进了《中华人民共和国教育法》，并在2015年的修订稿中予以保留。而实际中，却不同程度地存在"劳动教育在学校中被弱化，在家庭中被软化，在社会中被淡化"的社会现象。从这一问题出发，本章探本溯源，深入分析了新中国成立以来劳动教育在党的教育方针政策中的理念定位与实践形态，以探寻劳动教育被弱化、软化与淡化的深层原因，并相应提出构建具有内在生命力的劳动教育体系。

## 第一节　1949—1956年的劳动教育

1949—1956年是我国劳动教育的探索时期，是以新中国的成立和1956年所颁发的《关于高小和初中毕业生从事劳动生产的宣传提纲》为分界线，这一阶段主要以效仿当年苏联做法、制定劳动教育相关条例与规范劳动教育发展方向为主。劳动教育作为马克思主义教育与生产劳动相结合的一种途径，其目的除了促进教育与生产劳动更好地结合外，还旨在培养学生的劳动能力和劳动技巧，在特殊情况下有利于促进社会经济的发展，比如社会主义改造时期、大跃进时期。马克思主义教育与生产劳动相结合提出的背景是在当时资本主义工业文明早期提出的，最初的主要目的是为儿童争取受教育的权利，劳动教育的实施主要以到工厂学习和实践为主。中华人民共和国成立初期的社会经济、生产力水平还不够发达，无法与国外先进科技相比较的时候，学习马克思主义教育与生产劳动相结合的理论和苏联的劳动教育，只能在摸索中进行。因此这段时期劳动教育主要以教授学生生产技巧和新技术为劳动教育的主要内容,目的是使他们一边通过劳动教育进行自我发展,一边通过学习这种技术以维持自我生活,从而将其转换成劳动产品,提高劳动效率,促进社会的发展。我国劳动教育发展初期,在借鉴当年苏联的劳动教育观和马克思主义教育与生产劳动相结合理论的指导下,对劳动教育进行了积极的尝试与探索。

## 一、历史背景

新中国成立初期,国内局势基本稳定,其最主要的发展目标是实现新民主主义到社会主义的转变和恢复发展国民经济以及改革旧的教育制度。国内阶级斗争形势和任务的改变,使得我国教育事业面临如何发展的困境,具体来说主要有三个方面的困境:一是如何运用中华人民共和国成立前的文化教育观念;二是如何吸收老解放区的教育经验;三是如何借鉴当时苏联的教育经验。由于当时的国际形势使我国教育选择以当年苏联教育为唯一学习对象,吸收了当时苏联的教育思想、制度和发展模式,这对于改造我国旧教育、传播新教育起了积极的作用。我国依据当年苏联社会主义经验和自身的实际情况,本着"教育应着重为工农服务,吸收大批工农干部及工农青年入学,培养工农知识分子干部"的目的,制订出了一系列教育要为社会主义经济建设服务的教学计划。但我国在制定教育发展方向和培养人才目的的方法完全照搬当时苏联模式,存在着盲目学习的错误倾向。

## 二、劳动教育的状况

### (一)课程目的

新中国成立初期的教育在性质上属于新民主主义的教育,它的主要任务是"提高人民文化水平,培养国家建设人才,改革旧教育,肃清封建的、买办的、法西斯的思想,发展为人民服务的思想。"随着我国教育事业主要任务的变化,学校教育的任务也发生了变化,它由中华人民共和国成立前着重培养属于统治阶级的知识分子变成了主要培养"有社会主义觉悟的有文化的劳动者"。这种培养目标的改变直接导致了学校课程设置的变化。因此,劳动教育的课程设置上,大部分都以教学与生活、教学与生产、教学与劳动等方面为主要内容,以起到改造学生思想的目的,为更好地培养有社会主义觉悟的文化劳动者做铺垫。

## (二)课程内容

第一,小学增设了"手工劳动课",主要包括科学实验、教具制造、体育用具制作及手工雕刻等,还辅之以图画、泥工、制作模型、编制图表等课程以增加学生的兴趣。这些课程内容的增设旨在提高小学生的动手能力和创造力,这在教育部1955年6月颁布的《小学教学计划》中做了具体的规定。第二,"生产劳动课"主要以学生学习细木工、打铁、制革为主。这些课程内容的形成主要借鉴了当年苏联劳动教育课程的设置,它注重儿童动手能力的培养。第三,增设"教学工厂实习""农业生产基本知识及实习"等课程,在劳动教育课程内容方面,明确规定了培养学生们实践能力的重要性,更加强调理论与实践的结合,特别是与生产技术的结合。因此,在新中国成立初期,中小学毕业的学生可以到农村参加生产劳动,目的主要是锻炼学生的劳动实践能力。第四,开设劳作课。这一课程的开设主要是在中学阶段,其教授方法主要是实践的方法,教师除了定期带领学生到学校附近的农场、红军公田或一般农田进行农业劳动,还组织学生到市区的工厂进行生产劳动。一般是从简单的动作到复杂的技能,从单纯的个人生产到复杂的分工配合。除此之外,校园内的打扫,教室内的卫生、桌椅的摆放以及学生的轮流值日安排等,也都是当时劳动教育的主要内容之一。

## (三)课程实施

第一次全国中等教育会议后,劳动教育的课程实施主要以1952年3月教育部颁发的《中学暂行规定》为依据,"以理论联系实际为一切教学原则,结合革命斗争和国家建设的实际进行教学,达到学以致用的目的";"课外自修、生产劳动、文娱活动以及社会服务,应有计划的配合正课进行"。劳动教育的实施途径主要以教师讲授,结合实验,带领学生到工厂实习、做工,以及参观生产技术为主,以社会服务活动和手工技术活动为辅,着重培养学生的动手能力和实践能力。劳作课主要是在学校附近的农场进行上课,教师带领学生进行操作、试验,旨在锻炼学生的意志力。这段时期劳动教育的实施途径主要有以下几个方面。

第一,把劳动教育思想贯穿到各科教学中,充分发挥课文的思想性,培养学生的劳动观念。在讲到与之相关的章节时,老师从中挖掘劳动教育的内容,对其进行分析和讲解,并鼓励学生尽量参加劳动活动。

第二,少年先锋队和青年社团在举行定期的活动中,向学生宣传劳动教育,并积极鼓励学生参与一系列的劳动活动,从中体会劳动的幸福感。少年先锋队定期会开展以"劳动教育"为主题的活动。例如话剧、舞蹈和小品等节目,从中培养学生的个人品质。

第三,介绍劳动教育模范的光荣事迹。通过开展讨论会、举办晚会等途径,教师向学生们讲解劳动楷模,如当时的李顺运、曲耀离等人,让同学们了解他们被人尊重的原因,皆是因为他们热爱劳动的品质和愿意投身工农业生产的行为,以此鼓励学生积极投身于劳动。

第四,各个班级统一组织学生定期进行一定量的体力劳动。在不影响学生学习的条件下,教师要带领学生参加植树、种花、布置教室、打扫卫生以及搬砖和砌路等活动。活动结束后,教师要总结本次劳动的成果,让学生体会到其中的愉快和幸福。

第五,学校通过表扬热爱劳动的学生,倡导全体学生向他们学习。尤其是小学或中学毕业后,积极投身工农业生产的部分同学,教师通过张贴海报、宣传栏的方式,鼓励学生养成自主劳动的习惯。

第六,定期开展个别谈话、小型座谈会或谈心会的活动,侧面对学生的劳动观念进行了解,从而及时地纠正学生的劳动观念并帮助其逐步完善。

## 三、劳动教育评价

这一时期的教育工作与社会主义的经济发展是分不开的,学校劳动教育课程的开设,的确起到了普及劳动知识、劳动技能的作用,为当时的社会经济发展起到了一定的促进作用。学校劳动教育课程的开设,一方面在培养学生思想品德和文化素养的同时,又为中小学生毕业后参加农业生产和工业生产方面的工作做了铺垫。这一时期国家对劳动教育的重视,无论是写文章、贴宣传栏的正面宣传作用,还是把劳动教育列为道德教育和爱国主义思想中的一部分,都在一定程度上纠正了人们对劳动教育认识的误区,降低了人们对劳动教育的轻视程度。

但是,自劳动教育实施以来,也存在许多不容忽视的问题。从长远讲,学校劳动教育的实施缺乏计划性,存在过分注重数量忽视质量的问题。例如,过分的注重学生参加社会实践、劳动锻炼,某种程度上严重影响了教学质量;从技术层面讲,在方法上,实施劳动教育要求过高过快,方法简单粗糙,以致超出了学生的接受能力,未能很好地掌握劳动技巧。另外,中小学毕业生,由于年龄小,认知新事物、学习工农业生产的技巧等方面能力还不足,单纯地依靠中小学毕业生提高当时工农业的生产效率,太过于理想化。回顾这一时期劳动教育的发展,客观地讲,劳动教育的开展存在着一定的历史局限性,也未达到预期的效果,但其在特定社会历史条件下的实施,在一定程度上推动了我国教育事业的发展,为下一阶段的教育发展奠定了一定的基础。

### (一)劳动教育的特点

首先,劳动教育的重要性日益凸显。新中国成立前,受国内不稳定政治、经济局势的影响,劳动教育基本上等同于体力劳动,忽视劳动教育的现象在学校极为普遍。新中国成立后,客观上国内局势的逐渐稳定,主观上国家对文化教育事业的重新规划,学校开设的劳动教育课程,不仅可以锻炼学生个人毅力,培养学生尊重劳动、热爱劳动的习惯,还可以增加学生生产劳动的技能,为其毕业之后投身工作岗位奠定了一定的基础。

其次,劳动教育课程内容丰富,主要以课堂教学和课外实践为实施途径。在课堂教学方面,劳动教育的主要思想、内容和观点集中渗透到各科教学中,特别是语文课和政治课的设置,其目的主要是引导学生及早树立劳动观点和养成热爱劳动的习惯。起初,倡导"尊重劳动,热爱劳动"的目的并未得到很好落实,导致五20世纪50年代的中小学毕业生都不太愿意从事生产劳动。为了改善这种状况,根据学生的兴趣,学校增设了一些补充教材,主要以课外实践为主。例如组织带领学生开展诸如参观生产劳动、科学实验、制造教具等活动,来培养学生的动手实践能力和创造力。

最后,劳动教育作为一种政治思想教育,逐渐与道德教育相融合。千百年来,"万般皆下品,唯有读书高"的观念一直影响着人们的思想。认为只有努力学习书本知识才是最重要的。对于劳动,一般都持以漠视或者轻视的态度。如此这样下去,培养出来的中小学学生怎么可能具有正确的劳动观念,中小学学生在人格和品质方面自然会大打折扣,极有可能会造就一批对社会主义建设漠不关心、意志薄弱、知难而退的"无用之人"。介于这种情况,1958年后,我国增加了劳动教育实践环节,倡导教师和学校、家长共同创设劳动环境,内容主要以手工课程、板报设计、环境卫生打扫、参观工厂和农场等实践活动为主,旨在让学生从中体会劳动的乐趣和为他人服务的快乐,认识劳动的可贵,培养学生良好的品性和品德。

### (二)劳动教育存在的问题

首先,劳动教育的实施在这一时期并没有科学的方案。这主要是因为在特定的社会历史条件下,我国劳动教育的实施受特定历史条件的限制,未形成明确的准则和方法。归根结底讲,生产力决定生产关系,劳动教育的形成是由其特定历史时期的社会生产力水平决定的。新中国成立初期,我国

## 第二章　新中国成立以来劳动教育的历史回顾

的经济发展水平还很低,远落后于苏联,但在教育制度方面盲目的、全盘的照搬苏联教育制度和教育模式,势必给我国的教育制度的发展带来了与社会经济发展不相匹配的问题。再者,苏联在实施劳动教育过程中,也存在着许多问题。例如,由于苏联跟旧学校作决裂性斗争的缘故,使得在学校课程设置上重视劳动而忽视文化课程。这就使得我国在学习苏联时,未能很好地进行筛选,缺乏取舍,未能全面考虑优势和不足,导致中华人民共和国成立初期我国的劳动教育的实施,只是在表面上起到了一定的促进作用,其社会效益远未达到预期的目的。

其次,从当时的社会历史条件看,新中国成立初期推荐的劳动教育的思想、观念,与旧教育思想之间存在着尚未激化的矛盾。一般而言,斗争重点的转移影响着教育性质和任务的转变。新中国的成立使我国结束了长期武装斗争的局面,社会生活步入社会主义新阶段,学校教育的任务也随之发生了根本性的变化。从社会发展的需要来讲,要求建立种新型社会主义学校,培养出一批具有优良品质和高文化素质的社会新型人才。旧中国轻视劳动,不注重劳动习惯、劳动能力的培养,与新中国新的教育观念产生矛盾与隔阂,使得劳动教育的实施存在着很大的阻力。劳动教育除了要促进学生全面发展之外,也是教育学生政治、思想的主要途径。

最后,劳动教育的发展基本上只进行了宏观控制,主要以一系列的规程使劳动教育规范化、制度化,以此来主导劳动教育发展的方向。例如,在1953年我国出现了中小学生毕业后升学困难、就业率偏低等的社会问题。1954年,我国又出台了《关于解决高小和初中毕业生学习与从事生产劳动问题的请示报告》,着重指出在教学改革中应加强对学生的劳动教育。1955年和1956年两年间,我国又连续出台了有关中小学劳动教育的规定,旨在规范劳动教育的计划性和规范性。对于劳动教育中较具体的问题则主要采取借鉴国外先进经验做法。例如,课程的设置和实施的方法与途径,都依照了苏联劳动教育的模式,而未考虑是否真正符合我国教育的发展。究其主要原因,主要是对马克思主义教育思想与生产劳动相结合这一理论未进行深入细致地思考,只是理解了表面意思,认为教育课程的开设,开几门劳动教育课再加学生进行体力劳动,就是二者的结合。实质上马克思主义所说的教育与生产劳动相结合,是在社会生产力水平较高的情况下,"以现代科学技术为中介,通过教育这一独立的社会过程,对抽象的科学技术进行了加工改造,又作用于生产劳动这一独立的社会过程而产生的三者之间的相互结合",劳动教育作为其结合的途径之一,就是为了使其更好的结合,来提高学生的全面发展。正是因为当时并没有彻底思考研究这一理论,导致中华人民共和国成立初期的劳动教育也只是在摸索中进行。

正如《关于解决高小和初中毕业生学习与从事生产劳动问题的请示报告》中所理解的,中华人民共和国成立初期把实施劳动教育过程中出现的问题归结为思想原因,认为是教育部在指导中小学教育如何发展的问题上,存在着部分失误现象,因此才使得其在发展过程中出现偏差。但从实质上看,主要是因为没有深入理解马克思主义教育思想与生产劳动相结合的结果。社会经济的发展从客观上限制了对这一理论的理解,导致在1954—1956年,国家对劳动教育课程设置的调整,都没有从根本上解决劳动教育实施过程中存在的问题。

由此看来,三大改造时期,劳动教育作为缓解中小学毕业生升学压力、动员毕业生就业的手段受到了党中央的高度重视。此时的劳动教育不仅强调劳动态度、劳动观念的教育,而且开始注意根据工农业发展形势进行生产技术教育,初步建构了系统的生产劳动技术教育体系。但这些政策的执行效果并不理想。一方面,面对升学无望、最终还要回乡劳动的结局,很多中小学生家长选择了让孩子辍学。根据河北、辽宁等12省份的报告,1956年初,中学生辍学人数一般都在10%左右,有些学校辍学人数甚至占到了在校生总数的50%以上。可见,轻视体力劳动的社会思想在当时并未真正改变,当接受学校教育无法改变从事体力劳动的命运时,很多人还是选择了辍学。另一方面,就劳动技术教育而言,当时虽然搭建了非常理想的劳动技术教育体系,但也因超出了大多数学校的教学条件而无法真正实施。

## 第二节　1957—1977年的劳动教育

1957—1977年的劳动教育又可以划分成两个阶段,即1957—1965年劳动教育兴盛阶段和1966—1977年的劳动教育脱轨阶段。

### 一、劳动教育的兴盛阶段

1957—1965年这一时期,是我国劳动教育发展最重要的阶段。1956年,我国开始进入全面建设社会主义时期,教育事业的发展极为迅速。期间,国家大力提倡勤工俭学和半工(农)半读思想。据统计,1956年,小学生达6346.6万人,是1949年的2.6倍;初中生438.1万人,是1949年的5.3倍;高中生78.4万人,是1949年的3.8倍;中等技术学校学生53.9万人,是1949年的7倍;大学生40.3万人,是1949年的3.5倍。此时,国家经济财力已无法支持教育规模的不断扩张,大量中小学毕业生因无法升学而必须走向劳动就业,"教育供给和需求之间悬殊巨大,成为人民内部矛盾在教育领域的一个突出体现"。随着国内形势的转变和中苏关系的恶化,这一时期我国劳动教育实施逐渐脱离苏联课程内容的影响,重新对劳动教育的内容和实施方式进行了调整。但受"大跃进"时期"多快好省"思想和政治因素的影响,教育事业违背了其自身的发展规律,劳动教育质量不但没有提高,学生升学就业反而受到影响。

## (一)劳动教育转向及其历史背景

这段时期,我国的经济、政治和教育等社会各项事业得到了较为全面的发展。但自1956年以来,中苏关系出现裂痕,中华人民共和国成立初期以来学习苏联的教学理论和课程体系也随之发生了变化。随着中共中央、国务院发布《关于教育工作的指示》,确立了"教育为无产阶级的政治服务,教育与生产劳动相结合"的教育工作方针。此后,教育培养目标、教育制度、办学形式、课程设置和教学方法等各个领域均以此方针为指导,并在实践中积极贯彻实施。起初,劳动教育实施有序,进入"大跃进时代"之后,盲目追求经济的快速发展,绝大多数师生被要求投入到了大炼钢铁中"工作",并认为越多的让学生参加生产劳动和工厂劳动,就是在进行劳动教育。在这种错误思想的指导下,劳动几乎代替了课堂任务教学。加之这一时期政治运动频繁,阶级斗争的扩大化等原因,错误地将劳动教育看成是改造学生思想和进行阶级斗争的重要方式,这使得教学领域出现了较为严重的"左"的偏差。在这种社会历史的大环境影响下,这一时期学校劳动教育的课程设置和内容带有强烈的政治色彩。

## (二)劳动教育的实施

1. 课程目的

这一时期,我国教育的主要培养目标是"有社会主义觉悟的有文化的劳动者",劳动教育作为培养"劳动者"的一种有效途径,其课程目的旨在引导学生树立正确的社会主义思想,改造其资本主义思想,为做一个符合当时的政治思想和文化标准的人做准备。

2. 课程内容

内容安排上,将生产劳动由原来的简单的学习变成主要课程进行教授。

且在此基础上,依据不同的时期,根据实际情况,对不同级类学校、年级,每周、每月、每学年的劳动时间作出了明确规定。同时,在不同学校阶段分别开设有关教育与生产劳动相结合的课程。小学阶段开设生产常识、手工、劳动课等;中学虽然开设生产知识课和劳动课,但中学阶段的生产知识课主要以农业科学技术知识为主。另外,将制图课作为选修内容供学生选修。在内容设置上,主要以加强学生基本技能的训练为主要。这一时期,生产劳动课的重要性与语文、数学和社会主义思想教育旗鼓相当。例如,在课程内容的设置和课时数量方面,呈逐年递增的特点。"初中、高中各个年级均开设该类课程,并由原来的每周 2 课时增加到 12 课时,全年累计达 404 课时。另外,劳动科划分为生产劳动和体力劳动两个分支,每年 20~34 节不等"。在 1958—1959 年,由于劳动过多过泛,课程内容由先前的学校与工厂进行,进而转入到大炼钢铁的队伍中去。课程内容以学生边生产、边学习、边炼钢等生产劳动为主,以致教学内容不能按照计划正常实施。客观上讲,这种教学内容的设置,严重地违背了马克思主义教育与生产劳动相结合理论的思想精髓,严重地扰乱了正常的教育教学秩序。这种情况一直延续到 1960 年。此后国家的整体发展出现了比较大的调整,在"调整、巩固、充实、提高"八字方针的指引下,教育领域的改革也随之放慢了速度。为了提高教学质量,课程内容的设置基本上恢复了新中国成立初期的课程内容设置。中学继续开设生产知识课、劳动课和制图课,小学开设生产常识、手工和劳动课等课程,开始注重学生基础知识和基本技能的培养。

3. 课程实施

总体方向是,坚持学校主要以教学为主要内容和学生以学习文化知识为主要职责的原则。但在具体实施过程中,却以学生参加生产实践为主,导致"生产实践"以各式各样的方法渗透在日常的教学中。例如老师带领学生到学校创办的农场和工厂中参加劳动,参加社会公益劳动,到工厂见习、实习、研制新产品等。这种教学实施途径,偏重于劳动生产实践,忽视了文化知识的传授,出现了生产劳动替代教育教学的倾向。大跃进时期尤其严重,劳动过多,教学过少,出现学校无教学的教育"怪象"。当时在苏联,劳动教育的实施途径同样也存在这样的问题。受其倡导的"劳动应成为学校的基础,劳动应在学校中居首位"思想的影响,学校从重视文化课知识转向注重生产劳动实践,进而忽视了学生基本课程知识的学习。对二者进行比较,我国劳动教育的实施途径基本以当时苏联为参照,也就存在因盲目学习而出现过于夸大生产劳动的问题。

## (三)劳动教育评价

### 1. 劳动教育的特点

第一,模仿苏联劳动教育课程设置,增加了与生产劳动相关的教学内容。苏联在劳动教育内容安排上紧紧围绕"教学跟生产劳动紧密结合"这一主题,发挥学校附设实习工厂和农场的作用,积极鼓励学生参加生产劳动。同样,我国劳动教育课程的设置,主要以农业基础知识为主,依据有序的教学计划,规定了中学生每年参加体力劳动的天数是14~28天,初、高中各年级每周增设2节生产劳动课。对于高校教学改革,主要是要求毕业生的毕业论文设计与当时的生产劳动相结合;坚持学校、研究机关和工厂三者结合的原则。直至1964年,建立了高等学校毕业生劳动实习制度,规定了毕业生实习必须以体力劳动为主。但实质上,上述这种情况并未真正达到教育与生产劳动相结合的初衷。若要达到教育与生产劳动的真正结合,必须要在社会生产力发展到一定程度的基础上,运用一定的科学技术作为教育与生产劳动相结合的中介,将其转换为培养学生全面发展的有效途径和手段,以期提高社会经济发展的目的。这一时期,国家虽然在劳动教育方面进行了积极探索,对教育与生产劳动相结合的教育理论有了更深一步的理解,但是在具体操作上,时代大背景制约了其实施。

第二,积极倡导勤工俭学,培养学生独立生活的能力。例如,1957年提出的勤工俭学活动,学生可以根据个人时间到学校附设的工厂、农场进行生产实习,同时学校会付给学生一定的劳动报酬。因此,当时的课程内容中倡导学生半工半读的教学思想,鼓励学生参加一些生产劳动和必要的社会活动,旨在培养学生的动手能力和实践能力。同样,日本中小学开设的劳动课,以美化环境劳动、社会服务劳动以及在学校设立的劳动场所内进行的生产劳动为主,主要还是以激发学生热爱劳动和培养个人独立生活的能力为目的。英国的劳动教育课程也是通过开设手工课和生活课程,来提高学生的生活能力和自理能力。

### 2. 劳动教育的优点与不足

尽管这一阶段是劳动教育发展的兴盛阶段,但效果并不理想。表现在用过量的农场劳动、生产劳动和手工业技术冲击了普通教育知识的学习,没有将普通教育知识当做劳动教育的基础。这和苏联20世纪20年代末30年代初的劳动教育模式一样,"过分注重过量的学生自我服务劳动和手艺性劳动而忽视了基础知识的学习,以至于出现了为传授学生系统知识而斗争的现象"。此后,苏联又重新走上了专门传授系统知识的道路,学校的实习劳动工厂便随之关闭,劳动课从教学计划中被取消,劳动教育就此告一段落。但随之国内发展形势的转变和自身对各项事业进行的改革,教育事业重新走向了依据自身客观规律逐渐调整的路子,有利于学校教学方面进行调整,日臻完善。尤其是半工半读、勤工俭学制度的实施,一定程度上缓解了学生升学与就业的矛盾,劳动教育的实施途径也呈现多样化的特点。此外,劳动教育的实施涤清了当时知识分子头脑中的资产阶级思想,这对加强人们政治思想教育和道德教育以及共产主义教育起到了积极的作用。

"大跃进"时期鼓励学生参加过多的劳动,都未能正确把握马克思主义关于教育与生产劳动相结合的理论原则,即"决不是要人们放弃文化知识的学习,而去从事简单的体力劳动,更不是说要用劳动来取代教育,而恰恰是要在理论与实践的结合上把教育提到更高级的程度。"国教育与生产劳动相结合,作为马克思主义学说中的一个组成部分,应当将其置入马克思主义思想体系中的一个子系统加以研究,应该注重考虑与其他社会因素之间的联系。但受当时认识水平和社会大环境的影响,未能正确把握马克思主义所指的两者相结合的真正含义,而是简单地理解成了二者的机械结合,劳动教育陷入让学生多参加劳动,尤其是多参加体力劳动的误区。笔者认为导致这种错误的教学内容和方法症结主要有以下几方面的原因。

第一,对苏联劳动教育的实施缺乏完整、正确的理解和把握。苏联自劳动教育实施以来,在积极恢复国民经济和工业化的情况下,为战胜旧学校的教育制度和思想,学校过分夸大了劳动的作用,把劳动教育看做实现其他一切教学发展的前提条件。而新中国成立初期,我国国民经济和工业化程度远落后于苏联,计划以"多快好省"的方法迅速提升我国社会主义大生产水平,以达到西方发达资本主义的发展水平,这一点是有违经济发展和教育发展客观规律的。

第二,没有充分理解马克思主义教育与生产劳动相结合的真实含义。两者相结合是以社会生产力水平发展到较高阶段为条件的。而这一时期,我国的社会生产力水平较低,还达不到以马克思主义讲到的运用现代科学技术为媒介的程度,通过教育这一独立的社会化方式来提高社会生产效率,对抽象的科学技术进行加工改造,还显得有些牵强。因此,不管出现劳动教育的过度扩大化问题,还是认为劳动教育就是简单的体力劳动加基础文化知识,在某种程度上,这都是社会发展阶段的必然产物,是无法避免的。

第三,国内的社会政治背景促成了劳动教育发展的此种局势。新中国成立初期至1956年,社会主义改造的客观要求是彻底改造旧中国的一切不合理的社会制度和教育制度,而劳动恰恰是改造这种局面最好的工具和途径,因此劳动教育在学校教学中也就占据了主导位置。到了 1957—1965 年,劳动的位置更为凸显,出现了劳动代替教学、唯劳动是教学的局面,否定了普通教育知识的传授,加之社会中自身存在轻视知识分子的思想倾向,"读书无用论"思潮的盛行,客观上导致了追求劳动形式化的倾向。

因此,上述两个时期劳动教育的发展过程中,受到了生产力水平的滞后、人为的夸大、理解的偏差、不良社会思潮等因素的影响,单纯地满足社会某一方面的需要而无限夸大某一因素的重要性,机械的模仿和盲目推荐劳动的作用,忽视了普通教育知识的作用。这种违背教育与外部社会之间联系客观规律的做法所带来的不良后果,正是我们应反思并吸取其中的经验和教训。

## 二、劳动教育的脱轨时期

1966—1976 年,我国的教育事业受到了严重的冲击,劳动教育的政治意义被过度拔高,甚至把学习与劳动对立起来、把脑力劳动与体力劳动对立起来、把知识分子与工农群众对立起来,使劳动教育不能按照正常的内在规律进行。在错误方针政策的引领下,劳动教育空前的扩大化,整个学校的课程内容设置、教学实施方法都以劳动为主,全部选择在农村、工厂进行。一些基础文化课程的学习都是以农村干活工厂做工为主,对知识的考察也只是以写体会的方式进行。"读书无用论"的思想在全国开始泛滥,文化课等基本知识不被重视,大学取消了文化课考试,工人和农民可以"凭着一双长满老茧的手"进入高等学府。劳动人民成为了"文化""思想"水平的象征,"师生到工厂去,到农村去,实行和广大工农群众相结合"成为流行口号,报纸等各种主流媒体推波助澜大力宣传知识青年到农村、工厂进行劳动再教育。全国掀起了知识青年接受农村贫下中农再教育的上山下乡运动热潮,小学、初中、高中的劳动教育内容一律被生产劳动所取代,一切的文化知识课被政治课所取代,工厂和农村劳动成了教学与教育结合的主要方式。

### (一)劳动教育发展的转化及其历史背景

1966 年之前,我国教育一直存在着脱离社会生活实际的问题。主要原因是不注重教育方式和培养模式与实践的结合,导致培养出来的学生实践能力较差。到了 1964 年,毛泽东提出了加强大中小学生劳动教育的指示,倡导劳动锻炼,主张取消考试制度,让学生"边干边学",以培养他们吃苦耐劳、独立生活的能力。受当时"反对学校教育与社会和生产劳动脱离,要求学生深入工厂、农村,要以社会为学校"等口号宣传的影响,我国这段时期特别过多重视让学生参与农业活动。在极"左"思潮和"大破大立"思想的影响下,国家极力倡导学生要走进农村走进工厂,接受贫下中农再教育。这导致学校一切计划有序的教学工作和规章制度被彻底破坏,劳动教育变成了阶级斗争和政治改造的工具。

## (二)劳动教育误入"死胡同"

受错误路线的影响,"四人帮"出于政治上的需要,打着"教育要革命"的旗号,强调教育与生产劳动相结合,过分倡导劳动锻炼,劳动教育彻底变成了阶级斗争的工具。导致出现了教学活动与课外劳动相对立的情况。劳动教育的政治意义被推向了顶峰,主要表现在以下几个方面。

教学内容方面,主张精简课程,积极倡导学生进行体力劳动。课程内容主要以毛泽东思想、生产劳动、军事斗争等为主,学校采取自编教材、自选教师、按照生产程序分阶段的方式来完成教学任务。同时,要求教师通过限定授课次数的方式来降低学生面对过多作业的压力。学生也要利用课余时间,进行脱产学习,学习完成后,定期回厂参加政治活动和车间劳动,待毕业后再回到生产实践中去。中小学学制被缩短,教材重新编写,课程重新安排。小学主要开设"语文、算术、革命文艺、军事体育与劳动5门课",削弱了基础知识与基本技能的学习,而在劳动课中对如何使用化肥、测量土地、学习使用拖拉机、柴油机成为学习的主要内容。中学则开设毛泽东思想、农业基础、革命文艺、军事体育和劳动5门课。大力强调思想政治教育,借助于劳动课宣传阶级斗争、思想改造,学生和教师成了思想改造的对象。此外,升学考试招生制度被废除,学校教育基本处于停滞状态,这一现状导致学校和学生的数量大幅度下降。学校长期对学生进行的劳动教育,也被错误地认为是参与一切农业活动、生产活动等较为繁重的体力劳动。这种教学内容的设置和教学方法的实施,导致正规教育非正规化,远未达到教育的目的,却沦为了改造学生和教师思想的工具。

教学原则方面,主张一切书本知识的理论,特别是理科方面的知识,必须与生产实际相联系。充分运用学生在校学到的知识,将其与自身实践活动相结合,激发学生学习知识和积极投身于农业活动的兴趣,以培养学生个人整体的综合能力。教育管理制度方面,农村小学由大队办,教师需返回大队办的小学工作;中学由公社和大队共同办,形成了所谓的"民办公助"式学校。但是,知识青年上山下乡运动,学生或参加生产建设兵团,或到农村插队,给社会、家庭和学校秩序造成了极大的冲击。这场运动的产生,一方面使高校停止招生,毕业生很难就业,成为学校和社会不稳定的一个因素;另一方面,歪曲了教育与生产劳动相结合的本义,主张"从工人中培养技术人员""从有经验的工人农民中选拔学生"和"到学校学习几年后,再重新回到生产实践中去"等观点实现二者的结合,错误地理解了劳动教育。这对学校正常教学秩序造成了一定的破坏,导致我国教育事业出现了大倒退的局面。

### (三)劳动教育评价

这一时期所实行的劳动教育,无论从内容、形式还是管理上讲,比1958年"大跃进"时的走出校门,或半天上课,半天劳动所产生的负面影响更大、更深远。

这一时期,学校的管理制度一片混乱,形成了诸多教学上的弊端。主要是文化知识的学习在很大程度上被彻底否定,教学内容的开展要结合"生产实际",教学制度的管理要结合工农兵的经验,教师队伍的建设要允许贫下中农、土专家的加入。这些问题,究其根源,主要是过分地强调教育与生产劳动相结合,导致知识与生产相对立,加之这一时期的人才断层困境,给我国教育事业带来了巨大的挑战。形成这一问题的原因主要有以下三个方面。

第一,盲目夸大劳动的作用,忽视了对劳动者素质的培养。自新中国成立以来,我国各个阶段的教育改革,通过增设劳动教育课程,旨在改造人民的旧思想,树立新的社会主义政治思想。这种把劳动教育作为改造人们政治思想的方法,一直持续着,但其存在不影响教育事业的正常运行。后来受"宁要社会主义的草,不要资本主义的苗"思想的影响,以知识分子工农化、劳动者化为目的,将知识分子与工农机械地打成一片,实现体力劳动与脑力劳动的简单结合,来达到改造知识分子思想的目的。这使得劳动的功能被盲目的扩大,导致出现了劳动替代了一切教育内容的现象。

第二,未能正确把握教育与生产劳动相结合的实质。教育与生产劳动相结合的实质是指教育和现代生产劳动两个独立的过程以现代科学为结合点,以与其相适应的社会生产力水平为基础进行的一种现代劳动。但在当时,却形成了生产就是教育、劳动就是学习、学校就是工厂的思维,两者相结合被错误地理解为就是要多参加体力劳动,以到农村干活、到工厂劳动代替了一切书本知识的学习,把文化课程的学习完全融入到了一切劳动中去。这种错误的理解影响了教学计划的实施,偏离了马克思主义主张的教育与生产劳动相结合的思想原理。马克思主义教育思想并不主张越多的劳动就是越多的实践,其前提是实践与劳动之间必须以知识为纽带,以掌握了现代知识为基础,以培养实践能力为目的,二者不是孤立的,而是相互关联、相辅相成的。"将生产劳动误认为是一切繁重的体力劳动,认为劳动形式越简单原始,劳动条件越艰苦,劳动难度系数越大,对改造人们思想的作用就越大,这种理解恰恰偏离了马克思主义教育与生产劳动相结合的实质"。

第三,错误地理解了教育与生产劳动相结合的"形式"。教育与生产劳动、脑力劳动与体力劳动、知识分子和工农这三者各自的分离与结合是现代社会市场经济、现代大生产大分工发展的必然结果,是社会历史发展的一种必然。二者出现的错误结合,是由当时社会发展水平决定的。若牵强地对其进行简单的结合,不仅不会达到良好的教育效果,还会偏离教育自身的规律。如知识分子上山下乡与工农打成一片,"开门办学"实现脑力劳动与体力劳动的结合等,都是人为刻意地将二者进行结合,并未实现教育的目的和初衷。这是因为"开门办学"的实质只是做到了"开门",并未实现真正意义上的"办学"。鼓励学生上山下乡,参加工厂和农场劳动,以"学生即知识分子+体力性生产劳动","工、农、兵+大学教育"作为培养人的做法,结果是既没有培养出先专后红的知识分子,也没有将工、农、兵等文化水平较低的人培养成先红后专的栋梁。这种人为地牵强地对其进行"形式"上的结合,导致最终出现了人才断层的现象,给社会的发展造成无法弥补的损失。

但是,我们也应看到历史的局限性。形成"文革"时期重视劳动而轻视文化知识的原因是多方面的,但究其根源是受我国千百年来轻视劳动传统观念的影响。加之社会主义建设初期急于改造人民思想的目的,势必采取加强劳动教育的方式来缓解对劳动偏激的看法,以期达到社会的平衡。这种落后的、腐朽的轻视劳动的思想,在社会的各个行业不同程度地存在着,受当时极"左"思想的影响,过度强调阶级斗争,才造成了十年"文革"教育荒废的局面。然而,不管"文革"时期劳动教育存在多少问题,如何过度夸大劳动的作用,但其对劳动教育进行的积极尝试,为我们在今后如何理解和实施劳动教育,以及如何避免出现错误的教学改革,提供了宝贵的经验。

# 第三节 1978—1999年的劳动教育

十一届三中全会后,伴随着全党工作重心的战略转移,教育战线上对新时期脑力劳动与体力劳动的关系、教育与生产劳动的结合、劳动教育在全面发展教育中的地位等问题进行了深入的讨论。

## 一、努力为脑力劳动正名，从现代化建设的高度恢复教育与劳动相结合的本义

在马克思主义理论的原初意义上，教劳结合指的是"现代学校教育和教学同现代机器大工业的生产劳动相结合""通过这样的教育和结合，不仅能使受教育者掌握现代社会所必须的基本的综合技术素养，而且能使他们的精神情操受到陶冶，在知识和技能方面得到充实和提高，从而促进人的智力和体力的和谐发展"，所以，"现代教育同现代生产的结合，是提高社会生产的必然途径，同时，也是造就全面发展的人的根本方法"。但在新中国成立后二三十年间，中国经济生产方式仍以体力劳动和手工劳动为主，在这种情况下，如果生硬推行教劳结合、体脑结合，必然会冲击或拉低现代生产知识和技术教育的水平。所以，改革开放以后，党中央致力于重塑"尊重知识、尊重人才"的社会风气。

1981年6月中国共产党第十一届六中全会通过《关于建国以来党的若干历史问题的决议》，明确提出"要坚决扫除长期间存在而在'文化大革命'期间登峰造极的那种轻视教育科学文化和歧视知识分子的完全错误的观念"，要"坚持德智体全面发展、又红又专、知识分子与工人农民相结合、脑力劳动与体力劳动相结合的教育方针"。

可见，随着"以经济建设为中心"的基本路线的确立，党的教育方针也做出了相应的调整。在新方针的表述中去掉了"必须为无产阶级政治服务"的说法，并用"脑力劳动和体力劳动相结合、知识分子与工人农民相结合"取代了以往"必须与生产劳动相结合"的提法。

## 二、深入探讨是否以及如何坚持教育与劳动相结合的问题

1978年4月，邓小平同志在全国教育工作会议上的讲话中特别指出，"为了培养社会主义建设需要的合格的人才，我们必须认真研究在新的条件下，如何更好地贯彻教育与生产劳动相结合的方针""各级各类学校对学生参加什么样的劳动，怎样下厂下乡，花多少时间，怎样同教学密切结合，都要有恰当的安排。更重要的是整个教育事业必须同国民经济发展的要求相适应""我们的国民经济是有计划按比例发展的，我们培养训

练专门家和劳动后备军,也应该有与之相适应的周密的计划"①。显然,在邓小平看来,新时期坚持教育与生产劳动相结合主要不是学校教育内部加强劳动教育的问题了,而是宏观层面上整个教育事业必须与国民经济发展相适应。

同时,伴随教育上的拨乱反正,学术界也展开了对"两个必须"教育方针的质疑。萧宗六、潘益大等学者认为"两个必须"的教育方针"带有浓厚的阶级斗争色彩,基本上是阶级斗争为纲的产物""没有反映教育工作内在的固有规律,没有反映教育与生产力,与现代化建设的关系",所以,需要修改、完善或更新②。这一意见反映在 1985 年《中共中央关于教育体制改革的决定》中,"教育必须为社会主义建设服务"的说法正式取代了"教育必须为无产阶级政治服务"的说法,成为我国教育方针的基本构成要素。同时,在1983—1989 年间的中央文件和重要领导人讲话中也很少见到"教育必须与生产劳动相结合"的说法,常见的表述是"脑力劳动和体力劳动相结合、知识分子与工农群众相结合"。直到 1993 年《中国教育改革和发展纲要》中才再次确定了教育与生产劳动相结合的说法,明确将我国的教育方针表述为"教育必须为社会主义现代化建设服务,必须与生产劳动相结合,培养德、智、体全面发展的建设者和接班人"③。

对此,何东昌在《20 年来我国教育思想的深刻变革》中曾做过阐释:"1978 年以后,教育界对 1958 年中央关于教育工作的指示中提出的教育方针,即教育为无产阶级政治服务,与生产劳动相结合的方针有不同的认识。曾经一段时间内缺乏一个简明、系统的关于教育方针的表述。1989 年以后,更感到需要有这样的方针表述,以统一各方面认识。为此教育学会曾进行过一系列研讨,研讨的意见被吸收到《中国教育改革和发展纲要》中,后来又被列入了《教育法》。"④

## 三、劳动教育被表述为全面发展教育的组成部分之一

1986 年,时任国务院副总理兼国家教委主任李鹏在第六届全国人民代表大会第四次会议上做了《关于中华人民共和国义务教育法(草案)的说

---

① 《在全国教育工作会议上的讲话》,《邓小平文选》第二卷,人民出版社,1978.
② 曹霞:《改革开放以来我国教育方针的嬗变及其研究》,浙江师范大学,2006,第18-19 页.
③ 何东昌:《中华人民共和国重要教育文献(1991—1997)》,海南出版社,1998.
④ 何东昌:《中华人民共和国重要教育文献(1998—2002)》,海南出版社,2003.

## 第二章　新中国成立以来劳动教育的历史回顾

明》,在贯彻党的教育方针方面提出"应当贯彻德、智、体、美全面发展的方针,适当进行劳动教育,使青少年儿童受到比较全面的基础教育"。这里将劳动教育作为比较全面的基础教育中的一部分提了出来。同年10月,国家教委副主任彭珮云在中学德育大纲研讨会上的讲话中更明确地提出"把德育作为德、智、体、美、劳五育全面发展的一个有机组成部分,使五育互相配合、互相渗透"①,正式提出了"五育全面发展"的说法。此后,国家教委颁发的一系列文件《国家教委、国家体委关于开展课余体育锻炼、提高学校体育运动技术水平的规划(1986—2000)》《全日制盲校小学教学计划(初稿)》《国家教委、共青团中央关于加强少年宫工作的意见》均出现过五育并举的表述。但1993年《中国教育改革和发展纲要》开始统一为"培养德、智、体全面发展的社会主义建设者和接班人",1995年颁发的《中华人民共和国教育法》则正式确定为"德、智、体等方面全面发展的社会主义建设者和接班人"。

对"五育"变"三育"的原因,时任国务院副总理李岚清曾这样解释,"政治局讨论这个问题时认为,德、智、体全面发展的方针是属于我们党的重大方针,已坚持多年,在实践中证明是正确的,行之有效的,已为教育界,甚至全党全民普遍熟悉和认同,应该一以贯之。然而,这决不意味着可以忽视美育和劳育。德育的范围很广,应该包括美育,劳育也应当包括在德育和体育里面""因为,除德、智、体、美、劳,还有其他的,但这些内容都可以归到德、智、体里面去,是广义的德、智、体"。基于这些考虑,20世纪90年代后,中央倾向于将劳动教育视为包含在广义的德育、智育和体育之内的要素,否定了其独立提出的必要性,从而恢复了德、智、体全面发展的传统说法。

在劳动教育实践方面,劳动技能素质作为素质教育的四大要素受到空前重视。1982年教育部印发的《关于普通中学开设劳动技术教育课的试行意见》规定:中学劳动技术教育课,初中每学年2周,每天按4课时安排,三年共计144课时;高中每学年4周,每天按6课时安排。并对劳动技术教育的成绩考核提出了明确的要求,"每个学生都应该写劳动小结,学校应建立劳动档案。学年末要根据学生的劳动态度、劳动纪律及其掌握知识和技能的情况评定成绩。成绩可分为优、良、及格、不及格四等,计入学生成绩册。劳动态度和表现应作为学生操行评语的重要内容之一。劳动态度和表现不好的学生不能评选为三好学生"。这是新中国成立以来国家教育文件中首次提出的劳动教育考核标准与要求。1987年以后国家教委又先后颁发了《全日制中学劳动技术课教学大纲(试行稿)》《全

---

① 何东昌:《中华人民共和国重要教育文献(1991—1997)》,海南出版社,1998.

制小学劳动课教学大纲试行草案》《关于进一步加强中小学德育工作的几点意见》均强调学生参加劳动和社会实践的时间应纳入教学计划中,要不断制度化、规范化。

1998年,教育部办公厅出台《关于加强普通中学劳动技术教育管理的若干意见》,在明确中学劳动技术教育的组织领导责任和师资队伍建设要求的同时,明确要求"各级教育督导部门,在进行教育督导评估时,要把劳动技术教育纳入督导评估内容的指标体系","把是否开设劳动技术课,是否重视劳动技术教育,作为评选教育先进单位和先进学校的重要内容之一,并作为考核教育部门、学校、领导干部的重要内容之一"。鉴于此,有研究者指出,"从20世纪80年代到新一轮基础教育课程改革以前,劳动教育在课程地位、学科地位上是'登堂入室'的,有课程课时保证,传授系统的劳动知识、技能、情感、态度、价值观,体现了党和国家教育方针的要求"[①]。

但从实际效果看,1986年召开的全国中学劳动技术教育工作座谈会指出:"从全国范围看,开设这门课的情况还很不平衡。目前,约有半数,甚至更多的学校没有开设劳动技术课。一些教育行政部门还没有把这门课列入议事日程,重视不够,领导不力。学校、社会对开设这门课的认识还有一定的差距。教学设备、场地、经费、师资严重不足。"会议还同时分析了出现上述问题的原因,"无论在教育界,还是在社会上片面追求升学率的现象严重地冲击了基础教育,使劳动技术课不能正常开设。由于劳动技术教育是一门新学科,又是一门综合性很强的学科,对场地、设备、师资的条件提出了不同于其他学科的新的要求,社会、家长、教师和学生对其重要性的认识还有待进一步提高"。可见,20世纪80年代后,尽管党中央在理念上对劳动教育的方针定位进行了慎重的调整,在实践中加强了对劳动教育的系统化建构,加大了推进的力度,但受各种内外部因素影响,劳动教育的实践效果并不理想。

## 第四节　2000—2012年的劳动教育

从21世纪开始,我国进入了全面建设小康社会,加快推进社会主义现代化建设的新的发展阶段。党中央站在新的历史高度重新诠释了新时期劳动的内涵。一方面,劳动的创造价值高度彰显,劳动光荣、创造伟大成为时

---

① 徐长发:《劳动教育是人生的第一教育》,《中国农村教育》2015年第10期.

## 第二章 新中国成立以来劳动教育的历史回顾

代强音。面对知识经济的来临、信息时代的到来,江泽民在十六大报告中深刻指出,创新是一个民族进步的灵魂,是一个国家兴旺发达的不竭动力,并将"尊重劳动、尊重知识、尊重人才、尊重创造"明确为党和国家的一项重大方针。从此以后,"四个尊重"写进了党的十七大、十八大报告,并在十九大以后写入新修订的《中国共产党章程》中。可以说,"四个尊重"是马克思主义"劳动创造一切"观点的延伸与发展,是邓小平"尊重知识、尊重人才"思想在新时代的进一步丰富与拓展。尊重创造,是尊重劳动的重要诉求,劳动贵在创造,没有创造,劳动只能是简单的重复;创造离不开劳动,没有劳动,创造只能是纸上谈兵。尊重劳动、尊重创造,又离不开尊重知识、尊重人才。可见,尊重知识、尊重人才、尊重创造与尊重劳动具有内在一致性,是现代社会尊重劳动的必然要求。另一方面,对劳动者的人本关怀成为新时期我党执政的重要价值取向。十六大报告中,江泽民创造性地提出"有益劳动"概念,明确"要尊重和保护一切有益于人民和社会的劳动","一切合法的劳动收入和合法的非劳动收入,都应该得到保护"。胡锦涛则在2010年全国劳动模范和先进工作者表彰大会上的讲话中重申了"劳动最光荣、劳动者最伟大"的思想,提出了"体面劳动"的概念,并在十七大和十八大报告中将改善民生作为社会建设的重点。

与新时期劳动的新内涵相适应,进入21世纪后,党的教育方针也做了相应的调整。1999年6月,江泽民在第三次全国教育工作会议上指出:"必须全面贯彻党的教育方针,坚持教育为社会主义、为人民服务,坚持教育与社会实践相结合,以提高国民素质为根本宗旨,以培养学生的创新精神和实践能力为重点,努力造就'有理想、有道德、有文化、有纪律'的德育、智育、体育、美育等全面发展的社会主义事业建设者和接班人。"根据江泽民此次讲话和2000年《关于教育问题的谈话》精神,2001年国务院发布的《关于基础教育改革与发展的决定》中,将"坚持教育必须为社会主义现代化建设服务,为人民服务,必须与生产劳动和社会实践相结合,培养德智体美等全面发展的社会主义事业建设者和接班人"作为新世纪基础教育改革与发展的基本方针。这一表述既继承了我国教育方针的原有表述,又融入了国家领导人新时期的新思想,成为全面建设小康社会时期我国教育方针的新表述,被正式写入党的十六大报告和2015年12月27日修订发布的《中华人民共和国教育法》中。新方针第一次将"为人民服务"纳入教育方针,充分体现了新时期我党"立党为公、执政为民"的人本理念。此外,新方针强调教育不仅要与生产劳动相结合,更要与社会实践相结合。"教育与生产劳动和社会实践相结合"是新时代"教育与生产劳动相结合"理念的进一步丰富和拓展,因为"社会实践更注重对知识的运用和创新。社会实践的过程就是对思想意识和知识的检验、运用和创新的过程",而且社会实践的"含义更广更贴近时代和现实,在信息社会它不仅包括生产劳动、科学活动,同时还包括各种第三产业的社会活动",所以,它更能体现新时期劳动实践的多样性和劳动创造的无限空间。

在劳动教育的实践形态上,伴随信息社会与知识经济的来临,劳动教育的技术之维更加凸显。在2001年启动的第八轮基础教育课程改革中,综合实践活动课作为劳动教育的新形式,成为从小学至高中的必修课,其内容主要包括:信息技术教育、研究性学习、社区服务与社会实践以及劳动与技术教育,"强调学生通过实践,增强探究和创新意识,学习科学研究的方法,发展综合运用知识的能力。增进学校与社会的密切联系,培养学生的社会责任感。在课程的实施过程中,加强信息技术教育,培养学生利用信息技术的意识和能力。了解必要的通用技术和职业分工,形成初步技术能力"。同时,要求在农村中学中"试行通过'绿色证书'教育及其他技术培训获得'双证'的做法。城市普通中学也要逐步开设职业技术课程"。从《基础教育课程改革纲要(试行)》的相关描述中可以看出,关注技术、强调实践、追求创新是新时期劳动教育的新的实践导向。这与中央领导集体对新时期劳动创造价值的强调是一脉相承的。

进入21世纪以后,随着劳动时代内涵的不断丰富,劳动教育的外延也在不断拓展,从"教育与生产劳动相结合"拓展为"教育与生产劳动和社会实践相结合",从劳动技术课拓展为包括信息技术、通用技术、生产技术、职业技术、社会服务与社会实践、研究性学习等内容庞杂的综合实践活动课。但这种外延的不断拓展也造成了劳动教育实质内涵日益模糊不清,并在实践中渐行渐远。多项研究表明,以综合实践活动取代劳动教育,实际上造成了劳动教育课程地位下降、课程目标不明、课时难以保障、课程设施与场地转作他用等问题。再加上对综合实践活动这种全新课程形态本身缺乏深入研究,对其内部四大学习领域是什么关系、从小学到高中贯彻十二年的课程体系如何相互衔接等问题都缺乏深入思考与设计,直接造成了劳动教育在实际执行时无名分无标准、无目标无根基"。《中小学综合实践活动课程指导纲要》在综合实践活动实施17年以后才得以颁发的事实,也从侧面反映出学者们的批评不无道理。

显然,对劳动者的人本关怀成为党越来越明确的执政理念,但21世纪劳动教育在关注技术之维的同时却有忽视人本之维的嫌疑。实际上,随着社会的进步与发展,体力劳动者可以变得越来越有文化,生活越来越丰富多彩,劳动的技术含量、收入、社会地位越来越高,但体力劳动永远不可能完全消失"。因此,教育广大青少年树立正确的劳动观,正确认识社会的劳动领域和劳动群体发展势态,由衷热爱与尊重体力劳动和体力劳动者,为建构一个所有"劳动者参与发展、分享发展成果的"公平正义的社会而奋斗,也应成为当代劳动教育的重要目的之一。

## 第五节 习近平新时代中国特色社会主义思想对劳动教育的新发展

党的十八大以来,习近平总书记更是将"坚持社会公平正义,排除阻碍劳动者参与发展、分享发展成果的障碍,努力让劳动者实现体面劳动、全面发展"。作为施政目标之一,将"人民日益增长的美好生活需要和不平衡不充分的发展之间的矛盾"视为中国特色社会主义进入新时代后我国社会的主要矛盾,强调"坚持以人民为中心的发展思想,不断促进人的全面发展、全体人民共同富裕"。伴随着中国特色社会主义进入新时代,以习近平同志为核心的党中央站在历史高度,立足中国国情和发展实际,在继承和发展马克思主义劳动哲学的基础上,逐步形成了习近平新时代中国特色社会主义劳动思想体系,为实现"两个一百年"奋斗目标、中华民族伟大复兴的中国梦提供了强大的理论支撑。

### 一、习近平新时代中国特色社会主义思想关于劳动的重要论述

2013—2016年的五一国际劳动节,习近平总书记连续四年发表系列重要讲话,就劳动、中国梦、劳动者、劳模精神等内容进行了深刻阐述。党的十九大报告也提出了一系列与劳动密切相关的重要论断。习近平新时代中国特色社会主义思想在充分继承马克思主义思想的基础上,进一步发展了马克思主义劳动观,开创了新时代中国特色社会主义劳动思想的新境界。习近平新时代中国特色社会主义劳动思想回应了新时代的重大关切,包含了"实干兴邦"的劳动实践观、"民族复兴"的劳动发展观、"崇尚劳动"的劳动价值观、"热爱劳动"的劳动教育观等丰富内涵,成为推动党和人民事业发展的强大思想武器和具体行动指南。

征,高扬了人的主体性。"现在,我们比历史上任何时期都更接近实现中华民族伟大复兴的目标,比历史上任何时期都更有信心、更有能力实现这个目标。"同时,习近平也深刻指出,"劳动是人类的本质活动,劳动光荣、创造伟大是对人类文明进步规律的重要诠释"。这就意味着"说到底,实现中华民族伟大复兴的中国梦,要靠各行各业人们的辛勤劳动"。也就是说,实现中华民族伟大复兴是中国未来的发展方向,而劳动则是实现社会发展走向民族复兴的根本路径。这些论述既深刻阐释了依靠劳动实现发展的哲学意义,又揭示了劳动发展的本质所在,并赋予了丰富的时代内涵,重申和强调了劳动之于发展的历史价值和重要意义。

党的十九大报告在对决胜全面建成小康社会做出部署的同时,明确了从2020年到21世纪中叶分两步走全面建设社会主义现代化国家的新目标。这一目标描绘了建成富强民主文明和谐美丽的社会主义现代化强国的宏伟蓝图,对新时代中国特色社会主义发展作出战略安排。劳动是通向未来的必经之路,只有脚踏实地的劳动,才能描绘出更加绚丽多彩的美好未来,从而最终实现中华民族的伟大复兴。

### (三)劳动价值观

习近平同志在多个场合、多次讲话中阐述了劳动态度、劳动模范、劳模精神在中国特色社会主义事业中的重要作用,他号召全社会应始终弘扬劳模精神、劳动精神、工匠精神,为中国经济社会发展汇聚强大正能量,为实现中国梦提供了"崇尚劳动"的价值引领。在每次的五一讲话中,习近平都谈及劳动模范和劳模精神,并用较多篇幅论述劳动模范的历史贡献和劳模精神的宝贵价值。自2013年以来,我国先后使用"是民族的精英、人民的楷模"、"是我国劳动人民的杰出代表,是祖国和人民的骄傲"、"是坚持中国道路、弘扬中国精神、凝聚中国力量的楷模""是劳动群众的杰出代表,是最美的劳动者"等表述来充分肯定广大劳动模范和先进工作者。对于他们的贡献,两次用"他们以高度的主人翁责任感、卓越的劳动创造、忘我的拼搏奉献,为全国各族人民树立了光辉的学习榜样"予以强调。这些重要论述充分体现出党中央对劳动模范成绩的高度认可和殷殷关怀。对于劳模精神,习近平做了如下深刻阐述:劳模精神"丰富了民族精神和时代精神的内涵,是我们极为宝贵的精神财富","生动诠释了社会主义核心价值观,是我们的宝贵精神财富和强大精神力量","是伟大时代精神的生动体现"。这些重要论述既强调了劳模精神作为精神财富的重要意义,更凸显了劳模精神的时代内涵。十九大报告提出,要"弘扬劳模精神和工匠精神,营造劳动光荣的社会风尚和精益求精的敬业风气"。从国家层面上

## 第二章　新中国成立以来劳动教育的历史回顾

讲,我们要始终弘扬劳模精神、劳动精神,为实现中华民族伟大复兴的中国梦注入强大的精神动力。从社会层面上讲,弘扬劳模精神有利于在全社会营造"崇尚劳动"的浓厚氛围和精益求精的敬业风气,为中国特色社会主义事业汇聚起强大的正能量。从个人层面上讲,榜样的力量是无穷的,劳模精神可以感染并引领广大劳动者勤奋做事、勤勉为人、勤劳致富,培育践行社会主义核心价值观。

## 二、习近平新时代中国特色社会主义思想对劳动教育的新发展

青年兴则国兴,青年强则国强。习近平同志对广大青少年培养深厚劳动情怀抱有殷切期待,"要通过各种措施和方式,教育引导广大青少年牢固树立热爱劳动的思想、牢固养成热爱劳动的习惯,为祖国培养一代又一代勤于劳动、善于劳动的高素质劳动者"。但从现实中来看,由于家庭的宠爱、学校劳动教育的不足和社会风气的影响,一部分青少年缺乏最基本的劳动习惯,劳动情怀也比较淡薄,劳动价值观存在一定偏差。

"要教育孩子们从小热爱劳动、热爱创造,通过劳动和创造播种希望、收获果实,也通过劳动和创造磨炼意志、提高自己"。这些重要论述从劳动创造的功能角度强调了对孩子们自小开始进行劳动教育的必要性。但是目前青少年的劳动教育现状不容乐观。近年来,大中小学生的劳动教育受到较大程度的削弱。从学校来讲,劳动与技术课程经常被占用,师资、场地、经费缺乏,劳动教育无计划、无考核;有的把劳动当惩罚手段,劳动多教育少,忽视劳动观念和劳动习惯培养。从家庭来讲,体力劳动和生产劳动在家庭教育中被忽视,家长往往只关心孩子的学业成绩,只要学习好,什么都不用干。从社会来讲,一夜暴富、不劳而获的思想有所蔓延,体力劳动和生产劳动被淡化。

切实加强劳动教育,努力把广大青少年培养成勤于劳动、善于劳动、热爱劳动的高素质劳动者,是新时代党和国家对教育的根本要求。2015年8月,教育部联合共青团中央、全国少工委印发了《关于加强中小学劳动教育的意见》(以下简称《意见》)。旨在通过劳动教育,提高广大中小学生的劳动素养,促进他们形成良好的劳动习惯和积极的劳动态度,克服不良的劳动价值观,培养他们勤奋学习、自觉劳动、勇于创造的精神,为他们终身发展和人生幸福奠定基础。

2015年12月27日,第十二届全国人大常委会第十八次会议表决通过

了关于修改教育法、高等教育法的决定,这意味着对施行了21年的《教育法》和17年的《高等教育法》同时做出修订。新《高等教育法》第四条新增了"为人民服务"与"社会实践"相结合等内容;第五条关于高等教育任务表述中增加了"社会责任感"的要求。这一修订既是对高等教育发展改革进程中出现的矛盾和问题的制度回应,体现了立法需要与时俱进的法治精神;更是对我国高等教育未来改革发展的制度引领,彰显了我国高等教育改革发展的价值取向。从这些法律条款的表述变化中,我们可以看出,高等教育作为国家教育事业的重要组成部分,不能仅仅满足于工具合理性追求,更要强调其价值合理性追求,这一价值追求就是为人民服务。

2018年4月30日,在"五一"国际劳动节来临之际,习近平总书记给中国劳动关系学院劳模本科班学员回信,向他们、全国所有劳动模范及全国广大劳动者致以节日的问候。总书记的回信,让参与写信的38名劳模本科班学员群体热血沸腾,更让广大劳动者深感振奋、备受鼓舞。中国特色社会主义伟大事业需要依靠一代又一代中国人的辛勤劳动、接续奋斗来实现。青年一代有理想、有本领、有担当,国家就有前途,民族就有希望。习近平总书记的回信精神感召青年大学生勤奋做事、勤勉为人,激励青年大学生以敢闯敢试的勇气、激荡自我的智慧、舍我其谁的担当,勇做新时代的见证者、开创者、建设者,以饱满的奋斗热情、昂扬的拼搏斗志,争先做新时代的奋斗者。

2018年9月10日,习近平总书记在全国教育大会上强调,"培养德智体美劳全面发展的社会主义建设者和接班人","要在学生中弘扬劳动精神,教育引导学生崇尚劳动、尊重劳动,懂得劳动最光荣、劳动最崇高、劳动最伟大、劳动最美丽的道理,长大后能够辛勤劳动、诚实劳动、创造性劳动"。这些重要论述,高扬劳动教育的旗帜,丰富发展了党的教育方针,具有重大的时代价值和鲜明的现实针对性,也对高校提出了加强劳动教育的新任务、新课题。系统梳理习近平总书记关于劳动的重要论述,可以发现,崇尚劳动是党的十八大以来以习近平同志为核心的党中央一以贯之的思想引领和价值导向,这既是对马克思列宁主义、毛泽东思想、邓小平理论的历史传承,也是在新时代对中国特色社会主义事业的创新发展。正因如此,在2015年劳动模范和先进工作者表彰大会讲话中,习近平总书记最后用"以劳动托起中国梦"向全党全军全国各族人民发出了号召与动员。劳动不仅创造了人类,也是人类的本质特征和存在方式,并推动着社会历史滚滚向前发展。在完成"两个一百年"奋斗目标和实现中华民族伟大复兴的中国梦的征程中,推崇劳动、加强劳动教育就成为新时代的必然要求,具有重大的现实意义。

## 第二章 新中国成立以来劳动教育的历史回顾

回顾新中国成立以来党的教育方针,虽然不同时期有不同的主题,但"劳动者""生产劳动""社会实践"这些概念词汇一直在我国教育方针的表述中有所体现,但实际上,学校层面的劳动教育还是不够的。在马克思看来,生产劳动同智育和体育相结合,它不仅是提高社会生产的一种方法,而且是造就全面发展的人的唯一方法。著名教育家陶行知也曾指出,"劳动教育的目的,在谋手脑相长,以增进自立之能力,获得事物之真知及了解劳动者之甘苦"。正是因为劳动在育人中发挥着塑造健全人格、磨炼顽强意志、锤炼高尚品格的重要作用,习近平总书记在全国高校思想政治工作会议上进一步强调,要强化实践育人,坚持教育同生产劳动和社会实践相结合,让广大青少年在投身实践、亲身参与中认识国情、了解社会,在增长才干和磨炼意志中感受劳动所带来的收获和乐趣,进而形成尊重劳动、热爱劳动的真挚情感。

## 三、习近平新时代中国特色社会主义思想关于劳动重要论述的时代价值

时代是思想之母,实践是理论之源,习近平新时代中国特色社会主义劳动思想正是基于时代的高度与实践的发展,回应了新时代中国特色社会主义发展所面临的新使命与新课题,以劳动支撑起新时代中国特色社会主义的现实关切。

### (一)实现中华民族伟大复兴的中国梦必须依靠劳动

以习近平同志为核心的党中央以恢宏的理论勇气和卓绝的政治智慧,描绘了中国梦的宏伟图景,确立了中国人民的奋斗目标。实现中华民族伟大复兴是中华民族近代以来最伟大的梦想,这个梦想凝聚了几代中国人的夙愿。现在,我们比历史上任何时期都更接近中国梦。

但我们也应清醒地认识到,在实现中华民族伟大复兴中国梦的征程中,幸福不会从天而降,梦想不会自动成真,如习近平所指出的,"劳动是财富的源泉,也是幸福的源泉。人世间的美好梦想,只有通过诚实劳动才能实现;发展中的各种难题,只有通过诚实劳动才能破解;生命里的一切辉煌,只有通过诚实劳动才能铸就"。鉴于此,"中华民族伟大复兴,绝不是轻轻松松、敲锣打鼓就能实现的。全党必须准备付出更为艰巨、更为艰苦的努力"。该如何努力呢?习近平同志也给出了答案,"实现我们的奋斗目标,开创我们的美好未来,必须紧紧依靠人民、始终为了人民,必须依靠辛勤劳动、诚实劳

动、创造性劳动"。

"民生在勤,勤则不匮。"习近平深情指出,"说到底,实现中华民族伟大复兴的中国梦,要靠各行各业人们的辛勤劳动"。毋庸置疑,展望未来,"两个一百年"奋斗目标的实现,仍然需要人民的劳动创造来铸就,更需要一代又一代的中国人努力拼搏。

### (二)深化供给侧结构性改革要构建和谐劳动关系

2014年以来,我国经济运行迈入新常态,伴随着供给侧结构性改革的持续推进和逐步深化,经济发展方式深刻转变,经济结构深刻调整,劳动力市场灵活性增强。在各级各地政府"三去一降一补"化解过剩产能过程中,劳动关系的运行也发生了深刻变化,职工队伍结构更加复杂,劳动关系领域的问题和矛盾日益凸显。

党的十九大报告提出,要"构建和谐劳动关系"。"劳动关系是最基本的社会关系之一。要最大限度增加和谐因素,最大限度减少不和谐因素,构建和发展和谐劳动关系,促进社会和谐"。针对生活暂时遇到困难的部分劳动群众,习近平同志多次要求,"各级党委和政府要落实好失业人员再就业和生活保障、财政专项补贴等支持政策,落实和完善援助措施,创造更多就业岗位,确保安置分流有序、社会和谐稳定"。这也充分彰显了"以人民为中心的发展思想",更彰显了习近平强调构建和谐劳动关系的重要意义。2015年,中共中央国务院还出台了《关于构建和谐劳动关系的意见》,旨在加强调整劳动关系的法律、体制、制度、机制和能力建设,加快健全党委领导、政府负责、社会协同、企业和职工参与、法治保障的工作体制,以建立规范有序、公正合理、互利共赢、和谐稳定的劳动关系。

习近平在十九大报告中指出,建设现代化经济体系必须以供给侧结构性改革为主线,建设知识型、技能型、创新型劳动者大军,完善政府、工会、企业共同参与的协商协调机制,构建和谐劳动关系。鉴于此,必须从统筹推进"五位一体"总体布局和协调推进"四个全面"战略布局的高度来认识构建和谐劳动关系的重大意义。进入新时代,必须适应新情况、把握新规律,积极面对劳动关系出现的新变化,客观分析劳动关系呈现的新特点,准确把握构建和谐劳动关系的着力点,切实维护职工权益,进一步巩固劳动者的主体地位。

### (三)中国制造转型升级需要一支高素质产业工人队伍

在全球深度嬗变的激荡变局中,国际竞争日趋激烈。而一个国家发展能否在全球格局中抢占先机,赢得主动,国民素质特别是广大劳动者素质起着至关重要的决定性作用。人是生产力中最活跃最根本的要素,无论是"中国制造",还是"中国创造",乃至"中国智造",都需要一支结构优化、素质过硬的产业工人队伍,需要大规模布局合理、技艺精湛的技能人才,更需要一大批精益求精、追求卓越的大国工匠。

而当前我国劳动者素质状况不容乐观:我国拥有产业工人1.4亿人,仅占就业人员的20%,其中,技术工人7000万人。高级技术工人245万人,仅占技术工人总数的3.5%,与发达国家高级技术工人40%的比例差距很大;工人技师100万人,仅占技术工人总数的1.4%,而发达国家的这一比例为20%;高级技师仅有7万多人,仅占技术工人的0.1%。由此可见,我国掌握"高、精、尖"技术的工人比例严重偏低。从一定意义上讲,高素质技术工人短缺是制约我国制造业发展的瓶颈所在,远不能支撑我国优化现代产业体系的需要,直接导致了我国制造业尚处于大而不强的业态。

基于这样的情势,习近平同志提出:"要实施职工素质建设工程,推动建设宏大的知识型、技术型、创新型劳动者大军……我们一定要深入实施科教兴国战略、人才强国战略、创新驱动战略,把提高职工队伍整体素质作为一项战略任务抓紧转好。"

2017年4月,中共中央国务院印发了《新时期产业工人队伍建设改革方案》,针对影响产业工人队伍发展的突出问题,创新体制机制,提高产业工人素质,畅通发展通道,依法保障权益,努力造就一支有理想守信念、懂技术会创新、敢担当讲奉献的宏大的产业工人队伍。

## (四)加强党的自身建设需要通过劳动来锤炼作风、锻炼干部

坚持党的领导是中国特色社会主义的最本质特征。党是实现中国梦的坚强领导核心,坚定不移全面从严治党,夺取反腐败斗争压倒性胜利,是我们党坚如磐石的决心。用新时代中国特色社会主义思想武装全党,以劳动为载体锤炼作风、锻炼干部,是不断提高党的执政能力和领导水平的实现路径。

习近平同志指出:"劳动,是共产党人保持政治本色的重要途径,是共产党人保持政治机体健康的重要手段,也是共产党人发扬优良作风、自觉抵御'四风'的重要保障。"这一重要论述将劳动的价值与全面从严治党有机结合起来,进一步阐述了劳动之于一个政党的重要意义。艰苦奋斗成为我党一个优良传统,就是因为在物资匮乏、环境恶劣的艰苦情势下,共产党人依然保持了昂扬向上、辛勤劳动的奋斗面貌,从而取得了一个又一个胜利。时至今日,经济社会发展取得显著进步,物质环境得到极大改善,如果一味地贪图享乐、好逸恶劳,必将疏远同劳动群众的情感、滑入贪腐的深渊、走向自我毁灭,也将给党的肌体造成损害。为加强党的建设、确保健康发展,习近平

告诫广大党员干部,"要带头弘扬劳动精神,增强同劳动人民的感情,带头在各自岗位上勤奋工作、踏实劳动"。

## 本章小结

劳动教育无论是在我国社会主义建设领域中,还是在教育事业层面上,都是一面鲜明的旗帜。本章中的劳动教育力图通过梳理新中国成立以来劳动教育产生的政治制度、经济基础、文化因素、演变历程、特征等方面,还原劳动教育在各个时期下的概貌,这对我们正确认识和理解劳动教育的演变大有裨益,而且有助于充分汲取各个阶段劳动教育的优秀理论成果,通过与当代社会发展的实际情况相结合,为时下劳动教育所存在问题提供理论和实践指导。

## 拓展阅读

### 上山下乡①

"上山下乡"一词最早见于 1956 年 10 月 25 日中共中央政治局关于《1956 年到 1967 年全国农业发展纲要(修正草案)》的文件中,第一次提出知识青年上山下乡的这个概念,这也成了知青上山下乡开始的标志。

真正意义上的上山下乡始于 1955 年(为缩小城乡差距),这年的 8 月 9 日,北京青年杨华、李秉衡等人向共青团北京市委提出到边疆区垦荒,11 月份获得北京市团委的批准与鼓励,随后引起城市知识青年到农村和边疆垦荒的热潮,毛主席发出"农村是一个广阔的天地,到那里是可以大有作为的"、"知识青年到农村去,接受贫下中农的再教育,很有必要"的指示,中国政府组织大量城市"知识青年"离开城市,在农村定居和劳动的群众路线运动。

上山下乡有两大模式:农场(包括兵团、干校)和插队。与农场模式不同:插队属于集体所有制,无需政审体检等手续,也没有严格的名额限制(赴边疆除外),顾名思义就是安插在农村生产队,和普通社员一样挣工分、分红分口粮。1968 年以前的上山下乡以农场模式为主。这年的冬季起,插队模式就成为上山下乡的主要模式。人数规模之大、涉及家庭之多、动员力度之

---

① 引自 360 百科.上山下乡[EB/OL].https://baike.so.com/doc/5566503-5781618.html.

## 第二章 新中国成立以来劳动教育的历史回顾

强、国内外影响之深,都是空前绝后的。"插队"从此成为一个特殊意义的词汇,提到"插队"就不用提"知青",不用提"上山下乡"了。一代人到了国外也叫"洋插队",而没有、也不会有"洋农场""洋兵团""洋干校"之类。

插队模式不同于农场模式的突出特点是没有后勤,因此就有一个非过不可的"生活关",一些尚未成年又在当地没有亲属帮助的知青所处的生存困境,给整个社会造成巨大的不良影响。结束上山下乡的理由中若干个"不满意"也主要来自1968年以后的插队模式。

插队模式带有明显的"待业"性质,可通过优先当地农民的"农转非"途径回城。兵团(农场)知青为回城提出"我们不是农工,我们是知青"的口号,也间接证实了插队模式"待业"的实质。

上山下乡运动,对大多数知青们的确是一个严酷的锻炼,客观上并没有解决我国农村三大差别,由于当时在以阶级斗争为纲的政治历史环境下,知青各自家庭政治背景的不同,知青返城的政治待遇也是不同的,也存在着下乡锻炼镀金走过场和所谓的永远扎根农村干革命的现象。上千万的知青回城后,并未出现某些官员担心的城市因容纳不下这么多人而引发混乱。相反,由于这个决定得到了全国人民的欢迎反而使得城市社会和农村社会都更加"和谐"。

但从当时的现实情况考虑,上山下乡在客观上应该是最好的选择。把这些学生分散到农村的"广阔天地"之中,也就消除了红卫兵的破坏力;上山下乡虽然国家要给与一些补贴,但是那也比在城市就业的成本低得多,因为大多数知青是不拿工资的。"接受贫下中农再教育""屯垦戍边",是对学生的政治要求。同时,让农村青年去屯垦戍边,既有利于加强农村劳动力,也有利于农垦事业。上山下乡同时还可解决2000万学生的就业。

## 问题思考

1. 新中国成立初期,我国的劳动教育状况如何?

2. 十一届三中全会后,伴随着全党工作重心的战略转移,劳动教育出现了哪些转变?

3. 习近平新时代中国特色社会主义思想关于劳动重要论述主要体现在哪些方面?

4. 习近平新时代中国特色社会主义思想关于劳动重要论述的时代价值体现在哪些方面?

# 第三章 新时代大学生劳动教育概述

劳动是人类社会赖以生存和发展的基础。劳动与教育的相结合是我国一贯重视的教育方针。新时代的大学生作为即将进入社会成为劳动者的群体,通过劳动教育培养其社会生存能力以及对自身的全面发展都具有重要意义。然而,随着社会的进步和经济的发展,劳动教育在教育视野中有逐渐淡化的趋势。因此,新时代加强大学生劳动教育的研究具有重要的理论价值和现实意义。

## 第一节 新时代大学生劳动教育的内涵

基于对以往劳动教育概念的分析,充分考虑新时代劳动发展趋势及高校人才培养的特殊性,本教材尝试作如下定义:新时代大学生劳动教育是高等教育人才培养体系的重要组成部分,是顺应新时代劳动发展趋势对大学生进行系统的劳动思想教育、劳动技能培育与劳动实践锻炼,全面提高大学生劳动素养的过程,其目的是引导新时代大学生在劳动创造中追求幸福感、获得创新灵感,培养具有社会责任感、创新精神和实践能力的高级专门人才。该定义从五个方面明确了新时代大学生劳动教育的内涵。

### 一、在地位上,新时代大学生劳动教育应被明确为高等教育人才培养体系的专门一部分

劳动教育有自身独特的育人价值,理应从促进学生全面发展的有效途径提升为与德智体美并举的、全面发展的人才培养体系之一部分。高等教育阶段是高素质劳动者大军培养的直接出口,是年轻人走向职场的最后一步训练,主要培养的是服务各行各业劳动的高级专门人才。因此,高校劳动

教育在依托专业教育强化劳动知识与技能培养的同时,还需要依托专门的体系,强化大学生劳动价值观、劳动情感态度、劳动伦理责任、劳动权益意识等各方面劳动素养的培养。从实践效果看,任何教育要有效落实必须依托于一套成熟、完善、科学的课程与教学体系。目前,高校德育有系统的思政工作体系支撑,高校智育有全方位专业教育体系支撑,高校体育有专门的体育训练课程支撑,高校美育也因为2002年《学校艺术教育工作规程》(教育部令第13号)的印发得到了有效支撑,各高校纷纷成立了艺术教育中心,开设了艺术类必修或选修课程。独有高校劳动教育既没有统一的教育大纲或工作规程,更没有相应的课程要求、考核与评价要求、人财物保障要求,只把劳动教育融入各专业学习中,认为高校各专业的教育本身就是劳动教育。这种现状很容易造成劳动教育各专业都管,但都管不到位的现象。因此,正如高校思政工作需要努力建构"课程思政"与"专业思政"相结合的教育体系一样,新时代高校劳动教育也应该是"课程劳育"与"专业劳育"的有机结合,在专业教育之外,设置专门的劳动教育选修或必修课程,系统建构独立设置与有机融入相结合的高校劳动教育体系。

## 二、在内容上,新时代高校劳动教育应反映新时代劳动发展的趋势

劳动是一个发展性的概念,在不同的历史时期有不同的内涵。在新时代新经济条件下,人类认识自然和改造自然能力的不断提高,科学技术的迅猛发展使新时代劳动呈现出新的发展趋势:劳动的内容越来越丰富多彩;劳动的形式越来越富于变化;劳动者的流动性越来越强;劳动者的体力支出会越来越少、智力支出越来越多;劳动生产率越来越高,人的闲暇时间会越来越多;劳动主体的作用越来越突出,人才的重要性越来越突出,世界各国对人才的争夺战越来越加剧;劳动仍然是人们谋生的重要手段,但其乐生性将逐渐成为重要内容。这一系列新变化要求新时代高校劳动教育做出新的呼应、增添新的内容。

## 三、在形态上,新时代高校劳动教育表现为劳动思想教育、劳动技能培育与劳动实践锻炼三大任务领域

其中,劳动思想教育凸显了劳动教育的德育属性,新时代大学生劳动价

值观、劳动情感态度、劳动伦理责任、劳动权益意识等方面的培养均属于劳动思想教育的范畴。劳动技能培育,体现了劳动教育的智育价值,大学各专业的理论学习、实习实训、产教融合等虽不乏劳动思想教育的价值,但更偏重劳动技能的培育;劳动实践锻炼强调了劳动教育的"体知"特点,旨在引导学生在广阔的生产劳动与社会实践中增进知识、磨炼意志、增长才干、提高素质、培养社会责任感。这三大任务领域虽各有侧重,但又"三位一体",相互影响、相互促进,体现了新时代高校劳动教育是"关于劳动的教育"与"通过劳动的教育"相统一、理论学习与实践训练相结合的知行相须的过程。

## 四、在目标上,新时代大学生劳动教育以全面提升大学生劳动素养为主要关注点

劳动教育一直被视为促进人全面发展的重要途径,新时代高校劳动教育也应更充分地发挥好劳动教育树德、增智、健体、育美、创新的综合育人价值。但同时也要意识到,劳动教育之所以要取得与德智体美育并举的地位,根本原因在于其有自身独特的育人任务——提升学生的劳动素养。高校劳动教育的三大任务领域——劳动思想教育、劳动技能培育、劳动实践锻炼的根本着眼点正是大学生劳动素养的全面提升。换言之,大学育人的各主要环节——思想政治教育、专业教育、实习实训、创新创业教育、就业指导、社会实践、志愿服务、产教融合等本身都含有劳动教育的基因,但如果这些育人环节的关注点主要是知识技能本身的学习、巩固和运用或一般意义上的道德养成,而非劳动素养的提升的话,严格地说,不能视为真正的劳动教育。从这个意义上讲,有学者提出,"一般意义上的知识学习、科学实验、研学旅行和社会实践等,主要解决认识深化、知行统一问题,单纯的职业技术教育侧重技能培养,都不属于劳动教育的范畴。应当明确劳动教育的概念,避免造成实践上的泛化、窄化"是有一定道理的。

## 五、在目的取向上,新时代高校劳动教育追求内在价值与外在价值的和谐统一

该定义强调,新时代高校劳动教育的目的首先是引导大学生在劳动创造中追求幸福感、获得创新灵感,在此基础上为国家建设培养具有社会责任感、创新精神和实践能力的高级专门人才。这一目的定位体现了新时代劳

动教育内在价值与外在价值的统一。课题组考察1949年以来我国劳动教育的历史演变发现:我国劳动教育表现出明显的服务社会发展的外在目的取向,每一次都是来自教育系统之外的需要左右着劳动教育的走向。20世纪五六十年代,推进劳动教育是为了解决中小学生就业问题、缓解国家经济压力;六七十年代,推行劳动教育是为了服务阶级斗争、政治改造;八九十年代,推行劳动教育是为服务经济建设,加强现代化建设所需的劳动技术教育;21世纪以后,劳动教育受到重视,是为了推动国家创新、实现民族复兴。可以说,未能由衷地认识到并在全社会充分彰显劳动之于人的身心健康、和谐全面发展的重要意义,是我国以往劳动教育缺乏内在生命力的重要原因。因此,基于历史的反思,学习伟大教育家们的成功实践,本研究强调新时代高校劳动教育首先要引导大学生在劳动创造中获得幸福感,激发劳动创造的热情与兴趣,在此基础上实现《中华人民高等教育法》确立的"培养具有社会责任感、创新精神和实践能力的高级专门人才"的人才培养目标。

## 第二节 新时代大学生劳动教育的原则

劳动教育的原则是有效进行劳动教育所必须遵循的基本要求,它是合目的性与合规律性的统一。从合目的性的角度看,新时代高校加强劳动教育必须符合国家高等教育的基本方针和目的,完成高等教育的基本任务;从合规律性的角度看,新时代高校加强劳动教育必须符合当代大学生的身心发展规律和新时代的社会劳动发展规律。从合目的性与合规律性相统一的视角出发,本教材提出了新时代高校加强劳动教育的五项基本原则,以期对高校劳动教育的成功实施提供有效的指导。

### 一、思想性原则

要深刻理解和把握劳动教育在社会主义建设者和接班人培养中的思想引领作用。关于我国教育的人才培养目标,不同的时期有不同的说法。1950年7月,第一次全国高等教育会议上提出要"培育具有高度文化水平的、掌握现代科学和技术的成就的、全心全意为人民服务的、高级的国家建设人才"。1957年,毛泽东同志在《关于正确处理人民内部矛盾的问题》中明确,"我们的教育方针,应该使受教育者在德育、智育、体育几方面都得到发展,成为有社会主义觉悟的有文化的劳动者",用"有文化的劳动者"取代

"高级的国家建设人才"的说法。1978年4月,邓小平同志在全国教育工作会议上的讲话中使用了"合格的人才""专门家""劳动后备军"等说法。

1985年《中共中央关于教育体制改革的决定》中,则出现了"要造就数以亿计的工业、农业、商业等各行各业有文化、懂技术、业务熟练的劳动者。要造就数以千万计的具有现代科学技术和经营管理知识,具有开拓能力的厂长、经理、工程师、农艺师、经济师、会计师、统计师和其他经济、技术工作人员。还要造就数以千万计的能够适应现代科学文化发展和新技术革命要求的教育工作者、科学工作者、医务工作者、理论工作者、文化工作者、新闻和编辑出版工作者、法律工作者、外事工作者、军事工作者和各方面党政工作者。"这一复杂的列举式描述在1993年的《中国教育改革和发展纲要》中被凝练为"培养德、智、体全面发展的建设者和接班人"。1995年《中华人民共和国教育法》和1998年《中华人民共和国高等教育法》中正式确定为"德、智、体等方面全面发展的社会主义事业的建设者和接班人"。2015年重修《中华人民共和国教育法》与《中华人民共和国高等教育法》时,则发展为"德、智、体、美等方面全面发展的社会主义建设者和接班人"。

与"劳动者"相比,"建设者与接班人"的提法更强调人才的专业性与政治性,这一导向完全符合当今社会发展与科技进步的大趋势,但也在一定程度上造成大学生没有成为普通劳动者的心理准备,甚至看不起普通劳动和普通劳动者。实际上,无论何时,合格的社会主义建设者和接班人,本质上都是"以劳动托起中国梦"的辛勤劳动者、诚实劳动者、创造性劳动者。习近平总书记将劳动教育纳入社会主义建设者和接班人的要求之中,充分彰显了建设者和接班人的劳动者本质。强调在劳动中坚定理想信念、在劳动中厚植爱国情怀、在劳动中加强品德修养、在劳动中增长知识见识、在劳动中培养奋斗精神、在劳动中增强综合素质,以劳动教育夯实社会主义建设者和接班人全面发展的基础,是新时代我国加强大学生劳动教育的首要原则。

## 二、时代性原则

要深刻理解和把握新时代劳动的"变"与"不变"。

### (一)讲明新时代劳动的本质不变性

马克思主义唯物史观强调,劳动是人类的本质活动,劳动改造自然、劳动创造世界、劳动创造人本身,离开劳动人类就不能生存与发展。这些本质特征决定了劳动始终是推动社会发展、人类进步的根本力量。即使到了新时代，人工智能可以代替人类的部分体力或脑力劳动，人类的自由闲暇时间可明显增加，但绝不能滋生贪图享乐、好逸恶劳的心理。要知道，人类的文明进步、社会的健康和谐、国家的繁荣富强，依然离不开中国制造硬实力的支撑，离不开全体社会成员人尽其才、各尽所能的辛勤劳动、诚实劳动、创造性劳动。习近平总书记强调："劳动是人类的本质活动，劳动光荣、创造伟大是对人类文明进步规律的重要诠释""人民创造历史，劳动开创未来。劳动是推动人类社会进步的根本力量。实现我们的奋斗目标，开创我们的美好未来，必须紧紧依靠人民、始终为了人民，必须依靠辛勤劳动、诚实劳动、创造性劳动"；"劳动是财富的源泉，也是幸福的源泉。人世间的美好梦想，只有通过诚实劳动才能实现；发展中的各种难题，只有通过诚实劳动才能破解；生命里的一切辉煌，只有通过诚实劳动才能铸就"。这一系列论述生动诠释了马克思主义劳动本质观在新时代的深刻真理性。新时代劳动教育必须以更生动、更接地气、更有显示度的方式，将这些彰显着劳动亘古不变的本质特征的真理性认识讲深、讲透、讲活，讲进每一个人的心里。

## (二)深入认识新时代劳动的形式变化性

讨论新时代的劳动时，不能只把体力劳动、简单劳动看成是劳动，要教育和引导大学生充分认识到新时代劳动形态的丰富性，以及不同形态的劳动在社会生产生活中的地位、作用，把脑力劳动与体力劳动、群体劳动和个体劳动、有偿劳动和公益劳动、简单劳动和复杂劳动、创造性劳动和重复劳动、生产领域的劳动和非生产领域的劳动等，都看成是劳动，既不把其中某一种劳动形式理解为劳动的全部，也不以其中一种形式否定相关联的另一种形式，真正明白并由衷认同"不论是体力劳动还是脑力劳动，不论是简单劳动还是复杂劳动，一切为我国社会主义现代化建设作出贡献的劳动，都是光荣的，都应该得到承认和尊重"的道理；要充分认识新时代劳动关系的复杂性，强化劳动教育的人本情怀，教育大学生正确认识体力劳动的社会价值，由衷地尊重体力劳动和体力劳动者，认识到让体力劳动者变得越来越有文化，生活越来越丰富多彩，劳动的技术含量、收入、社会地位越来越高，正是新时代的社会正义追求；要回归劳动教育促进个体全面和谐健康发展的内在目的，教育引导学生深刻认识新时代劳动为自身全面发展创造的有利条件、提出的素质要求，加强职业生涯规划教育，从劳动是"生活的第一需要"，而不仅仅是"谋生的手段"的立场出发，引导学生积极主动地根据自己的才能、禀赋、兴趣、爱好就业创业，真正把劳动作为实现自我价值的内在需要。

## 三、体系化原则

要深刻理解和把握高校劳动教育有机融入与独立设置的关系,加强劳动教育的体系设计。劳动作为人类最基本、最重要的存在方式,本身就具有巨大的教育价值。它是完整的知识建构必不可少的综合条件,是个体发展智力、增长才干、形成健全人格、养成良好品德的根基。正是从这个意义上说,苏霍姆林斯基坚持认为,离开了劳动就没有真正的教育,"教育的任务就是让劳动渗入我们所教育的人的精神生活中去,渗入集体生活中去,使得对劳动的热爱在少年早期和青年早期就成为他的重要兴趣之一"[1]"如果学生只知享用由社会创造并提供给学校的那些物质和精神财富,就不可能产生真正的教育"[2]。因此,作为教育的根和魂,作为实现整体育人的必要条件,劳动教育理应有机融入人才培养的各个环节中。

对高校劳动教育而言,更需要强调这种有机融入。因为高等教育是直接面向职业的教育、直接通向工作和劳动岗位的教育,每个专业的教育,都带有劳动教育的性质,因此,高校推进劳动教育一定要将劳动教育与专业教育相结合,与实习实训相结合,与思想政治教育相结合,与创新创业教育相结合,与社会实践相结合,把劳动教育融入高校立德树人、教学科研的方方面面。但如前所述,如果只是强调有机融入,不给予劳动教育一定的相对独立地位,很有可能造成劳动教育在实践中被弱化、软化、淡化、形式化。因此,为实现新时代高校劳动教育的可持续发展,需要科学建构有机融入与独立设置相结合的新时代高校劳动教育体系。从这一认识出发,课题组以大学生五方面劳动素养的提升为核心,围绕新时代高校劳动教育的三大任务领域——劳动思想教育、劳动技能培育、劳动实践锻炼,结合现阶段我国高校人才培养体系与模式,课题组设计了"1+8"的劳动教育实施体系和"3+1"的劳动教育保障体系,提出了建构独立设置与有机融入相结合的新时代高校劳动教育体系的总体思路(图3-1)。

如图3-1所示,该体系由核心层"五大目标体系",中间层"三大任务体系"和"1+8劳动教育实施体系",以及外围层"3+1劳动教育保障体系"构成。其中,"五大目标体系"强调新时代高校劳动教育应以全面提升大学生劳动素养为核心,在通过各条教育渠道推进劳动教育的过程中,一定要有意识地强化相关劳动素养的培养。"三大任务体系"代表了实现新时代高校劳

---

[1] [苏]苏霍姆林斯基:《帕夫雷什中学》,赵玮等译,教育科学出版社,2009,第361页.
[2] [苏]苏霍姆林斯基:《帕夫雷什中学》,赵玮等译,教育科学出版社,2009,第362页.

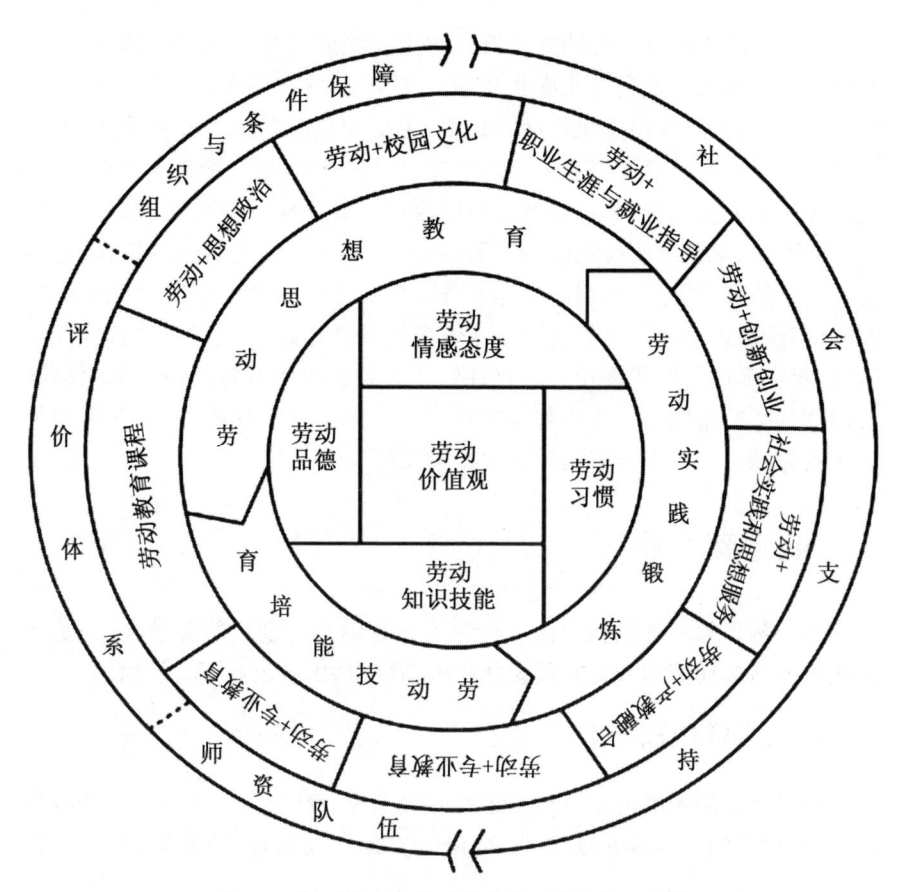

图 3-1 新时代高校劳动教育体系的总体思路①

动教育"五大目标"需要强化的三大任务。其中,劳动思想教育重在培养大学生的劳动情感态度和劳动品德;劳动技能培育在强调劳动知识技能学习的同时也应关注相应劳动品德的训练;劳动实践锻炼是大学生养成良好劳动习惯的必由之路,同时,也是养成积极劳动情感态度、深化劳动知识技能学习的有效途径;劳动价值观作为劳动素养的最深层、最核心的要素,其成熟与稳定一定离不开劳动思想教育、劳动技能培育和劳动实践锻炼三大任务合力共推。"1+8劳动教育实施体系"则指明了实施高校劳动教育的现实途径。其中,"1"是指专门化的劳动教育课程建设,如专门开设《劳动科学概论》《劳动与社会保障法》等劳动教育类公共必修或选修课程,加强与新时代大学生劳动价值观养成和职业发展密切相关的劳动科学知识的学习,这

---

① 刘向兵:《新时代高校劳动教育论纲》,社会科学文献出版社,2019.

理应成为新时代大学生劳动思想教育的重要组成部分。"8"则是劳动教育有机融入高等教育现有人才培养体系的八条路径,包括劳动教育与思想政治教育的结合、与校园文化建设的结合,主要完成劳动思想教育任务;劳动教育与职业生涯教育和就业指导的结合、与创新创业教育的结合、与社会实践和志愿服务的结合、与产教融合的结合则是让学生在劳动实践锻炼中发展劳动思想、培育劳动技能的主要形式;劳动教育与专业教育的结合、与实习实训的结合,则是在知识学习与实践锻炼有机统一的过程中,强化劳动技能的培育,渗透劳动思想的教育。该体系的最外层是"3+1"劳动教育保障体系,旨在强调新时代高校劳动教育的扎实推进离不开各种内外部保障因素,其中的"3"指的是三大内部保障因素——师资队伍保障、条件保障和评价体系保障,"1"则是指劳动教育的社会支持。

## 四、创新性原则

要深刻理解和把握新时代高校劳动教育继承与创新的关系,特别是要注意根据新时代劳动和新时代大学生的新特点,内容出新、手段革新。

### (一)内容出新

新时代劳动发展的新特点要求新时代高校劳动教育内容出新。各行各业、所有岗位的工作都是在劳动,都需要发扬劳模精神、劳动精神、工匠精神。正如习近平总书记所说的那样,"广大劳动者无论从事什么职业,都要勤于学习、善于实践,踏实劳动、勤勉劳动,在工作上兢兢业业、精益求精"。

### (二)手段革新

新时代大学生的新特点要求新时代高校劳动教育手段革新。新时代的劳动教育,面向的是"00后""10后",这一代人是伴随着互联网长大的,是"网络原住民"。他们参与传统体力劳动的机会大大减少、劳动意识普遍缺乏,对劳动的认识与上一代、上两代也有很大差异,"不珍惜劳动成果、不想劳动、不会劳动"的现象会更突出一些。针对这一特点,在强调利用传统方式加强大学生劳动价值观教育、劳动情感态度教育和劳动品德教育,强化劳动实践训练的同时,也要积极借鉴国内外先进经验,精准灵活运用网络信息技术、亲身现场体验、模拟仿真试验、人工智能等形式拓展劳动教育方式。要注重利用"慕课"、在线课堂、翻转课堂、手机课堂、微课堂等方式讲好劳动教育课程,打造新时代劳动教育的"金课",给劳动教育增强互动性、即时性、趣味性。要在用好校园内外传统纸质媒体的同时抢占新媒体阵地,进行全媒体传播,积极利用新媒体的传播优势,利用"两微一端"网络平台,制作推广更多轻量化、可视性高、互动性强的新媒体宣传作品,实现更好的传播效果。要把握网络传播的特点,根据"网络原住民"的媒体接触习惯,用平视的角度、平和的态度、平等的互动实现有效传播,推动劳动教育。通过这些方式,增强劳动教育的感染力、吸引力,让劳动教育"活起来""实起来""酷起来",提升劳动教育的实际效果。

## 五、协同化原则

要深刻理解和把握学校教育与家庭教育、社会教育的关系,在用好学校这个主战场的同时,发挥好家庭教育和社会教育的协同作用。一方面,要积极发挥家庭教育在个体劳动素养培育中的基础性作用,做好家校沟通工作,家校合力共同培养大学生良好的自我服务劳动和家务劳动习惯;家校合力共同培养大学生正确的择业就业观,有效解决好大学生就业中存在的"啃老""拼爹"等不良现象。另一方面,要积极发挥好社会劳动教育的重要支撑作用。要加大社会实践力度,多多组织大学生走进社区、工厂、部队、农村,在改革开放和社会主义现代化建设的大熔炉里,感知中国大地,体察国情民情,在社会的大学校里,掌握真才实学,增益其学不能,要构建学校、社会、企事业单位三协同的师资团队,组建社会志愿者辅导团队,把劳动模范、大国工匠、传统技艺师傅、非遗传承人、老教授、老专家、老艺人、老科技工作者等组织动员起来,为学生劳动创造提供辅导;要充分发挥好高等教育的社会服务功能,积极与企事业单位建立产学研用、互惠互利的合作共赢关系,切实建设好和发挥好校外劳动实践基地的作用;要积极向政府争取政策立法,以减免部分税收或拨付企业教育补助金等方式,对与学校建立了稳定的实习实训合作关系的企事业单位予以奖励,更好地调动社会力量参与学校劳动教育的积极性。

# 第三节 新时代大学生劳动教育的意义

习近平总书记在全国教育大会上指出,"培养德智体美劳全面发展的社会主义建设者和接班人""要在学生中弘扬劳动精神,教育引导学生崇尚劳动、尊重劳动,懂得劳动最光荣、劳动最崇高、劳动最伟大、劳动最美丽的道理,长大后能够辛勤劳动、诚实劳动、创造性劳动"。这些重要论述,丰富发展了党的教育方针,具有重大的时代价值和鲜明的现实针对性,也对高校提出了加强劳动教育的新任务、新课题。

## 一、扎根中国大地办大学,坚持和发展马克思主义唯物史观的客观需要

强调劳动价值和劳动教育,是马克思主义一以贯之的基本观点,是马克思主义唯物史观的核心内容和本质规定。恩格斯曾经指出:"其实劳动和自然界一起才是一切财富的源泉,自然界为劳动提供材料,劳动把材料变为财富。但是劳动还远不止如此。它是整个人类生活的第一个基本条件,而且达到这样的程度,以致我们在某种意义不得不说:劳动创造了人本身。"马克思主义劳动观反复强调,劳动创造世界、劳动创造历史、劳动创造了人本身,劳动是人类的本质特征和存在方式,是实现人的全面发展的重要途径,教育与生产劳动相结合是社会主义教育的根本原则。马克思曾经指出:"就是生产劳动同智育和体育相结合,它不仅是提高社会生产的一种方法,而且是造就全面发展的人的唯一方法。"列宁也曾指出:"没有年轻一代的教育和生产劳动的结合,未来社会的理想是不能想象的,无论是脱离生产劳动的教学和教育,或是没有同时进行教学和教育的生产劳动,都不能达到现代技术水平和科学知识现状所要求的高度。"苏霍姆林斯基坚持认为,离开了劳动就没有真正的教育,"教育的任务就是让劳动渗入我们所教育的人的精神生活中去,渗入集体生活中去,使得对劳动的热爱在少年早期和青年早期就成为他的重要兴趣之一""如果学生只知享用由社会创造并提供给学校的那些物质和精神财富,就不可能产生真正的教育"。中国在社会主义革命、建设和改革开放的历史进程中,正是在中国共产党领导下,依靠广大人民群众的辛勤劳动,才使久经磨难的中华民族"站起来",让底子薄、人口多的中国人民"富起来"。

党的十八大以来,习近平在多次重要讲话中围绕劳动、劳动者、劳模精神等内容进行深刻阐述,党的十九大报告又对劳动和劳动者作出了一系列重要论断,这些论述既继承和发展了马克思主义劳动思想,又勾勒出中国特色社会主义伟大事业的实践路径,构建了包含"实干兴邦"的劳动实践观、"崇尚劳动"的劳动价值观、"热爱劳动"的劳动教育观等内容的新时代中国特色社会主义劳动思想理论体系,成为习近平新时代中国特色社会主义思想的重要组成部分。可以说,尊重劳动、倡导劳动、保护劳动,是社会主义社会先进性的显著标志;勤奋劳动、诚实劳动、创造性劳动,是社会主义国家劳动者的鲜明特征。高校加强劳动教育,是新时代中国特色社会主义的要求,

是在新时代的历史背景下,旗帜鲜明地坚持和发展马克思主义,坚持和发展中国特色社会主义。

## 二、构建德智体美劳全面培养的教育体系,形成更高水平的人才培养体系的必然要求

我国高校肩负着培养社会主义事业建设者和接班人的重大任务,肩负着"为人民服务、为中国共产党治国理政服务、为巩固和发展中国特色社会主义制度服务、为改革开放和社会主义现代化建设服务"的神圣使命,其培养的人才就应该有正确的世界观、人生观、价值观,以及包括正确的事业观、审美观和劳动观等。新时代加强劳动教育,是构建德智体美劳全面培养的教育体系、形成更高水平的人才培养体系的必然要求。

劳动教育是构建全面教育体系不可或缺的一环,劳动可以树德、增智、强体、育美。德智体美劳既有密切联系又有各自不同的功能,就劳动教育与其他教育的联系而言,劳动精神的培育是高校德育的重要内容,劳动科学和技能的教育是高校智育的重要内容,劳动能力的锻炼是高校体育的重要内容,劳动者对美的追求和创造是高校美育的重要内容。加强劳动教育,倡扬劳动最光荣、劳动最崇高、劳动最伟大、劳动最美丽的价值观念,必将切实加强大学生理想信念教育,使其崇尚劳动价值、追求劳动创造、尊重劳动主体,以辛勤劳动为荣、以好逸恶劳为耻,不断成长为有理想信念、有过硬本领、有责任担当的建设者和接班人,进一步营造劳动光荣的社会风尚和精益求精的敬业风气。将劳动教育与德智体美育并列,既是对劳动教育本身的有效加强,也是对德智体美育的有力支撑。同时,德智体美劳既有密切联系又有各自不同的功能,劳动教育应该独立为完善人才培养目标、支持德智体美育的重要平台,高校劳动教育是高等教育人才培养体系的一部分。可以说,高校加强劳动教育,是中国特色高等教育的显著特点,是扎根中国大地办大学的本质要求。

## 三、富国强民,建设高素质劳动者大军的重要举措

习近平总书记曾指出:"人世间的美好梦想,只有通过诚实劳动才能实现;发展中的各种难题,只有通过诚实劳动才能破解;生命里的一切辉煌,只有通过诚实劳动才能铸就。""以劳动托起中国梦",进行伟大斗争、建设伟大工程、推进伟大事业、实现伟大梦想,全面建成小康社会,进而建成富强民主

文明和谐美丽的社会主义现代化强国,根本上要靠劳动,要靠劳动者的辛勤劳动、诚实劳动和创造性劳动。

在我国转变经济增长方式、实现中国制造2025目标、做强实体经济、建设知识型技能型创新型劳动者大军的今天,高度重视劳动教育,是富国强民的大事,具有更加迫切的现实意义和历史意义。改革开放40年多来,我国经济社会发展取得了巨大成就,这种成就是改革红利、自然资源红利、人口红利、国际贸易投资环境红利等综合贡献的结果。当前,我国同时面临"人口红利"逐渐消失、资源和环境约束不断强化、投资和出口增速放缓、传统的发展动力不断减弱等发展瓶颈。转变发展方式、优化经济结构、转换增长动力,是突破瓶颈、跨越"中等收入陷阱"的唯一出路,必须拥有一支爱劳动、能劳动、会劳动的劳动者大军。新时代加强劳动教育,有利于培育一支高素质的产业工人队伍和大量的"能工巧匠""大国工匠",为"中国速度"向"中国质量"转变、制造大国向制造强国转变、"中国制造"向"中国创造"转变提供人力支撑、智力支撑和创新支撑。

高校加强劳动教育,既能引导新时代大学生努力学习科学文化知识、练就过硬本领,又能教育大学生坚定理想信念、锤炼高尚品格、培育劳动情怀,自觉把人生理想、家庭幸福融入国家富强、民族复兴的伟业之中,建构个人与集体、个人梦与中国梦、小家与国家民族融合统一的发展共同体和命运共同体,最终推动在广大青年学生的接力奋斗中实现伟大复兴中国梦。

改革开放以来,我国高等教育坚持社会主义办学方向,持续推进教育改革,全面实施素质教育工程,一定程度上增强了大学生服务国家服务人民的社会责任感、勇于探索的创新创造精神和善于发现问题解决问题的实践能力。在一项对内蒙古财经大学400名本科学生的调查中发现,大部分学生能正确认识劳动,热爱劳动,具有正确的劳动态度和劳动价值观。[①] 但是学生参与实践劳动的积极性不高,当个人愿望未能满足或遇到挫折、失败时,他们容易产生消极、否定情绪,产生抱怨、退缩、放弃等不良行为。

为解决上述问题,我们应加强大学生的劳动教育。高校加强劳动教育,有利于大学生在课堂教学、自身学习、实验实践等教育环节上付出大量劳动,提高教育教学质量,使自己成长为优秀人才;有利于大学生在体味艰辛、挥洒汗水中塑造坚强的心理素质,在艰苦奋斗、顽强拼搏中磨炼自己的意志,由衷热爱与尊重体力劳动和体力劳动者,从而获得受益终身的宝贵精神

---

[①] 郝玉梅:《大学生劳动价值观调查分析与教育对策》,《内蒙古财经大学学报》2014年第12卷第5期,第98-101页.

财富；有利于大学生形成积极向上的就业创业观，在国家社会需要与个人价值实现、专业学习与岗位匹配等方面找到平衡，形成自主多元的积极就业观，提升创业创新意识和能力；有利于大学生不断强化新时代的劳动责任感、使命感和荣誉感，培养和造就辛勤劳动、诚实劳动、创造性劳动的品格，激发其主动融合日常工作与理想事业，敢于担当、勇于创新、不懈奋斗、乐于奉献，收获劳动带来的尊严感、崇高感和幸福感。

## 四、新时代加强大学生思想政治教育的应有之义

劳动教育有利于强化思想政治教育的实践性。劳动教育既是立德树人的基本要求，也是在个人成长成才中服务国家经济社会发展的价值引领。对于大学生而言，坚持在课堂教学、实验实践、自我学习等教育环节上付出辛勤劳动，有利于其树立正确的劳动价值观；在体味艰辛和挥洒汗水中磨炼自己，有利于其历练艰苦奋斗、顽强拼搏的意志；在劳动实践和刻苦学习中塑造自己，有利于其养成认真敬业、自信自律的心理素质。

劳动教育有利于提升思想政治教育的针对性。从实际情况来看，一些大学生从幼儿园一路读到大学，长期脱离劳动实践，对劳动教育重视不够。这就导致一些大学生对生活的认识和理解比较片面，心理素质差，不善于集体协作，单纯从"个体本位"思想的角度要求社会来满足个人需要，而从未想自己应该对社会应尽的义务。对于这些问题，加强劳动教育，有利于培养大学生的劳动态度、劳动习惯、劳动技能和劳动品德，使其树立正确的人生观、价值观、世界观，从而为将来走向工作岗位奠定坚实的基础。

劳动教育有利于拓宽思想政治教育的路径。实践出真知，高等教育不仅是黑板上的教育，而且是实践、创新、社会责任感的教育。劳动教育是联系知识与实际的纽带。单纯灌输式的专业课理论学习，容易使学生变得纸上谈兵，很难熟悉运用到实际工作中。大学生既需要在校园里勤奋学习专业知识、提升综合素质、练就过硬本领，更需要在社会实践这所大学校里感知中国大地、体察国情民情，让大学生在亲自动手、解决实际问题中领悟专业知识、培育劳动情怀。通过劳动教育和劳动实践，在手和脑的协调配合下，身和心对专业有了更深的体验领悟，才能在具体情境中创造性地分析问题、解决问题。劳动教育不仅有利于培养创新意识、创新精神和创新能力，而且能够在实践的过程中提高大学生个体的知识水平和能力素养。

# 第四节　新时代大学生劳动教育的对策

## 一、进一步提高对大学生劳动教育必要性的认识

### (一)提高大学生对劳动教育必要性的认识

大学生是劳动教育的主体,充分发挥主体的主观能动性是有效开展大学生劳动教育的核心和关键,认识是行动的先导,要使大学生积极主动地参与劳动教育,首要的是提高大学生对劳动教育必要性和重要性的认识。随着当今社会对人才素质的要求越来越高,加之目前就业形势越来越严峻,大学生同时面临着自我发展、就业等一系列的问题,如不重视自身劳动素质的提升将很难适应社会发展的需要。

当今社会所需要的是德才兼备的人才,既需要有过硬的专业知识技能,又需要具备良好的道德品质和优良的职业素养,因此,大学生要在大学期间充分重视劳动教育并在劳动教育中培养自身的独立能力并建立良好的责任意识,形成正确的劳动价值观并积极参与劳动实践以提高自身劳动实践能力、提升自身综合素质,为自身成长、未来发展以及更好地为国家发展、社会进步作出应有的贡献奠定良好的基础。

  1. 大学生要树立起正确的人生价值观

人的思想、行为都要受到自身价值观的影响,大学生要自觉树立崇高的人生价值观,知道自身担负的责任,明白个人价值的实现不在个人享受,而在于对国家、对社会、对他人的贡献。而这种奉献也一定不是单向的,人在为他人奉献的同时也在实现着自身的价值,反倒是没有清晰的个人价值观以及一切只为己的个人价值观,由于其狭隘性限制了人的发展。只有树立起正确的人生价值观,意识到自身所担负的责任,才能产生提高自身品行和能力的自觉。

  2. 大学生要清楚地认识到自身存在的问题

大学生在树立起崇高的人生价值观的同时,要清楚地认识到自身所存

在的问题和差距。当代大学生由于成长条件的普遍优越,家长的呵护甚至溺爱,以及学校劳动教育的缺失,导致其劳动意识及劳动能力普遍较差,以及由此导致的心态浮躁、眼高手低、逃避困难、承受挫折的心理素质较差等一系列的问题。大学生要清楚地认识到自身所存在的问题以及自身与社会要求之间的差距,并自觉寻求改变,只有做到未雨绸缪,才能避免在毫无准备的情况下投身社会遭遇不必要的挫折。

3. 大学生要正确认识劳动教育的必要性和重要性

要克服自身存在的问题,大学生劳动教育是必不可少的。大学生要充分认识劳动教育对于自身成长和发展的必要性和重要性,通过劳动教育获得正确的劳动价值观,通过劳动实践获得生活与个性上的独立,增强面对挫折的心理素质,提升自身品德和能力。正确认识劳动教育的必要性和重要性是充分调动学生参与劳动教育热情、引发学生产生通过劳动实践不断提高自身综合素质的自觉性的前提条件,在此基础上,大学生劳动教育才有望取得良好效果。

## (二)提高高校对劳动教育必要性的认识

党的教育方针明确指出,教育要与生产劳动相结合,教育要为社会主义现代化建设服务,要培养全面发展的社会主义事业的建设者和接班人。新的历史时期,高校要提高对大学生劳动教育必要性的认识,这不仅是贯彻落实国家教育方针的要求,同时更是现实的需要。当今社会发展对人才的依赖性越来越强,对人才素质的要求也越来越高,大学是为社会培养人才的摇篮,大学能够培养什么样的人才直接关系着国家的建设和发展,因此,高校肩负着为国家、社会培养德才兼备、综合素质过硬的专门人才的责任。而高校要为国家、社会培养输送高素质人才,需要与时俱进转变传统观念,既要清楚当前大学生的现状,又要了解社会对人才的要求,从而为人才培养找到一条正确而有效的途径。

1. 高校要提高对当前大学生存在问题的认识

成长于优越的家庭环境和社会环境之中的当代大学生由于从小缺乏劳动锻炼和劳动教育,导致相当一部分人存在着劳动观念淡薄、劳动能力不足、综合素质不高、对生活的理解和认识片面、心智不成熟、经不起生活中的一点挫折和磨难等诸多问题。大学对人才的培养不是以把科学文化知识的教育传递给学生为终结的,大学生迈出校门直接面对是社会这个更大的舞台,学生能否顺利地适应社会并贡献社会、其素质能否符合社会的要求,这些都是我们的高校需要关注的问题,也是高校应承担的社会责任。因此,高校要转变传统观念充分认识当前大学生所存在的问题及其与社会要求之间的差距,立足社会现实,为培养真正符合社会要求的全面发展的高素质人才创设条件。

2. 高校要提高对大学生进行劳动教育必要性的认识

要解决大学生所存在的问题,培养拥有崇高的理想、实干的精神、社会责任感和历史使命感的人才,只有思想政治教育或心理教育是远远不够的,任何理论的教育都要结合实践教育才能取得良好的效果,而劳动教育正是将理论教育与实践相结合的教育途径,是高校实现育人目标所不可或缺的教育内容。一方面,劳动教育有助于培养学生的独立性,使学生养成良好的劳动习惯具备独立的生活能力,树立正确的人生价值观,拥有独立、健全的人格;另一方面,劳动教育有助于学生克服浮躁及眼高手低的问题,在劳动实践中获得勤奋踏实的做事态度、良好的意志品质、不怕吃苦、艰苦奋斗的优良作风以及优秀的道德品质,劳动教育在培养学生良好品质的同时,使学生具备过硬的专业技能和综合素质。因此,高校应提高对大学生劳动教育重要性的认识,转变对大学生劳动教育可有可无的不正确认识。

## 二、准确把握大学生劳动教育应遵循的原则

### (一)在指导方向上,坚持劳动教育的社会导向性原则

大学生劳动教育同其他方面的教育一样,要受到多种因素的影响和制约,因此必须遵循一定的原则。劳动教育原则是劳动教育在不同范围、不同层次、不同方面开展时所要遵循的基本准则,是劳动教育制定者、实施者需要首先考虑的问题,坚持劳动教育的原则能够避免劳动教育的盲目性。大学生劳动教育首先要遵循的就是社会导向性原则,具体来说就是,大学生劳动教育的开展要符合社会主义国家人才培养的要求,符合我国社会主义的前进方向,大学生劳动教育的开展不能以功利主义为导向,而是要以为国家、社会培养德才兼备的高素质劳动者,培养社会主义的建设者和接班人为导向。明确了大学生劳动教育所应遵循的原则,便清楚了劳动教育的发展方向,在大学生劳动教育的开展中劳动教育就不再只是一种形式,不再只是为了劳动而劳动、为了教育而教育。明确了大学生劳动教育的指导方向,在大学生劳动教育的内容和方式选择上就有了一定的指导依据,坚持劳动教

育的社会导向性原则,就是要在大学生劳动教育的开展中培养社会主义人才所应具备的社会主义道德情感,社会主义的责任感、热爱劳动、热爱劳动人民的思想情感、艰苦奋斗的劳动精神、吃苦耐劳的劳动品质以及奉献社会主义事业所应具有的综合能力和优秀素质。

## (二)在指导理念上,坚持大学生全面发展的原则

劳动教育既需要遵循社会导向性的原则,即劳动教育的培养目标要不脱离国家的教育方针政策和社会对人才的要求,同时劳动教育又要以学生利益为出发点,坚持大学生全面发展的原则,这两者是统一的。"全面发展"是马克思主义关于人的发展的重要内容,马克思主义认为人的全面发展表现在:人的主体性的不断提升和发展,即人的主观能动性的发展,体现在人对自然、社会的认识、利用和改造方面的主动性、自主性、选择性、创造性,以及人对自然、社会的责任方面的道德性、理智性、自觉性等,包括人的思想和精神在内的,人的内在的全面发展,人与自然、社会的协调发展。同时,马克思指出,实现人的全面发展的根本途径是教育与生产劳动相结合。培养全面发展的人,是党和国家教育方针对人才培养的基本要求,教育部《关于整体规划大中小学德育体系的意见》指出:"大学教育阶段德育目标是教育引导大学生牢固树立爱国主义思想和全心全意为人民服务思想,自觉遵守法律法规和社会道德规范,加强自身道德修养,具备良好的心理素质和艰苦奋斗、开拓进取的精神,促进大学生思想政治素质、科学文化素质和身心健康素质全面协调发展"。同时,实现全面发展也是大学生自身成长、发展的内在需要。

因此,大学生劳动教育要坚持大学生全面发展的原则,以学生的全面发展为劳动教育的目标导向。通过劳动教育使学生树立正确的劳动价值观,养成良好的劳动习惯,在劳动中锻炼身体、增强体质、磨炼意志、保持身心健康,培养创新精神和吃苦耐劳精神,提升思想境界培养集体主义情感和为人民服务的劳动精神通过劳动教育,实现以劳育德、以劳增智、以劳健体、以劳益美、以劳长技、以劳怡心的目标。最终使学生主体性得以发挥,具有主观能动性,能够根据主体需要开展有目的的劳动活动,不断丰富精神世界,提升精神境界和人格品质,充分发挥创造性,提升综合能力,实现全面发展。

## (三)在指导方法上,坚持理论与实践相结合的原则

大学生劳动教育在方法上要注意把握理论与实践相结合的原则。只进行理论教育或者过多地偏重理论教育,劳动教育就变成了空洞的说教,无异

于"纸上谈兵",只能使学生得到一些劳动观点、劳动技能知识的教育,难以提升劳动实践能力;只注重劳动实践的教育而忽视劳动教育理论的总结和传授,劳动教育难免变的形式化缺乏精神内核,难免导致盲目性,其结果就是劳动实施了,但劳动锻炼中的劳动情感培养、劳动道德养成被忽视了,从而也会导致劳动教育的效果不理想。因此,大学生劳动教育中理论教育与实践锻炼要充分结合起来,在劳动理论教育中进行劳动实践锻炼,在劳动实践中进行理论的应用和理论的总结和升华,真正实现知与行的统一。

### (四)在贯彻落实中,坚持贴近学生实际的原则

大学生劳动教育无论在理论教育还是劳动实践教育当中都要切合实际、贴近学生生活。劳动理论教育不能是空洞的说教或者遥不可及,而是要贴近学生生活,从小处着眼,理论教育要结合学生生活实际才能为学生更好的理解和接受。劳动实践的设计同样要贴近学生的生活、学习、工作,注重细节。一方面,劳动教育要紧跟时代,关注学生个性特点。由于时代不同,成长背景不同,学生的个性特点和心理特质也有所不同,劳动教育要在了解学生特质的情况下,开展适应时代发展、适应学生个性特点的劳动教育形式,提高学生兴趣和参与热情;另一方面,劳动教育要注重从小处着眼,细微处着手。劳动教育不一定是观念的灌输、理论的讲述,也不一定是统一的劳动实习,劳动教育更需要从小处着眼,抓住生活的细微之处,于生活、学习的细微处开展劳动教育,使大学生劳动教育达到"润物细无声"的效果。

## 三、加强高校领导,确保劳动教育落到实处

在大学生劳动教育的具体实施中,高校承担着劳动教育的主要任务,是直接进行劳动教育的机构。为确保国家关于大学生劳动教育的政策落到实处,大学生劳动教育取得实质性的成效,应着重加强高校对大学生劳动教育的领导管理,从而使大学生劳动教育工作制度化、常态化。

### (一)健全高校劳动教育管理机制,强化劳动教育的科学管理

任何一项教育的有序开展都离不开教育管理机制的作用,高校劳动教育管理机制是确保高校劳动教育顺利、有序开展的制度保障,而当前各高校的劳动教育管理机制尚不健全,这也是导致当前大学生劳动教育存在诸多问题、教育效果不够理想的主要原因。大学生劳动教育同其他教育形式一样,有教育主体的参与、教育目的的制定、教育开展的环境、教育方式方法、

教育运行的程序及教育运行的保障等诸因素的配合,因此大学生劳动教育的贯彻落实需要有一套系统完善的运行管理机制来确保其顺畅运行。要健全高校劳动教育管理机制,需要设立专门的管理机构、投入必要的物质保障、选拔和培养一批高素质的专业化师资队伍对大学生劳动教育进行系统的管理、确定劳动教育的目的、制订劳动教育的具体实施方案,只有实现各项要素的有效配合才能保证劳动教育管理机制的正常运行,从而有效保障高校劳动教育有序地进行,提高大学生劳动教育的效果。

### (二)健全劳动教育的考核机制,强化劳动教育的效果

在当前高校劳动教育体制、机制普遍不健全的情况下,劳动教育的考核机制也存在着普遍欠缺或不完善的问题。教育考核是教育过程中必不可少的一环,起着检验教育效果的作用。在当前高校的教育考核机制中,重视对学生文化课的考核,学生文化课成绩成为学生评价的主要标准,而本就不受重视的劳动教育并没有专门的考核机制和考核标准。加强高校劳动教育建设,增强大学生劳动教育的效果,有必要建立健全高校劳动教育的考核机制。建立健全高校劳动教育考核机制有利于促进大学生劳动教育体制的健全,引起教师和学生的重视。将劳动教育结果纳入学生考核评价体系中,有助于调动学生参与劳动教育的积极性,有助于教师更全面地了解学生信息,掌握学生情况,并通过劳动教育考核情况不断发现问题、进行反思、总结经验教训,从而不断调整劳动教育的内容、方式、方法,不断增强劳动教育效果。同时,健全劳动教育考核机制需要注意的问题有:劳动教育的考核要建立长效考核机制,坚持劳动教育考核的持续性和连续性;考核的内容要全面,具有层次性;考核标准要具有科学性,通过该评价标准能够较准确、全面地反映学生在劳动态度、劳动技能等方面的情况。

### (三)拓展劳动教育平台,丰富发展劳动教育的途径

当前,大学生劳动教育的开展要结合当代大学生思想、行为特点以及大学生的实际需求,结合新时期教学特点,不断探索和改进劳动教育的方法和途径,使之更具吸引力和实效性。结合学生实际需求并适当进行引导调查中发现,很多大学生表示在校学业压力较大,关注更多的是未来就业与发展的问题,比如考研、出国等问题,在这样的学业压力下很难去考虑劳动教育的问题。因此,很多同学表示劳动教育的开展应该关注大学生最关心的问题,将劳动教育问题同就业问题相结合,如果劳动教育确实能够在解决大学生最关心的问题上发挥作用将会极大增加其吸引力、增强大学生的参与度。

就业问题的确是当前高校和大学生都非常关心的问题,如果就业问题得不到很好的解决,也会给大学生当前的在校学习增加负担和不安定因素,还可能会引发社会的不稳定、不和谐。因此大学生劳动教育应注重其实效性、避免空洞性,努力探索劳动教育培养学生劳动素质与服务学生就业相结合的途径,拓宽劳动教育平台。坚持以专业教育为基础,将劳动教育与专业知识学习相结合,专业实习与就业指导相结合,并不断丰富劳动教育的途径和形式,使学生能够加深对专业学习与社会需求之间的认识,增强责任意识、提升道德品质、提高劳动能力。具体来说,可以从以下几方面做起。

1. 拓展勤工助学岗

勤工助学是多数高校都采用的劳动教育途径,其种类众多。主要包括行政助理岗、学院办公室助理岗、辅导员助理岗、校园卫生岗、图书管理员岗等。

一方面,拓展勤工助学岗有助于减轻家庭贫困大学生的生活压力。校内勤工助学岗位都是为在校贫困生准备的岗位,并发放一定的工资,是一种有偿劳动。大学生通过劳动获取劳动报酬,使得大学生懂得辛勤劳动的不易,有利于大学生正确的看待劳动,不歧视劳动者。当然,高校应增加大学生勤工助学的岗位,让更多的大学生参与到劳动中去。

另一方面,拓展勤工助学岗有助于锻炼大学生的综合能力,磨炼其意志。例如,大学生在勤工助学岗位中必将与学校老师或者行政管理人员交流,这就锻炼了其人际交往的能力,为将来踏入社会奠定基础。综上所述,勤工助学是劳动教育的途径之一。

2. 组织实践活动

实践活动主要包括社会实习与高校劳动基地劳动两方面。

首先,社会实习是指在校大学生利用寒暑假或学校规定的其他实习期间参与的,与自身所学专业有关的社会生产实践活动。人文社科类的在校生一般从事政府部门与事业单位的实习工作,理工科学生一般在企业、工厂、工地等参加实习劳动。在校大学生通过与自身专业相适应的社会实习,能够让大学生提前了解社会,同时得到社会的认同。

其次,高校应建立大学生劳动实践基地。高校建立大学生劳动实践基地,其目的是给在校大学生提供一个实践载体,使得大学生在劳动中培养劳动精神与劳动意识,提高劳动技能。因此,高校需整合现有资源,建立工厂、农场等劳动基地。若资金匮乏,高校可与相近或相邻的工厂、企事业单位合作,为大学生参与劳动提供场所。

3. 开展公益活动

公益活动是一种自愿、无偿劳动,大学生参与公益活动,有益于培养其集体观念,让学生在有爱心的劳动氛围中体会互帮互助的劳动乐趣。高校可根据自身条件或借助社会上的资源,组织大学生开展一些专题性的义务劳动,如去敬老院或福利院义务劳动、植树造林等。高校开展公益活动能够使大学生劳动教育的效果立竿见影,有助于大学生综合素质的提高。

### (四)建立学校与家庭、社会的密切合作

尽管学校是大学生劳动教育的主要场所,直接承担着对大学生进行劳动教育的任务,但作为与学生关系密切的家庭以及社会大环境对大学生劳动教育的效果也产生着不可忽视的影响,因此,单靠高校的一己之力来达到大学生劳动教育的良好效果显然是不够的,应建立学校与家庭、社会的密切合作,使三者有机地统一起来。

家庭是劳动教育的重要阵地,家庭环境对一个人的影响是最直接和深远的,同时也是终身的,家长在日常生活中的言谈举止对孩子具有潜移默化的影响,家长的价值观及教育方式直接影响着学生的劳动价值观和劳动习惯。正是由于大多家庭对孩子劳动教育的不重视,导致了当今大学生劳动意识缺乏、独立性差以及劳动能力不足等问题,因此,要使大学生劳动教育取得良好的效果,家庭劳动教育是必不可少的。因此,高校要建立与家庭的密切合作,实现与学生家长的联系和及时沟通,使家庭转变劳动教育认知,积极配合学校劳动教育,在家庭生活中不断提高学生的劳动能力,通过积极的引导使其树立起正确的劳动态度和价值观、培养其劳动热情和劳动情感,通过劳动增强责任意识,养成良好的劳动习惯,提高劳动实践能力。

每一个个体都是社会的人,都要受到社会这个大环境的影响,尤其在目前这个快速发展的时代,社会价值逐渐多元化,人们受到社会环境的影响越来越大。大学生劳动教育同样深受社会环境的影响,高校劳动教育要充分利用社会环境对大学生劳动教育的有益的方面,克服社会环境对大学生的不利影响。

一方面,社会转型期功利主义的价值观对大学生的价值观产生了负面的影响,高校劳动教育要采取有效措施克服社会中的不良因素对大学生的影响。大众媒体是社会环境中的重要因素,随着大众传媒的普及,它对人们生活的影响无处不在,大学生劳动教育需有效利用大众传媒的引导作用,充分利用报纸、杂志、书籍、广播和电视等媒体,传播正能量、报道好典型和好方法,加强校园网络管理,构建劳动教育网络平台,创建贴近校园生活、贴近

师生实际的内容,以增加知识性、趣味性、思想性和服务性。在整个社会当中逐渐形成热爱劳动、热爱劳动人民、尊重劳动、重视劳动教育的良好风气。

另一方面,要充分发挥教育行政主管部门的职能作用,确保劳动教育政策的贯彻落实。保持高校与社会的有效沟通,引起社会各方面对大学生劳动教育问题的关注,努力争取获得企业、事业、公司、工厂等社会相关单位的关心和支持,为大学生参加劳动实践与教学实习争取到更多的机会,真正使劳动教育实现日常化、生活化、社会化,促进大学生劳动教育的发展。

## 本章小结

本章在阐述新时代大学生劳动内涵的基础上,介绍了新时代大学生劳动教育应坚持的思想性原则、时代性原则、体系化原则、创新性原则以及协同化原则,并进一步分析了新时代大学生劳动教育的意义以及在新时代加强大学生劳动教育的所应采取的对策。

## 拓展阅读

### 用劳动托起中国梦[①]

党的十九大提出:"建设知识型、技能型、创新型劳动者大军""营造劳动光荣的社会风尚和精益求精的敬业风气"。当今,我们纪念"五一"国际劳动节,就是要弘扬劳动精神、弘扬劳模精神、弘扬工匠精神,用劳动托起中华民族伟大复兴的中国梦。

劳动是人类最基本的实践活动,劳动不仅创造了人类本身,而且创造了并将继续创造人类所需的一切物质和精神财富。劳动是国家发展的动力,是民族复兴的基石。中华民族历来就有勤奋勇敢、自强不息的优良传统,辛勤劳动、诚实劳动、创造性劳动的理念和劳动最光荣、劳动最崇高、劳动最伟大、劳动最美丽的价值取向,广大劳动者在长期的劳动实践中积累了丰厚的精神力量。

劳动精神是全体劳动者的共同精神财富。人民创造历史,劳动开创未

---

① 用劳动托起中国梦[EB/OL].广州文明网,http://gdgz.wenming.cn/wmzyy/201904/t20190429_5825576.html

来,劳动是推动人类社会文明进步的根本力量。劳动精神是对广大劳动者劳动实践的高度肯定与科学总结,是人类为自身的幸福而不懈努力奋斗的实践结晶。弘扬劳动精神,就是弘扬勤奋勇敢、爱岗敬业、诚实守信的实干精神;弘扬锐意进取、建功立业、甘于奉献的奋斗精神;弘扬精益求精、严谨专注、追求卓越的创新精神。劳动,创造辉煌的人类历史,书写地球家园的绚烂篇章。

劳模精神是劳动精神的升华。习近平总书记指出,"爱岗敬业、争创一流、艰苦奋斗、勇于创新、淡泊名利、甘于奉献"的劳模精神,是伟大时代精神的生动体现。全国劳模宋东海,专注优质水稻培育与推广,被称为"增城丝苗再生之父";全国劳模周志堂,在山区乡村发展农业,成为响当当的"冬瓜大王""菜心王子";全国五一劳动奖章获得者刘伙源、向文军、陈坚林,破案如神,严惩刑事犯罪分子,成为确保一方平安的忠诚卫士;广东省劳模刘映惠,带头致富、带领农户共同致富,被誉为"双带""香蕉皇后";还有广州市劳模邹蓉,用心呵护患者,救死扶伤、仁心仁术,成为人人喜爱的"最美白衣天使"……他们是各行各业模范劳动的社会精英、时代楷模、劳动人民的杰出代表。

工匠精神体现在严谨做事、精益求精、追求完美的精神上。严谨做事就是爱岗敬业、耐住寂寞、任劳任怨,一门深入,长期熏修,不达目的绝不罢休;精益求精是指以高品质的要求对自己的产品,不惜花时间精力、精雕细琢、注重细节,把每一件事做到极致。追求完美是指为了质量乐此不疲,勇于创新,追求卓越的品质。广州市劳模刘剑波,30年如一日坚持"精做酱油、赚辛苦钱"的匠心,登上了广府酱菜制作技术的"制高点";还有"广东十大荔枝种植匠"之一邹细球,广州"最美警察"姚淦耀、"最美邮政投递员"郑勇辉……他们都是各条战线的能工巧匠、行家里手,彰显工匠精神的时代楷模。

伟大的时代需要伟大的精神,伟大的精神来自于伟大的人民。"幸福是奋斗出来的",让我们大力弘扬劳动精神、劳模精神、工匠精神,激发劳动人民的劳动热情,用劳动托起中华民族伟大复兴的中国梦。

## 问题思考

1. 新时代大学生劳动教育的内涵是什么?
2. 新时代大学生劳动教育应坚持什么原则?
3. 新时代大学生劳动教育的意义是什么?
4. 新时代加强大学生劳动教育可以采取哪些对策?

# 第四章　新时代大学生的劳动价值观

相关研究分析发现,新时代大学生对劳动意义的认同度较高,但也存在着劳动工具理性明显、劳动信心不足和劳动耐受程度下降等问题。新时代大学生劳动价值观教育要以习近平青年修身思想为指引,引导青年大学生树立奋斗的劳动观;以马克思主义劳动观教育为主渠道,引导青年大学生追求自我价值实现。同时要大力弘扬劳模精神,提升广大青年大学生的社会劳动情怀;大力提升广大青年大学生的劳动信心,从而坚定正确劳动价值信仰。

## 第一节　新时代大学生劳动价值观存在的问题

2017年5月3日,习近平总书记在中国政法大学考察时指出:"中国的未来属于青年,中华民族的未来也属于青年。青年一代的理想信念、精神状态、综合素质,是一个国家发展活力的重要体现,也是一个国家核心竞争力的重要因素。"随着人民物质生活水平日益提高,大学生中劳动认知错误、劳动观念淡薄、劳动态度消极等不良问题仍旧存在。接下来,我们将深入分析调查问卷中发现的受访大学生在劳动价值观方面存在的问题,并进一步剖析其产生的原因。

### 一、大学生思想认识方面存在偏差

**(一)仍有部分大学生认同消极劳动文化**

大学生对劳动认知的对错、认同感的高低,直接关系到自己人生理想的

## 第四章 新时代大学生的劳动价值观

实现和中华民族的兴旺发达。依托于问卷调查,我们发现在大学生群体中仍然存在劳动认同感不强、劳动认知有偏差甚至错误的现象。4.8%的受访大学生认同"劳心者治人,劳力者治于人",6.2%的受访大学生认同"学而优则仕",21.1%的受访大学生认同"万般皆下品,唯有读书高"(表4-1),12.5%的受访大学生认同"劳动会耽误学习"。当问及大学生对"有钱了,就不用劳动了"这种表述的态度时,有22.0%的受访大学生认同这一观点。当问及"假如毕业时,暂时还没有找到理想工作,现在有一份以体力劳动为主、报酬一般的工作岗位,大学生是否愿意接受时",有23.4%的大学生表示不能接受。

**表4-1 受访大学生对"万般皆下品,唯有读书高"等观点的认知情况**

单位:%

|  | 非常认同 | 比较认同 | 一般 | 不太认同 | 非常不认同 |
| --- | --- | --- | --- | --- | --- |
| 万般皆下品,唯有读书高 | 6.3 | 14.8 | 28.5 | 23.0 | 27.4 |
| 学而优则仕 | 1.7 | 4.5 | 20.1 | 27.6 | 46.2 |
| 劳心者治人,劳力者治于人 | 1.4 | 3.4 | 14.5 | 31.6 | 49.1 |

从调查数据可以看出,许多大学生仍存在不认可体力劳动,甚至轻视体力劳动的问题。不可否认,传统观念对当代大学生的影响是根深蒂固的,轻视体力劳动、唯读书论等在一定程度上仍存在于今天的大学生群体中。同一调查在不同城市和不同性别之间的差异也比较大,数据表明大学生家乡所在城市级别越高,对劳动的认知越容易出现偏差。究其原因,主要是传统文化的消极影响与现代高等教育中劳动教育的缺位。我国有两千多年的封建社会历史,在以小农经济为基础的文化价值体系中,劳动伦理方面存在一定的缺陷。以儒家思想为主体的中国传统文化,对于劳动特别是体力劳动多持有轻视和否定的态度。此外,传统文化中的等级观念、尊卑文化、小农意识等也在一定程度上对现代家庭和大学生产生了消极影响。许多家庭受到传统消极劳动观念的影响,形成了错误的劳动认知,轻视劳动,看不起劳动人民。子女长期在这种错误观念的认知环境中,自然而然也就形成了错误的认识,讨厌劳动,轻视劳动,看不到劳动的光荣与伟大。当前在我国的高等教育体系中,普遍呈现一种"重智育、轻德育"的现象。一方面,学校更

加侧重于科学文化知识传授,已有的劳动教育目前还都仅停留在单纯的观念式教育层面,劳动教育课程中的很多内容存在表面化、虚化的问题,并没有建立起实质性的劳动评价体系,学生从中很难获得有效的信息和内容。以学校的思想政治教育课为例,很多学校在具体的课程策划安排中,往往只是选择求职就业、心理辅导、情绪减压等内容,未能将思政教育与劳动教育充分结合,从而不能充分发挥课堂应有的积极作用。另一方面,高校劳动教育师资极度缺乏,社会中从事劳动技能的人员占少数,相关方面的专业教育资源更是少之又少,很多学校找不到可以专门进行劳动教育授课的教师。因此,对大学生的劳动教育还远远不够。

2015年,习近平总书记在全国劳模大会上的讲话中强调:"在我们社会主义国家里,一切劳动,无论是体力劳动还是脑力劳动,都值得尊重和鼓励,全社会都要以辛勤劳动为荣、以好逸恶劳为耻,任何时候任何人都不能看不起普通劳动者,都不能贪图不劳而获的生活。劳动认知的建立是整个劳动教育体系中的第一环,因此我们必须要加强对大学生的劳动认知引导的重视度,加大力度改进学校劳动教育体系,加强劳动认知的培养的长效性和实效性,帮助大学生树立起正确的价值观与劳动认知。"

## (二)对艰苦奋斗精神的认识还不够深刻

艰苦奋斗精神自古就有,然而随着时代的改革和发展,人们生活水平的提高,人们的价值观渐有改变,很多人认为在当下这样一个物质生活充裕和精神生活丰富的多元化时代,艰苦奋斗精神已经过时了。2018年"五一"国际劳动节前夕,习近平总书记给中国劳动关系学院劳模本科班学员的回信中这样写道:"社会主义是干出来的,新时代也是干出来的。希望你们珍惜荣誉、努力学习,在各自岗位上继续拼搏、再创佳绩,用你们的干劲、闯劲、钻劲鼓舞更多的人,激励广大劳动群众争做新时代的奋斗者。"新时代更加需要艰苦奋斗精神,这个时代的艰苦奋斗精神,不仅指在物质层面我们要坚持艰苦朴素、勤俭节约的生活作风,更强调我们在精神层面要保持着战胜一切艰难险阻、一往无前的思想态度。在问卷中,我们基于受访大学生的经历和认知,让其选择"你认为当代大学生在劳动价值观方面有哪些突出问题"时,位居前三的选项是"奋斗目标不明确,荒废时光""独生子女娇生惯养,抗挫折能力差""缺乏艰苦奋斗精神",占比分别为44.2%、38.8%和37.1%(图4-1)。这些问题都与不能正确认知新时代艰苦奋斗精神有关。

# 第四章 新时代大学生的劳动价值观

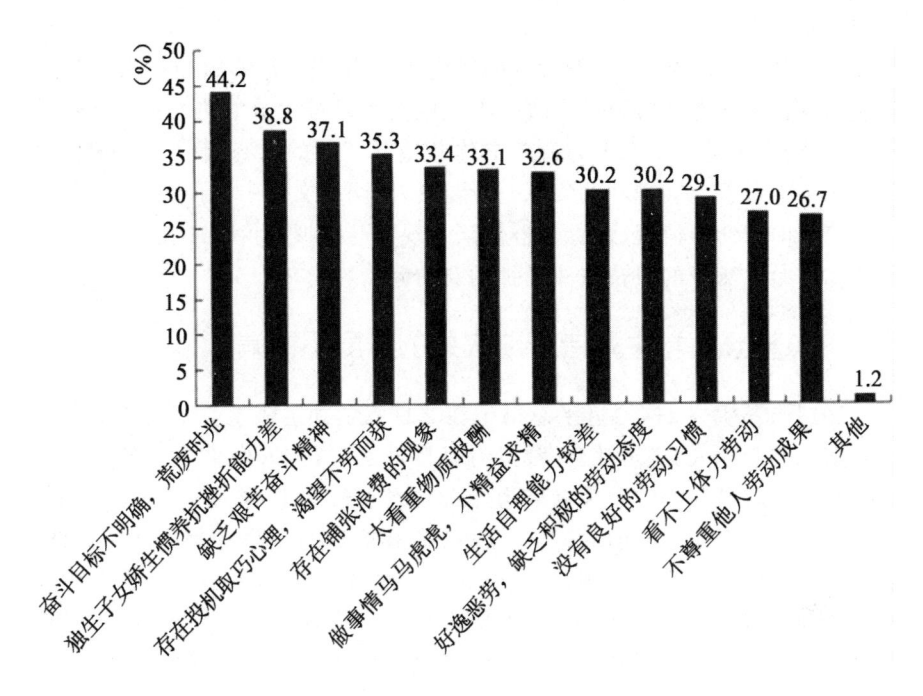

图 4-1 受访大学生认为当代大学生在劳动价值观方面存在的突出问题

柱状图数据（从高到低）：
- 奋斗目标不明确，荒废时光：44.2%
- 独生子女娇生惯养抗挫折能力差：38.8%
- 缺乏艰苦奋斗精神：37.1%
- 存在投机取巧心理，渴望不劳而获：35.3%
- 存在铺张浪费的现象：33.4%
- 太看重物质报酬：33.1%
- 做事情马马虎虎，不精益求精：32.6%
- 生活自理能力较差：30.2%
- 好逸恶劳，缺乏积极的劳动态度：30.2%
- 没有良好的劳动习惯：29.1%
- 看不上体力劳动：27.0%
- 不尊重他人劳动成果：26.7%
- 其他：1.2%

究其原因，一方面，与当代大学生的自身经历有关，半数左右的受访大学生是在独生子女家庭中成长起来的，或即便不是独生子女的成长环境，"95后"的大学生也告别了过去父辈们物质生活贫乏的艰苦时代，父母出自本能的关心和爱护，使他们过着衣食无忧的生活，他们缺少抗压能力和抗挫能力，缺少面对困难时独自解决问题的能力。加之一些大学生，甚至不少家长和学校老师持"只需要学习课本知识能够顺利升学（毕业）就够了"的片面观点，导致大学生从小就欠缺鼓励劳动、亲身参加劳动的环境，进而"不会劳动"；很少感受劳动带来的收获的喜悦，进而"不爱劳动"；不能深刻体会劳动的艰辛，进而"不珍惜劳动成果"；也直接导致一些大学生认为艰苦奋斗精神在自己的学习和生活中是可有可无的。学习是大学生的天职，没有扎实的专业知识作为支撑，大学生在就业时就会寸步难行，缺少实践历练的大学生，将无法把专业知识有效转化为工作中的生产力，最后只能变成"纸上谈兵"。另一方面，也与大学生受到多元社会价值观的影响有关。当今世界，信息技术革命日新月异，互联网事业发展如火如荼。20多年来，中国网民数量迅猛增长，规模已经超过 8 亿。根据中国互联网络信息中心（CNNIC）发布的第 42 次《中国互联网络发展状况统计报告》，我国网民以青少年、青年和中年群体为主。截至 2018 年 6 月,10～39 岁群体占总体网民的 70.8%。其中 20～29 岁年龄段的网民占比最高,达 27.9%,当代大学生已经成为真正意义上的"网络原住民"。互联网不但对大学生的表层生活造成了较大改变,更是在根本上为青年群体营造起了新的"拟态环境"。整个网络社会中弥漫着急功近利的气息,充斥在一些网络文化中的拜金主义、享乐主义等负向劳动价值观,使青年群体陷入现实与虚拟的价值冲突中,无法正确认知新时代赋予的艰苦奋斗精神的新内涵。

## (三)部分大学生对待劳动成果的态度不够端正

2014 年 5 月 4 日,习近平总书记在北京大学师生座谈会上的讲话中指出:"道德之于个人、之于社会,都具有基础性意义,做人做事第一位的是崇德修身。这就是我们的用人标准为什么是德才兼备、以德为先,因为德是首要、是方向,一个人只有明大德、守公德、严私德,其才方能用得其所。"因此,德是大学生首要的第一品德,也是学校育人的第一方向指引。在调查中我们发现,吃苦耐劳、勤俭节约、无私奉献等优良品质在大学生中普遍缺乏。在品德指标测试中,我们选择对大学生珍惜劳动成果这一项进行调查,调查中我们发现有 21.7% 的受访大学生不认同"我崇尚每日光盘行动,节约粮食",认为光盘行动和节约粮食与自己无关。针对别人浪费食物的情形,更有 41.6% 的受访大学生认为"这是别人的权利,我无权干涉",14.1% 的受访大学生认为"自己也有浪费发生,情有可原"。相比之下,在今天中国许多偏远山区,仍有许多地方的学生和居民因为温饱问题而苦恼。

2018 年发布的《中国城市餐饮食物浪费报告》显示,我国每年在餐桌上的浪费约为 12%,大型聚会浪费则达 38%,而学生盒饭有 1/3 被扔掉,可见在今天,不仅是大学生,还有很多国人尚未形成节约意识。此外,21.3% 的受访大学生认同"新时代不需要弘扬艰苦奋斗精神了",有 13.5% 的受访大学生认同"过生日时即使我钱不够,我也会借钱请客"。可见在今天的劳动教育中,品德教育仍需要进一步纠正与强化。具体来看,主要表现在以下两个方面:一方面,大学生对劳动品德缺乏正确理解,很多大学生提到勤俭节约、艰苦奋斗就想到吃剩饭、穿补丁衣等情景,认为在今天经济飞速发展、人民生活水平显著提高的情况下,已经不再需要勤俭节约、艰苦奋斗的精神;另一方面,现在的大学生大多是"95 后"或者"00 后",在经济方面,父母对孩子是有求必应,很少过问如何花费,在富裕环境中成长起来的学生既缺乏对艰苦生活的锻炼,也缺乏对生活逆境的体验,没有接受挫折的思想准备和承受能力,很难正确理解新时期艰苦奋斗、勤俭节约精神的时代内涵。

在大学生消费调查中,我们也看到有 21.3% 的受访大学生会选择提前透支、超前消费,其中,选择消费贷/分期付款的占 13.6%,选择信用卡透支消费的占 5.8%,选择校园贷等借贷类软件的占 1.9%,这也反映出消费方式不断更新的现代生活对大学生也产生了重要影响。近两年,不断有媒体报道"校园裸贷""学生因为偿还不起贷款而跳楼自杀""704 校花"等负面新闻,一些不良商家借助各种名目比如提供兼职等方式变相向大学生提供贷款,虽然国家屡屡禁止,但此类问题仍然层出不穷,贷款消费的现象在大学生群体当中依然是一个需要重视的问题。建议学校进行适当宣传教育,引导大学生进行合理的超前消费,树立正确的消费观,让大学生多了解校园贷等规则,避免陷入债务缠身的窘境。这也反映出大学生消费观念存在误区。

《2018 中国大学生网络生态和消费行为报告》从消费状况、消费行为、消费心态对大学生的消费情况进行了解读分析,大学生消费结构整体合理但存在不均衡的状况,消费欲望比较强和消费能力比较弱是一个比较突出的矛盾,线上消费和大学生发展不匹配。在大学生群体中,以自我为中心、好逸恶劳、追求个性等心理行为不同程度地存在着。同学之间不比学习、不比实干,而是攀比享乐、争相浮夸,或是个别同学炫耀不劳而获。这些都对同学产生误导,同时对崇尚劳动、刻苦努力的学生也会逐渐产生冲击,使得很多学生动摇自己本来正确的价值观念。

## 二、部分大学生在劳动实践上面临挑战

### (一)部分大学生还未养成良好的日常劳动习惯

劳动是大学生成长发展的需要,也是 21 世纪人才培养的要求。良好的劳动习惯对于大学生性格的塑造、责任感的培养、品质的磨炼都是有意义的。而在针对大学生劳动习惯的调查中,我们通过对受访大学生寒暑假平均每天做家务劳动时长来看,27.1%的受访大学生做家务时间都在半小时以内,有的甚至完全不做家务。有 15.6%的受访大学生认同"家务活是家长的事,不需要孩子插手"。对于大学生在校期间对脏衣服的处理问题上,有 71.4%的受访大学生采用洗衣机或者送到专业洗衣店洗,还有 7%的受访大学生选择攒一起带回家洗、寄回家洗或者请别人帮忙洗,甚至存在一些大学生从来不洗的情况。而家乡在一线城市的大学生攒一起带回家洗、寄回家洗、请别人帮忙洗和到专业洗衣店洗的比例高于一线以下城市。

家庭是孩子人生的第一所学校,父母是孩子的第一任老师。现代家庭多为独生子女家庭,这些学生从小就在宠爱甚至溺爱的环境中成长起来。一方面,家长们担心孩子会感到劳累或受到伤害,因此主动承担了一切可能的家务劳动,让孩子失去了很多学习锻炼的机会,导致很多学生养成了"衣来伸手,饭来张口"的习惯,养成了懒惰自私、怕苦怕累,对他人依赖,独立自理能力严重不足,在学校里班级卫生、宿舍卫生从来不愿意主动参与,甚至连自己的衣服都要攒着带回家洗或者请别人洗,劳动习惯严重缺失。这种对孩子的溺爱导致了劳动教育在家庭教育中的缺位,使得劳动最美丽、劳动最光荣的价值观念彻底被弱化,学生丧失了辛勤劳动、自力更生的品质。久而久之,家长不关注劳动习惯的培养,也不给孩子劳动的机会,学生本身对此也缺乏关注,因此劳动意识缺乏,也就出现了一些大学生不会劳动、不爱劳动的现象。另一方面,一些家长把孩子的主业定义为读书学习,只关注孩子的学习成绩和名次,家庭事务方面不让孩子参与,目的就是让孩子能够"一心只读圣贤书",以考高分为目标。进入大学校园之后,孩子与家长被迫分离开。在大学以前,很多大学生都没有做过最常见的家务劳动,离开父母的照顾与家庭的保护,生活不能自理成为一些大学生面临的问题,出现了衣不会洗、地不会扫的尴尬情况,甚至有的学生懒惰成性,宁愿在宿舍里睡懒觉也不愿意做清洁,寝室中乱七八糟,擦黑板、拖地之类的事情更觉得与自己无关。在这种环境下,大学生劳动习惯的缺失显得尤为明显。

## (二)大学生对自己的就业较为迷茫

调查问卷中有多个问题涉及对大学生就业信心的测试,我们发现有两成左右的大学生对未来就业的信心不是很确定,有一成的大学生甚至是迷茫、不知所措的。当前,就业已告别了过去计划经济体制下"包分配"的局面,双向选择、自主择业的市场经济就业格局已经形成,给大学生就业提供了更多的选择和更大的灵活性,但也直接导致了一些大学生由于缺少明确的职业规划和一定市场竞争力的专业技能,必然会在就业时感到迷茫。当然,这也与近四成的独生子女大学生从小娇生惯养、抗挫能力差有一定的关系。因为就业竞争的存在,大学生需要不断地将自己的求职意向与市场需求在一次次的笔试、面试等选拔中进行充分匹配和调整,最后经过双向选择,确定自己未来的职业发展方向。就业很少一次就能够成功,就业信心需要在一次次的失败中不断增强,这对部分受挫能力差的大学生而言确实是一个挑战。

## 三、劳动教育缺失的表现

### (一)家庭在劳动教育方面缺乏正确的理念

当我们在问卷中问及"在您看来,家庭在劳动价值观教育方面存在的主要问题"时,59.9%的受访大学生选择"在家长眼里,学习是天职,成绩是第一位的,干不干家务无所谓",50.4%的受访大学生选择"家长缺乏正确的劳动教育理念",38.5%的受访大学生选择"家长对我的成长干预过多,甚至是包办",38.1%的受访大学生选择"家长很忙,没时间、没精力教育我",35.7%的受访大学生选择"家长没有起到榜样示范作用",26.4%的受访大学生选择"家庭结构不完善(父母离婚等,没有良好的成长环境)",16.1%的受访大学生选择"从小没有与父母一起生活,没人有效引导我",5.2%的受访大学生选择了"其他"(图4-2)。这些数据表明,在大学生看来,家庭对他们劳动价值观形成起到了重要作用,大学生之所以会存在"不爱劳动、不会劳动、不珍惜劳动成果"的问题,与从小家庭教育有着密不可分的关系。一些家长过于重视对孩子脑力劳动能力的培养,割裂了脑力劳动与体力劳动的关系,致使出现"不到半数的大学生会勉强接受以体力劳动为主、报酬一般的工作岗位"的问题。这与多年来国家对学生评价体系的构建过度强调应试、忽视对劳动教育成果的评价有关。一直以来流传的"学好数理化,走遍天下都不怕"等观念的存在使家长们觉得只要孩子学习好,就能有光明的未来这样错误的想法,直接导致家庭中劳动教育的缺失或不健全。同时,家长榜样示范的缺失和不完整的家庭环境也是造成大学生劳动价值观存在偏差的重要因素,家长的劳动价值观对孩子劳动价值观的形成起着潜移默化的作用,而完整和谐的家庭环境更是形成良好劳动价值观的基本载体,这两大因素在引导孩子树立正确的劳动价值观方面所起的作用不容忽视。

### (二)学校劳动教育的供给未能充分满足大学生的需求

为了了解大学生眼中学校劳动教育存在的问题,我们在问卷中设计了"在您看来,学校在劳动价值观教育方面存在的主要问题"57.5%的受访大学生认为"有的学生靠投机取巧实现了不劳而获",53.3%的受访大学生认为"关于劳动教育方面的实践课程太少",45.2%的受访大学生认为"校园文化中缺乏劳动教育的相关内容",44.3%的受访大学生认为有的学生靠家长等关系得到更多机会,37.2%的受访大学生认为"有的学生违反了劳动纪律

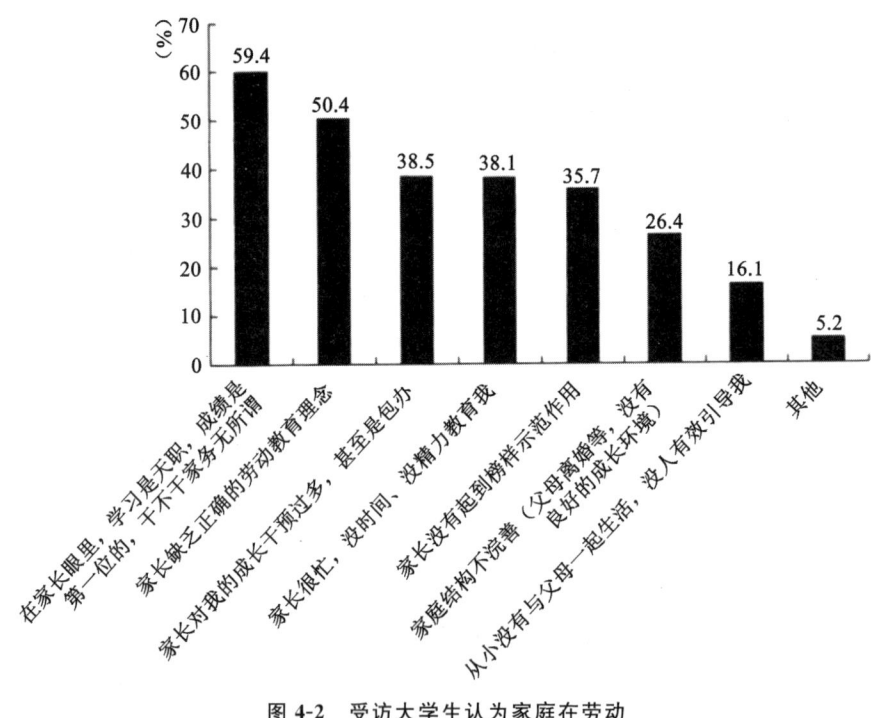

图 4-2 受访大学生认为家庭在劳动
价值观教育方面存在的主要问题

并没有受到惩罚",35.8%的受访大学生认为"老师在劳动教育方面的引导和示范不够",23.3%的受访大学生认为"学校不重视劳动教育",3.2%的受访大学生选择了"其他"(图4-3)。被调查的对象都是在校大学生,他们都是经过刻苦努力学习、取得较好成绩以后才得以选择到高等学府深造的,因此,他们中的绝大多数不仅认同劳动创造价值的观点,也认同自身收获的多少与自己付出多少呈正相关关系。这种认知一方面可以促使大学生通过自己的勤奋努力实现自己所追求的目标,这可以从现状分析中的有关数据得知,但另一方面也容易形成付出必然要得到应有回报的线性思维。然而,任何事物的发展都是螺旋式上升的,一些大学生会在自己一时"劳而无获"而看到他人暂时的"不劳而获"时(比如有的学生靠家里关系得到了理想的就业岗位,有的学生考试作弊获得了好成绩等),对自己之前树立的正确劳动价值观产生动摇,认为世界对自己不公平,久而久之,就会由积极劳动转向消极怠工,甚至投机取巧、铤而走险。同时,高校加强劳动教育的实施路径过于单一,高校劳动教育实践课程太少,校园文化中劳动教育元素缺失等问题也都亟待解决。

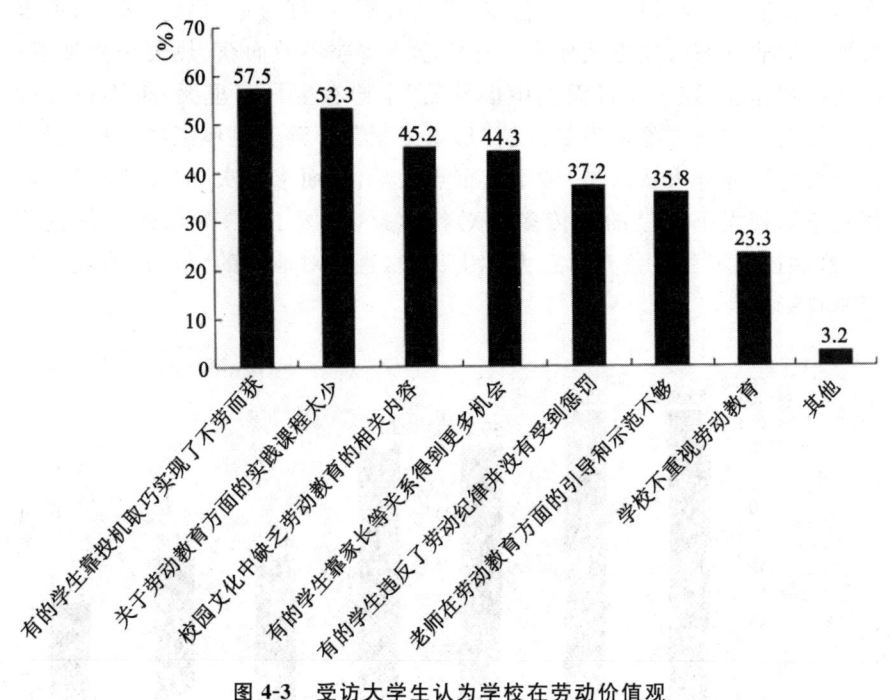

图 4-3　受访大学生认为学校在劳动价值观教育方面存在的主要问题

## 四、社会氛围存在一些误导内容

### (一)当下一些社会不良现象误导了部分大学生的劳动价值观

当我们在问卷中问及"在您看来,社会在劳动价值观教育方面存在的主要问题是什么"时,选择"高房价/房租时代,年轻人努力也看不到希望"和"社会氛围急功近利,追求短平快"的受访大学生各占55.9%,选择"经常能在社会中看到不尊重体力劳动者的现象"的占受访大学生的50.2%,选择"影视作品、娱乐综艺节目的价值导向存在偏差"的占受访大学生的49.4%,选择"空谈误国、实干兴邦未落到实处"的占受访大学生的32.1%,选择"职业教育不受重视"的占受访大学生的31.8%,选择"媒体关于科学家、大国工匠、劳动模范的宣传有限"的占受访大学生的24.2%(图4-4)。这些数据反映了大学生自身认为的当前影响他们劳动价值观的社会因素。高房价、高房租使得一些刚刚步入社会的大学生每个月的工资大部分要么用于还房贷,要么用于交房租;投机性投资、网红直播等急功近利、追求短平快的非常态劳动方式使得一些大学生渴望不劳而获、热衷一夜暴富;一些影视作品、综艺节目无形中倡导的"宁愿在宝马车里哭,也不在自行车上笑";一些地方经济发展大搞"形象工程",不落实具体惠民举措;职业技能教育被部分人认为是"考不上重点大学,退而求其次"的无奈选择;媒体对于影视娱乐明星的宣传多于对科学家、大国工匠、劳动模范的宣传等,这些社会不良现象充斥在大学生身边,直接对他们的劳动价值观产生了不良影响。

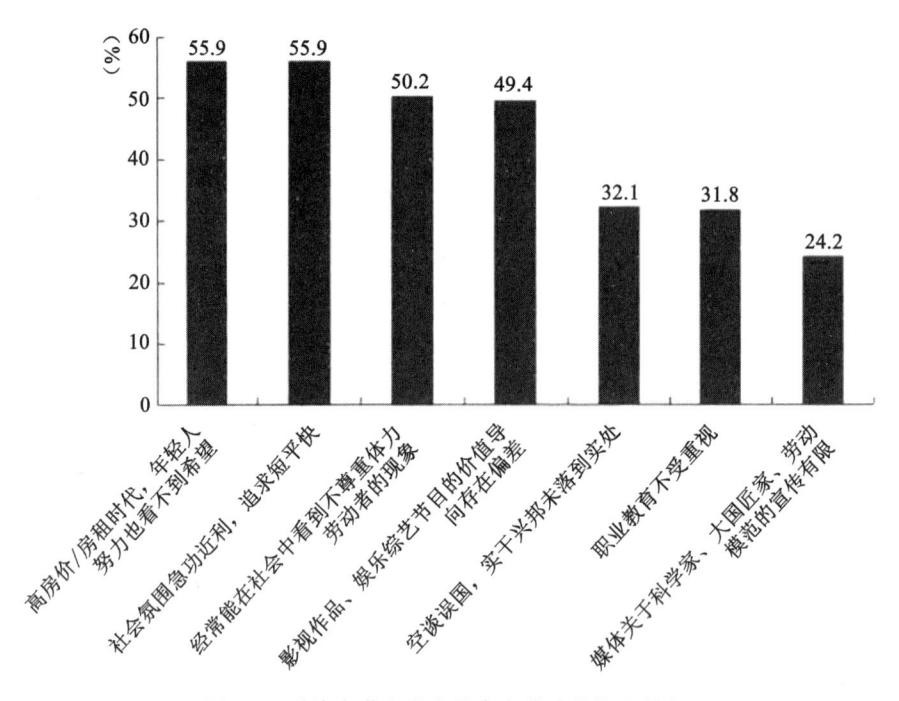

图 4-4 受访大学生认为社会在劳动价值观教育方面存在的主要问题

## (二)同辈群体的负面思想追求倾向影响着大学生的劳动价值观

同辈群体是由一些年龄、兴趣、爱好、态度、价值观、社会地位等方面较为接近的人所组成的一种非正式群体。进入大学后,大学生身边的同辈群体多为大学同学,他们因平时学习、生活经常聚集在一起,彼此间有着很大的影响,甚至有可能超过父母和老师。当在问卷中问及"在您看来,目前您周围大多数大学生的思想追求倾向于"(限选3～5项)这一问题时,从负向

## 第四章 新时代大学生的劳动价值观

来看,主要是消费主义、享乐主义、实用主义、利己主义和功利主义,分别占 50.0%、48.5%、44.8%、39.6%和 33.1%;从正向来看,主要是乐观主义、集体主义和爱国主义,分别占 48.1%、31.1%和 26.3%(图 4-5)。

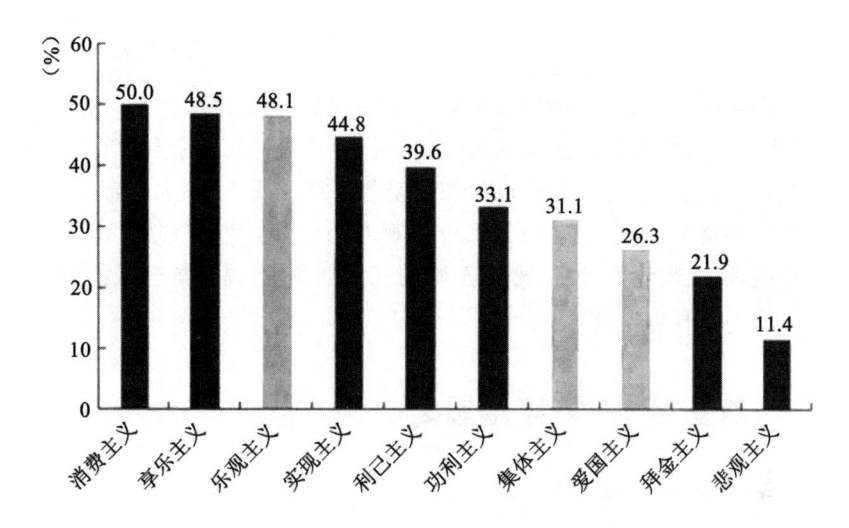

图 4-5 受访大学生对目前周围大学生的思想追求倾向的看法

同辈群体环境对大学生自身的劳动价值观的影响有积极的一面,也有消极的一面。积极的一面是,拥有正向思想倾向的同辈群体能够将乐观主义、爱国主义、集体主义等正能量于日常交往的细节之中、细微之处传递给大学生。比如,有的大学生在收到求职单位的拒信时,可能会对未来就业产生迷茫,这时候班干部如果能够及时开导他要愈挫愈勇、乐观向上,总结失败的经验,下次再努力,那么很有可能就会使他重拾信心,对求职再次充满期望。消极的一面是,同辈群体会把消费主义、享乐主义、拜金主义等消极价值观传递给其他大学生。因为一旦群体内规范与社会行为规范相违背时,群体内部强大的无形的制约力会促使大学生屈从于群体行为规范,不利于大学生的正确劳动价值观的形成。比如,同一间宿舍里的同学都好吃懒做、宿舍卫生不打扫、衣服都不自己洗、上课总迟到、晚上熬夜打游戏、平时吃穿还攀比,在这样的同辈环境影响下,大学生很难认识到劳动和奋斗的重要意义。

# 第二节　大学生应树立正确的劳动价值观

做好新时代的劳动教育工作,必须坚持培育和践行社会主义核心价值观,把培养担当民族复兴大任的时代新人作为重要职责,在落细落小落实上下功夫,努力使社会主义核心价值观像空气一样无所不在、无时不有。培育深厚的劳动情怀、树立正确的劳动价值观对当代大学生培育践行社会主义核心价值观、实现青春梦想、形成正确的就业创业观、提升抗挫折能力、培养社会责任感具有重要意义。

## 一、尊重劳动:常怀感恩之心

凡劳动者,都在靠自己的本领"吃饭",他们付出了或体力、或脑力、或脑体结合,都耗费了一定的精力,而且对社会的发展进步起到了积极推动作用。

我国每一次重大任务的完成和重大斗争的胜利,无不凝聚着劳动者的心血与汗水。举世瞩目的红旗渠工程,是当年30万林县人民在极其险恶的环境下,通过10年苦战,在悬崖峭壁上,用双手一锤一铲开凿出来的;在抗击新冠肺炎疫情斗争中,是无数医务工作者、疫情防控人员用一往无前、舍生忘死的拼搏,才遏制了蔓延的疫情,挽救了成千上万人的生命。在这些劳动者中,有蜚声海外的专家,有攻坚克难的军人,还有任劳任怨的干部职工和社区工作者,是他们在人手紧缺、物资告急、人民需要的时候,用责任担当和辛勤劳动筑起了一道道守护生命的坚实屏障。

正是每一个劳动者在各行各业的岗位上尽心尽责、辛勤劳动,才能让整个社会物质充裕、运转有序、共享幸福。劳动者,创造幸福的同时,也在带给他人以幸福。我们应常怀感恩之心,尊重我们身边的每一个劳动者,尊重每一份平凡普通的劳动。

## 二、热爱劳动:人生幸福据点

"人生两件宝,双手和大脑,一切靠劳动,生活才美好。"这是我国著名教育家陶行知对劳动的生动解说。劳动不仅是人类文明进步的源泉,还是打开幸福之门的钥匙,通过劳动,人类从森林走向陆地,从远古走向现代文明,从食不果腹走向"吃好穿美"。

幸福不是免费午餐,幸福不会从天而降。劳动的意义在于帮助我们满足生存的物质需要,更重要的是,劳动能帮助我们完善内心、完成自我实现。劳动,不仅为我们幸福的实现提供了物质条件,而且劳动的过程本身就是一种幸福体验。

同时,我们也要认识到:对于劳动,如果乐而为之,心中的直接体验是愉快的;如果是强迫自己干的,直接体验就是不愉快的。什么样的劳动能产生积极的愉快的体验呢?"仁者乐山,智者乐水",你乐什么呢?什么样的劳动能让你产生愉悦呢,这需要我们结合自己的情感和需要去探索、去发现,如果你找到这样的事情让你感到愉快,那就坚持下去。

此外,劳动不仅能为个人创造美好生活,也能给社会创造更多价值。身处新时代,我们应该热爱劳动,让劳动成为我们的人生幸福据点,同时实现自己的时代担当。

## 三、践行劳动:奋斗的青春最美丽

青春是什么?有人说,青春就像是一场情窦初开时的初恋,青涩短暂却又刻骨铭心;有人说,青春可以用"三次冲动"来形容,一次是奋不顾身的爱情、一次是说走就走的旅行、一次是全力以赴的梦想;还有人说青春就像是去淋雨,明知道会感冒,却还想再来一次。对于青春,"一千个读者,就有一千个哈姆雷特",而梦想与奋斗无疑是青春的最美注解。

奋斗是青春的底色。没有哪一代人的青春是容易的。生活的压力、工作的焦虑、成功的渴望,让我们同样有着"成长的烦恼"。怨天尤人、消极颓废、得过且过不是解决问题的办法,踏实肯干、敢于付出、艰苦奋斗才是。中山大学博士生韦慧晓投身军旅,成长为我国海军首位女副舰长,在万里海疆书写无悔青春;常州技师学院学生宋彪顶着40摄氏度的高温在车间日复一日苦练,斩获世界技能大赛最高奖……无数这样的年轻人,以奋斗成就出彩人生。

有人说:"世界上有两种光芒最耀眼,一个是太阳,另一个就是你努力的模样。"青年时代,只要有那么一股子中流击水的劲头,有那么一股子以梦为马的激情,奋斗就将成为实现梦想的阶梯、走向未来的桥梁。

## 第三节　劳动教育对立德树人的功能支撑

2016年12月7日,习近平在全国高校思想政治工作会议上强调:"要坚持把立德树人作为中心环节,把思想政治工作贯穿教育教学全过程,实现全程育人、全方位育人,努力开创我国高等教育事业发展新局面。"① 2018年5月2日,在同北京大学师生座谈时,他再次强调:"要把立德树人的成效作为检验学校一切工作的根本标准,要把立德树人内化到大学建设和管理各领域、各方面、各环节,做到以树人为核心,以立德为根本。"② 2018年9月10日,习近平在全国教育大会上深刻指出,"要努力构建德智体美劳全面培养的教育体系,形成更高水平的人才培养体系,培养德智体美劳全面发展的社会主义建设者和接班人"③。2019年3月18日,习近平总书记在学校思想政治理论课教师座谈会上强调,新时代贯彻党的教育方针,要坚持马克思主义指导地位,贯彻新时代中国特色社会主义思想,坚持社会主义办学方向,落实立德树人的根本任务,坚持教育为人民服务、为中国共产党治国理政服务、为巩固和发展中国特色社会主义制度服务、为改革开放和社会主义现代化建设服务,扎根中国大地办教育,同生产劳动和社会实践相结合,加快推进教育现代化、建设教育强国、办好人民满意的教育,努力培养担当民族复兴大任的时代新人,培养德智体美劳全面发展的社会主义建设者和接班人④。这些重要论述,高举劳动教育的旗帜,丰富发展了党的教育方针,为新时代加强劳动教育指明了方向,提出了新任务、新课题。

---

① 《习近平:把思想政治工作贯穿教育教学全过程》,新华网,http:/www.xinhuanet.com//politics/2016-12/08/c_1120082577.htm.

② 习近平:《在北京大学师生座谈会上的讲话》,新华网,http://www.xinhuanet.com/2018-05/03/c_1122774230.htm.

③ 《习近平出席全国教育大会并发表重要讲话》,中央人民政府网站,htp://www.gov.cn/xinwen/2018-09/10/content_,5320835.htm.

④ 《习近平主持召开学校思想政治理论课教师座谈会强调用新时代中国特色社会主义思想铸魂育人贯彻党的教育方针落实立德树人根本任务》,《人民日报》2019年3月19日,第一版.

# 第四章 新时代大学生的劳动价值观

## 一、劳动教育在人才培养体系中的独特地位

劳动是人类基本的实践活动和存在方式,是人类创造物质财富和精神财富的基本途径,也是人类生存和发展的最基本条件。"人世间的一切幸福都需要靠辛勤的劳动来创造。"[①]在实现中华民族伟大复兴中国梦的征程中,当代大学生可谓生逢其时、适得其势,他们精力充沛、朝气蓬勃,是最富创新创业精神的群体,他们的"成才梦""创业梦""报国梦"必将为中华民族伟大复兴的中国梦不断注入活力。大学生的成长成才不仅需要依靠知识和智慧,还需要具有深厚的劳动情怀和正确的劳动价值观;高校肩负着人才培养、科学研究、社会服务、文化传承创新、国际交流合作的重要使命,在完成立德树人这一根本任务,培养德才兼备、全面发展的中国特色社会主义合格建设者和可靠接班人的过程中,必须把强化大学生劳动情怀培育作为一项重要任务。

马克思主义劳动观是马克思主义唯物史观的核心内容。在马克思主义经典著作中,关于劳动的论述很多,从某种程度上讲,整个马克思的思想体系都是围绕着劳动问题展开的。《1844年经济学哲学手稿》提出了"异化劳动";《德意志意识形态》提出了"物质生产劳动";《资本论》和很多手稿则是围绕"雇佣劳动""剩余劳动""自主劳动"等展开论述的。劳动是问题的核心和关键,是马克思时刻关注劳苦大众命运、追求人类解放的使命之所在。单就哲学和人类学意义上的劳动而言,"劳动是人按自己的意志与意识去改变世界的有目的的活动,是人的目的不断对象化、对象世界不断人化的历史文化过程,是人在自由自觉地改变自然中既创造对象世界又创造人本身的社会过程,人之所以存在的依据"。恩格斯在《劳动在从猿到人转变过程中的作用》中指出:"劳动和自然界在一起才是一切财富的源泉,自然界为劳动提供材料,劳动把材料转变为财富。但是劳动的作用还远不止于此。劳动是整个人类生活的第一个基本条件,而达到这样的程度,以致我们在某种意义上不得不说:劳动创造人类本身。"劳动不仅创造了人类,也是人类的本质特征和存在方式,并推动着社会历史滚滚向前发展。也正因如此,"任何一个民族,如果停止劳动,不用说一年,就是几个星期,也要灭亡,这是每一个小孩子都知道的"。所有物质财富和精神财富的生产都必须通过劳动来创造,正如习近平同志所指出的:"人民创造历史,劳动开创未来。""实现我们的奋

---

① 《习近平谈治国理政》,外文出版社,2014,第4页。

斗目标,开创我们的美好未来,必须紧紧依靠人民、始终为了人民,必须依靠辛勤劳动、诚实劳动、创造性劳动。"教育事业培养的人才是德智体美劳全面发展的社会主义的接班人。苏霍姆林斯基认为,"离开劳动,不可能有真正的教育"。他倡导劳动教育要贯穿、渗透于一切学校教育之中国。劳动是培养人、塑造人的关键途径,甚至是最主要、最根本的手段。在教育体系中,学生只有通过劳动,才能充分发挥个人的才干和智力。"劳动是一种极为复杂的现象,它可以揭示人的思想、情感、智力、美感、心理状态、创造精神,揭示教育和自我教育的意义。人生育人,而劳动则把人造就成真正的人。"[1]劳动与教育是密不可分的,不存在也不应该存在不含有劳动因素的教育。因此,劳动教育不是孤立存在的,是要和德育、智育、体育、美育互相交织、有机联系形成促进人的全面发展的现代人才培养体系。

劳动教育是全面教育体系的重要组成部分,劳动教育与德育、智育、体育、美育既密切联系又各有特点。劳动教育在整个学校的教育体系中处于最为突出的重要地位,它决定了劳动教育的自身课程体系建设应汲取德育、智育、体育、美育之精华,让学生在劳动教育的载体上以德育中塑造的世界观、人生观、价值观为指引,以体育中练就的顽强毅力和坚强体魄为基础,充分发挥在智育中培养的专业技能,呈现美育熏陶下的劳动成果,让学生在能够尽情发展其自身能力、展现其创造力的普遍性和连续性劳动中,真实体验劳动所带来的尊严感、幸福感和价值感。这体现了劳动可以树德、增智、强体、育美。但五育又各有侧重,不能彼此替代。德育侧重于解决学生"对世界怎么看"的问题,体现"善"的要求;智育侧重于开发学生"改造世界的能力",体现"真"的要求;体育为学生"看世界、改造世界"提供身体机能支撑,体现"健"的要求;美育注重学生"看世界、改造世界"过程中的心灵塑造,体现"美"的要求;而劳动教育侧重于用系统的科学知识与技能的教育教学来加强对学生劳动知识与技能的教育,为培养学生的劳动态度、劳动习惯、劳动品德和劳动价值观奠定坚实基础,体现"实"的要求[2]。将劳动教育与德智体美教育并列,既是对劳动教育本身的有效加强,也是对德智体美教育的有力支撑,劳动教育应该独立为完善人才培养目标、支持德智体美教育的重要平台。

劳动情怀是建立在对劳动正确认知的基础上,经过长期实践而逐步形成的、升华为个人价值观层面的、较为稳固的劳动态度、劳动情感、劳动品

---

[1] 蔡汀等:《苏霍姆林斯基选集》(第1卷),教育科学出版社,2017,第624页.
[2] 刘向兵:《新时代高校劳动教育的新内涵与新要求——基于习近平关于劳动的重要论述的探析》,《中国高教研究》2018年第11期.

德、劳动习惯、劳动价值观等内容的总称。具体来说,劳动态度一般指一个人对劳动尊重热爱或是鄙视反感的直接心理倾向,往往直接体现于一个人的行为模式中。而劳动情感,则是指一个人基于感情满足需要的程度而形成的对劳动的良性心理体验和情感依赖关系。实践表明,只有具有正确劳动态度和丰富劳动情感的人,才能自觉积极地投入到劳动中去并享受劳动所带来的诸多乐趣。劳动品德往往是人们在劳动过程中所表现出来的对他人、社会的稳定的心理特征或倾向,具有社会性特征,一个人的劳动品德水平能够直接反映其整体道德品质。劳动习惯则是经过经常性的劳动训练之后而得以巩固的劳动行为方式。良好的劳动习惯是建立在端正的劳动态度基础之上,同时又促进优良劳动品德的形成中。劳动价值观是人们在实现个人愿望、满足自身需要时对劳动的价值定位,既反映自身心理诉求,也直接影响其本人的实践路径,还决定了其劳动价值的最终归属。在生产实践中,当端正的劳动态度、优良的劳动品德、良好的劳动习惯和从事劳动所必须具备的知识、技术、体能、智力等因素有机结合,就能将劳动技能转化为劳动效率,从而源源不断地创造财富、产生价值。

## 二、劳动教育支撑高校立德树人的逻辑维度

习近平在全国教育大会上强调:"要在学生中弘扬劳动精神,教育引导学生崇尚劳动、尊重劳动,懂得劳动最光荣、劳动最崇高、劳动最伟大、劳动最美丽的道理,长大后能够辛勤劳动、诚实劳动、创造性劳动。"高校加强劳动教育,发挥劳动教育在育人功能上的塑造健全人格、锤炼高尚品格、磨炼顽强意志的重要作用,才能培养德智体美劳全面发展的社会主义建设者和接班人。

### (一)梦想实现维度

劳动教育发挥实现梦想的作用,有利于提高思想政治教育的实践性。通过劳动教育实现个人梦想,并为现实的政治任务、经济任务以及其他任务服务,是高校思想政治教育立德树人的基本要求。一方面,劳动教育是大学生实现梦想的必修课。习近平曾说过:"有梦想,有机会,有奋斗,一切美好的东西都能够创造出来。"也就是说,即使梦想再美丽、机会再繁多,如果没有辛勤奋斗,一切都是徒劳的,梦想与实现之间隔着"奋斗"的距离。大学生正处于人生中最有活力、最富激情、最具闯劲的青年阶段,只有依靠勤奋不辍、持之以恒的劳动,才能把人生梦想变成现实。然而一部分高校大学生嘴

上常挂"都行、没关系、可以";公共课不愿意上,专业课不认真听,考试来临之际依靠"画重点、转锦鲤、拜考神"等法宝;心中虚构一番人生宏伟蓝图却整天在宿舍睡懒觉,梦想永远只停留在梦里。劳动是实现个人梦想的必要手段,大学生应坚持在课堂教学、实验实践、自我学习等教育环节上付出辛勤劳动;在体味艰辛和挥洒汗水中磨炼自己,历练成艰苦奋斗、顽强拼搏的意志;在劳动实践和刻苦学习中塑造自己,养成认真敬业、自信自律的心理素质,把自己打造成高等教育的"优质产品"。

另一方面,大学生的个人梦想是中国梦的精彩音符。"近代以来,我国青年不懈追求的美好梦想,始终与振兴中华的历史进程紧密相连,中华民族伟大复兴终将在广大青年的接力奋斗中变为现实。"

当代大学生的"创业梦""成才梦""复兴梦"是中国梦的重要组成部分。"功崇惟志,业广惟勤"。大学生要在青年时代确立崇高的志向并为此终生奋斗和辛勤耕耘,梦想才会实现。今天,国际上中美贸易摩擦不断,国家对科技的依赖程度不断增强,实现中华民族伟大复兴的中国梦,很大程度上取决于科技创新能力的提高,取决于科研人员的素质。因此,大学生的刻苦学习、积极实践才为中国梦的实现提供牢固的现实基础和可靠的支撑力量。

## (二)价值引导维度

劳动教育发挥价值引导的作用,有利于加强思想政治教育的针对性。培育正确的劳动价值观是高校思想政治教育亟须解决的核心问题。目前,在大学生从小到大的成长过程中一直相对缺乏培育劳动价值观的土壤。在社会文化传统方面,一直受"万般皆下品,唯有读书高""劳心者治人,劳力者治于人"等传统的劳动伦理思想的影响;在家庭教育方面,新时代的大学生大多是独生子女,在生活中"饭来张口、衣来伸手",从小劳动意识和劳动能力没有得到很好的培养;在学校教育方面,新时代大学生大多是从幼儿园一路读到大学阶段,受高考指挥棒的影响,在应试教育下,长期脱离劳动实践,对劳动教育重视不够。这些因素就导致有相当一部分高校大学生对生活的认识和理解比较片面,心理素质差,不善于集体协作,考虑事情只会单纯地从"个体本位"思想的角度要求社会来满足其个人需要,而从未想过自己应该对社会应尽的义务。因此,在生活中遇到点挫折就会失望和悲观,乃至对生活丧失信心。为了解决上述问题,必须重视劳动教育,培养大学生树立正确的劳动价值观。

习近平指出:"青年的价值取向决定了未来整个社会的价值取向,而青年又处在价值观形成和确立的时期,抓好这一时期的价值观养成十分重要。"大学生正确的劳动价值观不仅直接影响在大学阶段的学习和生活,更

## 第四章 新时代大学生的劳动价值观

关系到走向工作岗位以后的就业倾向、价值取向、社会责任等方面的精神特质。但是,在劳动教育中,正确的劳动价值观不是一朝一夕、短期努力就能培育出来,而是要通过持之以恒、日积月累才能沉淀下来并固化为价值观。黑格尔曾指出:"通过劳动的实践教育首先在于使做事的需要和一般的勤劳习惯自然地产生;其次,在于限制人的活动,即一方面使其活动适应物质的性质,另一方面,而且是主要的,使其能适应别人的任性;最后,在于通过这种训练而产生客观活动的习惯和普遍有效的技能的习惯。"因此,大学生的劳动教育必须要培养他们的劳动态度、劳动习惯、劳动技能和劳动品德,才能最终树立正确的劳动价值观,从而为其将来走向工作岗位奠定坚实的基础。

### (三)实践育人维度

劳动教育发挥实践育人的作用,有利于拓宽思想政治教育的实现路径。思想政治教育不能仅通过理论说服人和书本教导人两种方式,还必须以实践为基础,通过实践来提高思想政治教育的有效度,增加思想政治教育的深度。劳动是联系知识与实际的纽带。劳动生活和劳动实践对于大学生来说,不但可以印证所学的课堂知识,把教科书的专业知识内化为个体认知,培育创新意识,而且还可以从具体的劳动过程中体会劳动的意义和快乐,发现和感悟关于生命、人生、价值等层面的道理,从而实现人的自由全面发展。

通过劳动实践大学生可以印证所学的知识,还可以利用劳动实践中所获得的感性知识进一步加深对所学知识的理解,开阔自己的视野,激发自己学习的热情和创造力。毛泽东指出:"现在这种教育制度,我很怀疑。从小学到大学,一共十六七年,二十多年看不见稻、菽、麦、稷,看不见工人怎样做工,看不见农民怎样种田,看不见商品怎样交换的,身体也搞坏了,真是害死人。"解决这个问题的唯一途径只有"上述两种人各自向自己缺乏的方向发展……"使两种人相互结合。"知识分子劳动化,劳动人民知识化"。单纯灌输式的专业课理论学习,容易使学生变得纸上谈兵,很难熟悉这些理论并将之运用到实际工作中。

大学生只有通过劳动实践,在手和脑的协调配合下,身和心对专业有了更深的体验领悟,在具体情境中创造性地分析问题、解决问题,不仅有利于培养创新意识、创新精神和创新能力,而且能够真正使在课堂上学习的显性知识转化为隐性知识,即在实践的过程中提高大学生个体的知识水平和能力素养。

## (四)以文化人维度

劳动教育发挥以文化人的作用方式具有间接性和潜在性,有利于增强思想政治教育的吸引力。现阶段大学生大多是处于18~22岁的年龄阶段,世界观、人生观、价值观仍然处在一个不稳定的状态,容易受到身边具体环境的影响。马克思认为:"人创造环境,同样,环境也创造人。"大学生正确劳动观的形成是大学生自身与各种社会、自然环境共同作用的结果。大学生会不知不觉地受到身边社会环境和物质环境的感染和熏陶。他们大学的大部分时光都是在学校里度过,因此高校重视劳动教育具有非常重要的价值,它不仅能够使劳动观教育贴近学生实际,增强学生的劳动认同,而且一定程度上还可以使学生在校园活动过程中受到潜移默化的教育。

目前,在劳动教育发挥以文化人作用的具体实施层面,大体上是"以理服人、以情感人、以行带人"的传统思路。所谓以理服人,就是教师"晓之以理",做传道"经师",用讲道理和摆事实的方法向学生进行劳动价值观的传递,解决受教育者的思想认识问题。同时还做立德"人师",引导学生树立正确的劳动价值观。所谓以情感人,就是对学生"动之以情",用真正为学生谋福利的情感去打动人的方法。比如,在学校管理上向学生倾斜,教育引导大学生培育劳动情怀。如高校在勤工助学、校园绿化、图书管理,以及助教、助管、助研岗位设置上给予大学生勤工俭学机会,让学生不仅能够培养良好的劳动习惯,而且能够实现劳有所得。这个方法的关键在于教育者能够真正地使受教育者感受到关心和关怀。所谓以行带人,就是"导之以行",是通过各种传播途径用榜样的事迹感染人的一种方法,如大学生身边的榜样引领、大学校园里艰苦奋斗的励志传奇、向上向善的动人故事、刻苦努力的勤奋模范;通过"大国工匠进校园"等活动形式,传播社会大力宣传的劳模故事,宣传大国工匠,让大学生能够近距离感受工匠精神和劳模精神,这种方式的关键就在于用模范优秀的劳动品格去影响人。目前,高校多角度、多层次地渗透劳动光荣、劳动伟大精神的校园文化建设已经成为新时期劳动教育的有效载体。

## 三、劳动教育在高校立德树人中的功能整合

劳动教育不是一蹴而就的,而是融于青少年成长成才的全过程。劳动教育具有鲜明的实践性特征,因此,劳动教育的有效开展既需要与人才培养体系有机匹配,又必须在现实行动中予以实施,从而实现对立德树人的支撑。

## 第四章　新时代大学生的劳动价值观

### (一)道德素养与日常实践结合

20世纪20年代,陶行知先生提出"社会即教育,生活即教育"的思想,现在这个教育理念依然适用。大学生正处于世界观、价值观和人生观形成的重要时期,生活阅历缺乏,基本生活技能欠缺,尚未完全形成对人生的深刻体验和感悟。劳动作为沟通主观与客观的中介,有助于大学生的道德素养获得全面成长。现在的大学生很多都是"不知稼穑之艰难,乃逸乃谚",即没有体验过农民"面朝黄土背朝天"的艰辛,生活上就会放纵和荒唐。只有亲身参与了日常劳动,才会深刻感受到生活的艰难,加深对劳动环节的认识,产生刻骨铭心的劳动印记。"一屋不扫,何以扫天下",大学生的主业是学习,没有大量的时间去田野中劳动实践,因此,必须在日常的学习生活中引导和强化。

一是加强学生的自我管理和自我服务能力培养。当代大学生大多缺乏独立生活的锻炼,自理能力较差,仍然过着"饭来张口,衣来伸手"的生活。在生活自理能力教育中,通过从洗衣、刷碗、拖地、擦黑板等简单自我服务劳动和校园草坪劳动体验等集体性劳动,在日常生活实践中体验人自身的力量,领悟到主体的自我价值和社会价值,从而能在实践中提升自己各方面的道德素养。

二是通过勤工俭学、公益劳动等日常管理进行劳动教育,让学生积极参与到劳动中去,提高道德素养。中国无产阶级教育家徐特立曾说过,"勤工俭学的意义还在于它能够培养和发挥青年的创造性和才能。如果我们给青年安排一条轻便的道路,他们只需饭来张嘴,上课就念书,什么也不管,这样我们就会害了青年,会使聪明人也变成傻瓜"。现在有些高校开设一项学生管理工作改革,投入专项经费设置勤工助学岗位,让学生负责校园环境卫生,去食堂做帮工,去打扫宿舍楼卫生,其中包括厕所卫生。让学生在参与美化和净化学校的劳动过程中,亲身体验"一粥一饭之不易,一丝一缕之艰辛",学会懂得劳动的艰辛,尊重劳动价值,尊重别人的劳动付出,养成吃苦耐劳的品格,培养良好的劳动习惯,获得一定的劳动技能,增强集体荣誉感。

### (二)专业学习与社会实践结合

雨果指出,未来将属于两种人:思想的人和劳动的人。由于思想属于脑力劳动,这两种人本质上是一种人。因此,在劳动教育的培育目标上要把握好专业学习和社会实践的结合,培养社会主义的建设者和接班人。

1. 劳动教育要渗透到专业课程中

在高校的专业课上,到处都有劳动教育的资源。在具体涉及劳动教育内容的相关文科课程中引导学生培育劳动情怀,树立正确的劳动价值取向。如在马克思主义基本原理课上,任课教师不仅讲述马克思主义哲学中对劳动的论述,还会讲述中国哲学中对劳动的论述,让学生从哲学层面品味劳动。在文学通史课上,有许多诗歌、散文、小说等形式的文学作品是关于劳动的描绘。任课教师在对作品的讲解过程中不仅要提高学生对作品的鉴赏能力,而且还要把劳动教育渗透进去,让学生感受到劳动教育的魅力;在没有具体涉及相关劳动教育内容的理科专业学习中,可以从发现某一原理或者探索某一实验的过程中,传递坚持不懈、吃苦耐劳、勇于探索真理的劳动情怀和劳动精神。

2. 劳动教育要渗透到社会实践中

在马克思看来,"生产劳动同智育和体育相结合,它不仅是提高社会生产的一种方法,而且是造就全面发展的人的唯一方法"。实践出真知,劳动教育必须超脱黑板上的教育,转化为行动教育。高校在劳动教育中,要加大对劳动情怀的培育,可以通过建设教学与科研紧密结合的实践教学基地以及学校与社会密切合作的校企办学等途径,增加实验实践教学课时,利用暑假和寒假的时间,组织学生参加社会实践活动,使学生在深入基层一线的过程中,懂得劳动光荣、劳动伟大的道理。如酒店管理专业的学生可以去实训酒店担任服务生、管理员,学习运作管理一家酒店,通过参加具体的劳动实践,让大学生切身体会劳动的艰辛,增长社会阅历,增加社会体验,增强社会竞争力。

## (三)创业就业与价值实现结合

大学生要顺应时代发展的要求,不仅要勤于学习,敏于求知,还要善于实践,勇于创新探索,在就业或创业的过程中,实现人生价值。

一方面,树立正确的择业观,增大就业满意概率,实现人生价值。择业观在很大程度上受劳动观影响。也可以说,有什么样的劳动观,就会有什么样的择业观。反过来,择业观的正确确立一定程度上也会促进正确劳动观的形成。目前,高校毕业生的人数不断攀升,就业创业工作面临严峻形势。与此相对应的是,一部分同学在择业时只盯着舒适型工作,漠视社会需求量大且服务性较强的行业以及制造业等一线工作;一部分同学在择业时存在功利主义倾向,把金钱作为衡量自身价值的首选标准;一部分同学宁愿在家"啃老"也不愿意去就业;还有一部分同学诚信意识匮乏,出现"频繁跳槽"和

## 第四章 新时代大学生的劳动价值观

"随意毁约"现象。因此,大学生必须通过劳动教育,树立正确的劳动价值观,形成自主多元的积极就业观,在实践中经风雨、见世面,在平凡岗位上创造不平凡的业绩。另一方面,创业是一种创造性劳动,是一个从无到有、从理念到行动、从不知到可知的劳动过程。在这个过程中,不仅需要了解新情况、解决新问题,而且需要苦干实干、勇于创新的激情和魄力。正如习近平总书记所说,"生活从不眷顾因循守旧、满足现状者,从不等待不思进取、坐享其成者,而是将更多机遇留给善于和勇于创新的人们。青年是社会上最富活力、最具创造性的群体,理应走在创新创造前列"。大学生正处在最富活力、最富创造力的人生阶段,他们理应成为创新的主体。我们要坚持创新创业教育,弘扬创造性劳动光荣的良好风气,保护并培养年轻人的批判思维,引导大学生敢于并善于打破常规,在实践中推陈出新,在就业创业上开创局面,在价值实现的过程中凝聚成促进社会发展、国家进步的强大动力。

### (四)锤炼品格与艰苦锻炼结合

大学生在艰苦锻炼的实践过程中不断锤炼品格,通过亲身感受和体验,不仅加深对主观世界和客观世界的认知,而且提升对未来人生规划中的主动性和创造性。一方面,劳动是锤炼品格、砥砺青春的"磨刀石"。劳动可以磨炼人的意志,增强人的自信,促进人的全面自由发展。习近平在谈及知青插队生活的经历时说过:"我当农民,学会了全套农活,是村里最好的劳动力之一。这段经历培养了我的意志和自信,使我感受到人世间没有受不了的罪,认为自己在逆境中能干出来、活出来。"人只有在劳动中能动地发挥聪明才智,才能真正地认识自己。通过劳动,特别是集体劳动和一些富有创造性的劳动,有助于培养和激发人的集体意识、责任意识和担当意识。同时,大学生也要在日常生活、学习中落实好敢于吃苦、勇于奋斗的精神。在生活上,提倡勤俭节约、艰苦朴素、反对铺张浪费的生活作风;在学习上,刻苦钻研、奋发图强、孜孜不倦地学习专业知识。另一方面,艰苦锻炼铸就干事的历史担当。正如习近平总书记回顾插队经历时所说:"7年上山下乡的艰苦生活对我的锻炼很大,后来遇到什么困难,就想起那个时候在那样的困难条件下还可以干事,现在干嘛不干?你再难都没有难到那个程度。"在恶劣的自然条件下,繁重的劳动生活能够磨炼其顽强拼搏的奋斗精神、坚毅刚强的意志品质和勇于担当的品格风范。作为大学生来说也同样适用,在创业就业的初始阶段都是艰辛的,只有拥有吃苦耐劳的拼搏、艰苦卓绝的努力,才有可能实现人生价值。而这些都需要树立正确的劳动观,展现热爱劳动、磨炼劳动意志的精神,拥有推陈出新的魄力和勇气,提起劳动意志克服一道道难关,真正承担起为中华民族的伟大复兴而奋斗的历史担当。

# 第四节　培育践行社会主义核心价值观

培育和践行社会主义核心价值观,事关道德风尚,事关社会的和谐与进步。利用丰富多彩的形式,广泛持久地涵养社会主义核心价值观,是全社会道德培育和道德实践活动的基础。

## 一、用劳模精神引领新时代大学生培育践行社会主义核心价值观

党的十九大报告提出,要"弘扬劳模精神和工匠精神,营造劳动光荣的社会风尚和精益求精的敬业风气""把社会主义核心价值观融入社会发展的各个方面,转化为人民的情感认同和行为习惯"。回顾历史,劳模评选表彰作为我国特有的一项制度,起源于中国共产党在陕甘宁边区时期的劳动生产运动,新中国成立后该制度一直沿袭下来。"奖励劳动模范和先进工作者"于1982年被写入宪法,之后劳模评选表彰逐步成为一种常态机制。纵观不同时期劳模的构成、劳模评选标准、评选范围及树立典型,均与当时的生产力发展水平、社会经济现状及劳动价值导向密切相关。劳模评选制度在与时俱进的同时,劳动模范一直是时代先锋,他们身上所承载和彰显的劳模精神一直发挥着引领作用,已成为社会主义核心价值体系的重要内容。

2015年,习近平总书记在庆祝"五一"国际劳动节大会上的讲话中指出:"劳动模范和先进工作者是坚持中国道路、弘扬中国精神、凝聚中国力量的楷模,他们以高度的主人翁责任感、卓越的劳动创造、忘我的拼搏奉献,为全国各族人民树立了学习的榜样。"劳模精神作为民族精神与时代精神的集中体现,在文化传承、爱国情怀、道德提升、教育导向等方面,与社会主义核心价值观均具有高度的契合性和一致性,是对社会主义核心价值观的生动诠释。高校弘扬劳模精神,有利于引导青年大学生树立正确的劳动价值观,涵养深厚的劳动情怀,成为德智体美劳全面发展的中国特色社会主义事业合格建设者和可靠接班人。

## 第四章　新时代大学生的劳动价值观

### （一）劳模精神的内涵演进与内在逻辑

劳动模范评选制度起源于陕甘宁边区评选劳动英雄和模范工作者运动。一方面，劳模评选制度随着革命、建设的主题任务改变而相应改变，每一时期都产生了一批彰显时代特征的劳动模范，劳模精神内涵也相应地被赋予特有的时代元素，这充分体现了事物发展中"变"的特质。另一方面，劳模作为时代的领跑者，劳模精神作为时代精神的集中体现，引领社会大众投身于社会主义建设事业的价值导向作用不曾改变，这又充分体现了规律性的"不变"的特质。

#### 1. 劳模精神的内涵演进

陕甘宁边区政府时期，我国正处于抗日战争阶段，劳动英雄和先进生产者主要来自农业、机关和军队，主导思想是"服务战争"，劳模精神则是"为革命献身、革命加拼命、苦干加巧干、经验加创新"。新中国成立之初的劳模主要来自工业战线的基层，一线产业技术工人是主流，评选出来的劳模通常是具有熟练的操作技能，良好的生产能力的"老黄牛式"的技术工人。王进喜、时传祥、张秉贵、倪志福是这一时期代表人物，劳模精神的内涵则演变为"艰苦奋斗、自力更生、无私奉献"。20世纪70年代末至80年代末，开始采用生产力标准评选劳模，林巧稚、陈景润、邓稼先等科研工作者成为代表人物。这一时期的劳模不仅具有无私奉献、拼命苦干的"老黄牛"精神，更强调其对生产力发展的促进作用和对改革开放事业的突出贡献。

进入常态化制度化时期，大部分劳模渐渐具有"知识型、创新型、技能型、管理型"等特点，许振超、包起帆、孔祥瑞、巨晓林等一大批高技能人才成为劳动模范的代表人物。2005年4月28日，胡锦涛在全国劳模表彰大会上指出，"一代又一代先进模范人物，以自己的实际行动铸就了'爱岗敬业、争创一流、艰苦奋斗、勇于创新、淡泊名利、甘于奉献'的伟大劳模精神"，这是首次用24个字对劳模精神进行生动概括。至此，劳模精神的内涵形成完整表述。之后，在2010年和2015年的全国劳模和先进工作者表彰时，都用了这一固定表述来阐释和宣传劳模精神。

劳模精神是指劳动模范和先进工作者身上所承载与彰显的精神，随着时代变迁，其内涵也相应得到丰富发展。从初期强调"艰苦奋斗、勇于奉献"的"老黄牛"精神，到新时代融入创新精神和工匠精神，劳模精神始终体现出劳动价值的时代导向。新时代背景下，劳模精神成为习近平新时代中国特色社会主义劳动思想的重要组成部分。习近平总书记先后这样阐述劳模精神，"丰富了民族精神和时代精神的内涵，是我们极为宝贵的精神财富""生动诠释了社会主义核心价值观,是我们的宝贵精神财富和强大精神力量""是伟大时代精神的生动体现"。这些重要论述既强调了劳模精神作为中国特色社会主义精神文化财富的重要意义,更凸显了劳模精神的时代价值。

2. 劳模精神的内在逻辑

"爱岗敬业、争创一流,艰苦奋斗、勇于创新,淡泊名利、甘于奉献"构成了劳模精神的丰富内涵。就其内在逻辑而言,"爱岗敬业、争创一流"是劳模的奋斗目标;"艰苦奋斗、勇于创新"展现了劳模的精神风貌;"淡泊名利、甘于奉献"体现了劳模的思想境界,三方面相辅相成、互为补充。"艰苦奋斗、勇于创新"的精神风貌是实现"爱岗敬业、争创一流"的奋斗目标的基础,"淡泊名利、甘于奉献"的思想境界又是展现"艰苦奋斗、勇于创新"的精神风貌的必要条件。这就要求,新时期劳模精神应具有敬业、创新和奉献三方面的特质。敬业是劳模精神的核心,所有劳模应具备脚踏实地、求真务实的敬业精神;创新是时代赋予劳模精神的新内涵,新时期劳模不仅是敬业奉献"老黄牛",更应当是知识型、技能型、创新型人才的典范;奉献则是劳模精神的主旋律,任何时代的劳模都需具有默默奉献、勇于付出、不计回报的精神特质。

爱岗敬业、争创一流是劳模精神的本质特征,体现了劳模对国家、社会、职业的高度的责任感、使命感和舍我其谁的主人翁精神。艰苦奋斗、勇于创新是劳模精神的品质体现,劳模是辛勤劳动、诚实劳动、创造性劳动的实践者,他们奋发图强、敢为人先,在实现中华民族伟大复兴的征程中彪炳史册。淡泊名利、甘于奉献则是劳模精神的价值追求,随着时代变迁,劳模精神的内涵不断丰富发展,但劳模精神的价值追求和精神引领未曾改变,每一时期的劳模都不计名利、甘于奉献,在体现党和国家价值导向的同时,带领着更多人积极投身于社会主义建设事业。

## (二)劳模精神与社会主义核心价值观

从文字表述上看,劳模精神的内涵与社会主义核心价值观既有区别,又有联系。从内涵的形成过程来看,二者产生的时代背景不同,但它们的精神实质却高度契合,相互融通,都已成为社会主义核心价值体系的重要内容。

1. 劳模精神和社会主义核心价值观具有共同的文化归属

从陕甘宁边区政府开始,中国共产党在实践中逐步探索出一套评选、表彰、宣传、推广模范人物和先进经验的劳模评选制度。新中国成立后,该制度一直沿袭下来,1982年,"国家提倡社会主义竞赛,奖励劳动模范和先进

## 第四章　新时代大学生的劳动价值观

工作者"被写入宪法,成为一项长期坚持的特色制度。

纵观不同时期劳模的构成,劳模评选标准、评选范围及选树典型,均与当时的生产力发展水平、社会经济现状及劳动价值导向密切相关。这些劳动模范一直是时代先锋和行动楷模,他们身上所承载的劳模精神一直发挥着引领作用,是革命文化的重要内容和生动体现,已成为社会主义核心价值体系的重要组成部分。

党的十八大报告提出"富强、民主、文明、和谐、自由、平等、公正、法制、爱国、敬业、诚信、友善"的社会主义核心价值观,这24个字从国家、社会和个人三个层面概括和凝练出了社会主义核心价值的目标,三个层面相辅相成、互为补充,体现了社会主义核心价值体系的根本性质和基本特征,反映了社会主义核心价值体系的丰富内涵和实践要求,是社会主义核心价值体系的高度凝练和集中表达。它传承着中国优秀传统文化基因,寄托着近代以来中国人民上下求索、历经千辛万苦确立的理想和信念,也承载着每个人的美好愿景。这一价值观是社会主义先进文化的具体体现,也是中国特色社会主义文化的实践成果。

党的十九大报告指出,"中国特色社会主义文化,源自于中华民族五千多年文明历史所孕育的中华优秀传统文化,熔铸于党领导人民在革命、建设、改革中创造的革命文化和社会主义先进文化,植根于中国特色社会主义伟大实践。"可见,中国特色社会主义文化由中华优秀传统文化、革命文化和社会主义先进文化三大部分组成。彼此的逻辑是,劳模精神与社会主义核心价值观都是中国特色社会主义文化的重要内容,二者都彰显着共同的价值追求。

2. 劳模精神与社会主义核心价值观内在相通

2014年4月28日,习近平总书记在表彰全国劳动模范和先进工作者大会上深刻指出:"'爱岗敬业、争创一流,艰苦奋斗、勇于创新,淡泊名利、甘于奉献'的劳模精神,生动诠释了社会主义核心价值观,是我们的宝贵精神财富和强大精神力量。"一代又一代劳模用实际行动生动诠释了社会主义核心价值观:作为个体,他们以"爱国、敬业、诚信、友善"为行为准则,是个人践行的典范;作为公民,他们以"自由、平等、公正、法制"为社会价值取向,是价值引领的载体;宏观而言,他们以"富强、民主、文明、和谐"为奋斗目标,将"小我"融入国家发展的潮流中,是价值实现的楷模。

劳模精神与社会主义核心价值观都已成为中国特色社会主义核心价值体系的重要组成部分,二者在很多方面具有高度契合性。在文化传承方面,劳模精神和社会主义核心价值观均根植于中华优秀传统文化和社会主义先进文化的沃土,成为构筑中国精神、中国价值、中国力量的重要基石。在爱国情怀方面,"热爱国家"是劳模评选的首要条件,而"爱国"是社会主义核心价值观的第一个基本理念,这既是标准,又体现共同价值导向。在道德提升方面,劳模精神包含的"敬业、创新、奉献"品质,与社会主义核心价值观倡导的公民基本道德标准,在公民德育教育的目标定位上具有一致性,都是德育教育的重要内容。在教育导向方面,劳模精神在不同历史时期都起到了调动社会情绪、整合社会力量、增添人民信心、鼓舞人民斗志的积极作用;社会主义核心价值观则是当代中国精神的集中体现,凝结着全体人民共同的价值追求,这两者都是社会主义核心价值体系的重要内容,具有共同的文化整合功能和教育导向功能。由此可见,二者相融相通、相辅相成。

2018年4月30日,在"五一"国际劳动节来临之际,习近平总书记给中国劳动关系学院劳模本科班学员回信,向他们并向全国所有劳动模范、全国广大劳动者致以节日的问候。总书记的回信,让参与写信的38名劳模本科班学员群体热血沸腾,引发了中国劳动关系学院全体师生和广大校友的强烈反响,更让广大劳动者深感振奋、倍受鼓舞。习近平总书记近300字的回信,内涵深刻、意义重大,是一个载入劳模教育史册的里程碑。在回信中,既褒扬劳动模范为党和国家事业发展作出的突出贡献,表达了党和国家对劳动者的殷殷关怀,又以"干在实处"的劳动精神,勉励广大劳动模范珍惜荣誉、努力学习、继续拼搏、再创佳绩,以劳动模范的干劲、闯劲、钻劲激励广大劳动群众争做新时代的奋斗者;还强调了"劳动最光荣、劳动最崇高、劳动最伟大、劳动最美丽"的价值理念,并倡导全社会尊敬劳动模范、弘扬劳模精神,让诚实劳动、勤勉工作蔚然成风。总书记的回信充分体现了以人民为中心的发展思想和全心全意依靠工人阶级的方针,充分体现了对劳动模范和广大职工的亲切关怀和殷切期望,充分体现了对劳动精神、实干作风的有力倡导。人民创造历史,劳动开创未来。

中国特色社会主义进入新时代,中国人民将以"实干兴邦"的劳动精神继续谱写中国特色社会主义伟大事业的新史诗,继续谱写中国特色社会主义伟大事业的新篇章,焕发出人民创造历史的强大生命力。在迈向新征程、实现新目标的进程中,需要弘扬劳动的精神价值、唱响劳动的时代赞歌,以拼搏赓续传统、以奋斗开创明天。

### (三)高校弘扬劳模精神的积极意义

习近平总书记深情指出,"幸福不会从天而降,梦想不会自动成真""幸福都是奋斗出来的""世界上没有坐享其成的好事,要幸福就要奋斗",这都是习近平总书记在新时代为开启新征程、实现新目标而向全体劳动者发出

## 第四章 新时代大学生的劳动价值观

的奋斗召唤。当代大学生可谓生逢其时、适得其势,精力充沛、朝气蓬勃,大学阶段也是敢于有梦、勇于追梦、勤于圆梦的最好阶段,大学生的"成才梦""创业梦""报国梦"必将为实现中华民族伟大复兴的中国梦不断注入活力。2014年"五四"青年节之际,习近平总书记在北京大学师生座谈会上深刻阐述了社会主义核心价值观的重大意义、丰富内涵和实践要求,并深情指出:"青年的价值取向决定了未来整个社会的价值取向,而青年又处于价值观形成和确立的时期,抓好这一时期的价值观养成十分重要。人生的扣子从一开始就要扣好。"高等院校是培养中国特色社会主义合格建设者和可靠接班人的重要阵地,在高校中弘扬劳模精神,能够发挥榜样引领作用,为大学生德育教育提供生动形象的案例,实现润物无声、潜移默化的教育效果,对完成立德树人的根本任务和培养担当民族复兴大任的时代新人具有积极意义。

1. 弘扬劳模精神有利于构建引导大学生培育践行社会主义核心价值观的有效载体

劳模精神既是民族精神、时代精神、中国精神的重要组成内容和集中体现,又是社会主义核心价值观的具体化。建立劳模精神引领的长效机制,让这些精神进课堂、入头脑,融入大学生的日常生活,将为引导大学生培育践行社会主义核心价值观提供鲜活素材和有力支撑,从而使大学生能够近距离感知领悟劳模精神,传播践行社会主义核心价值观。

2. 弘扬劳模精神有利于深化当代大学生的爱国情怀

无私奉献是劳模精神的主旋律,从革命战争时期到社会主义建设探索时期,再到改革开放时期,历代劳动模范和先进工作者都彰显着深厚的爱国情怀。在高校中弘扬劳模精神,有助于大学生正确理解甘于奉献的含义,正确认识个人与集体和国家的关系、理想与现实的关系,从而激励当代大学生志存高远,在国家发展和民族复兴中规划青春、奋力拼搏、奉献自我,投身于时代发展的滚滚洪流之中。

3. 弘扬劳模精神有利于培养当代大学生的敬业精神

爱岗敬业是劳模评选的首要条件。在高校中弘扬劳模精神,宣讲劳模先进事迹,有利于大学生正确看待体力劳动和脑力劳动的分工,正确看待不同职业之间的收入差异,正确理解付出与回报的辩证关系,从而确立正确的劳动价值观,践行社会主义核心价值观。此外,一些新时代劳模的事迹和精神,还能够帮助大学生理性面对创新创业中遇到的困难挫折,激发大学生攻坚克难的斗志,促进大学生充分就业。

**4. 弘扬劳模精神有利于拓展高校培育践行社会主义核心价值观的实践路径**

劳动在育人中发挥着塑造健全人格、磨炼顽强意志、锤炼高尚品格的重要作用。通过弘扬劳模精神,促进学校教育同生产劳动、社会实践有机结合,为大学生提供更多机会认识国情、了解社会,让广大青少年在投身实践、亲身参与中体悟劳模精神,在增长才干和磨炼意志中感受劳动所带来的收获和乐趣,逐步形成尊重劳动、热爱劳动的真挚情感。

## (四)高校弘扬劳模精神的长效机制

榜样的力量是无穷的,榜样教育具有示范、激励、导向、调整、自律和矫正等多种功能,在大学生思政教育中发挥着重要作用,是高校加强思想政治工作的有效途径。2010年,教育部曾专门下发《关于组织开展劳模进校园活动的通知》(教思政厅函[2010]17号),要求高校广泛开展劳模进校园活动,引导广大青少年学生学习领会劳模精神。在高校建立劳模精神引领机制,让大学生有机会近距离接触劳动模范、感受劳模精神、聆听劳模故事、观摩精湛匠艺,有利于充分发挥劳模先进事迹和优秀品质的感召作用,从而引导青年大学生培育勤奋学习、勤于钻研、勤勉敬业的精神,自觉践行社会主义核心价值观。需要指出的是,对于青年大学生而言,劳模不仅包括社会上各个行业中涌现出来的劳动模范和先进工作者,更应该包括身边的优秀教师、教学名师、德育先进工作者等教育系统的劳动模范。就比较优势而言,身边的劳模教师更熟悉教育规律,能够准确把握青年大学生的特点,而且这些劳模工作和生活在高校校园,就在大学生身边,更容易被大家所感知。

**1. 信念引领机制**

把劳模精神融入大学生入党教育中,在业余党校、入党积极分子培训、思想汇报、发展对象培训等环节中,利用多种载体、多种形式宣讲劳模精神和先进事迹,定期邀请德高望重的老教授或获得杰出成就的教学名师与青年大学生座谈,请他们讲述自己的求学经历和一路走来的心路历程,引导大学生深刻理解劳模精神、端正入党动机、坚定理想信念、培育奉献精神。大学生党员是大学生中的优秀分子,在大学生群体中起着先锋模范作用和榜样引领作用,学生党员的一言一行、一举一动直接影响着周围同学。如果大学生党员能够成为践行社会主义核心价值观的楷模,就会带动更多大学生培育践行社会主义核心价值观。

## 第四章　新时代大学生的劳动价值观

2. 日常示范机制

高校辅导员、班主任和德育导师承担着对学生进行思想政治教育和日常行为管理的重要职责,他们也是与学生接触最多、联系最为密切、最受学生信任的一个群体,对大学生成长成才具有示范指导作用。

可从本行业或本地区聘请一些"知识型、技能型、创新型"的劳动模范担任兼职辅导员、兼职班主任或德育导师,定期邀请劳动模范到学校参加"劳模伴我成长""我心中的劳模"等主题团日活动,增强大学生对劳模精神的认同感和亲近度。加强劳模与大学生的互动交流,用劳模自身的言谈举止潜移默化地感染学生,为大学生树立学习标杆。通过与劳模的现实交往,让大学生感受到劳模作为普通人的酸甜苦辣和情感世界,进而让劳模变得可亲可爱可敬,使劳模精神不再遥远、更有感染力。

3. 故事分享机制

劳模既折射出时代变迁对一个人命运的影响,也反映出家庭、单位、社会等多种因素综合作用的途径及结果。通过事迹材料和媒体宣传来认知劳动模范,很多时候劳模会被脸谱化、概念化,而通过有意识、有针对性的故事讲述,可以获取更多无法在事迹材料中得到的信息,从而能够更加全面、深入、细致、准确地了解劳模的成长历程及优秀品质的形成过程。高校应积极响应教育部"劳动模范进校园活动"通知要求,坚持举办"劳模大讲堂""大国工匠进校园"等主题多元、形式多样的活动,定期邀请全国知名劳模、大国工匠到学校为广大青年学生做专场报告,讲述发生在劳模身上的精彩故事,现场展示高超技艺,畅谈亲身经历,使广大学生可知、易感、能学,从而引导青年大学生崇敬劳模、学习劳模,崇尚劳动、热爱劳动,让劳模精神成为青年大学生成长成才的精神动力。

4. 实践育人机制

中国制造向中国创造转型需要大量的创新型、应用型人才。在高校的人才培养过程中,实践教学可以最大限度地发挥学生潜能,持续提升大学生学习知识、应用知识、创新创业的能力;实践养成是社会主义核心价值观教育的目的和归宿,可以帮助大学生发挥主体性作用,把所学理论转化为实际行动。高校可结合开设专业,找到一些与特色专业密切相关的劳动模范或大国工匠,并积极与其所在工作单位联系,建设一批具有劳模特色的教学实践基地。每年利用寒暑假或教学实践周带领大学生到劳模所在单位进行社会实践,体验劳模的成长环境,探寻劳模的成长历程,聆听劳模同事讲述劳模故事,在真实环境中亲身感受劳动模范的奉献精神和创造精神,激发大学生奉献社会和创新创造的热情。

5. 以文化人机制

劳模精神已经成为中国特色社会主义文化的重要组成内容。在高校校园文化建设中,应建立劳模文化展示机制,大力宣传劳模精神。在橱窗、教室、走廊、餐厅、图书馆等学生出入频繁的地方,以图片、实物、文字、视频等多种形式展示我国各行各业劳动模范和大国工匠的成长故事、非凡业绩,使劳模精神融入学生日常学习生活,生动自然地传播劳模精神、工匠精神,引导大学生塑造"崇尚一技之长,不唯学历凭能力"的新时代劳动价值观。此外,基于大学生是网民重要组成部分的客观实际,充分运用新媒体技术使劳模精神活起来,利用官方微信、微博、网站等广泛传播劳模故事,鼓励大学生积极参与互动、搜集或拍摄身边劳模的鲜活素材在网络上展播,增强劳模精神的时代感和吸引力。

中国特色社会主义伟大事业需要依靠一代又一代中国人的辛勤劳动、接续奋斗来实现。青年一代有理想、有本领、有担当,国家就有前途,民族就有希望。我们应以习近平总书记的回信精神为指引,进一步弘扬劳模精神,用劳模的先进事迹和优秀品质感召青年大学生勤奋做事、勤勉做人,激励青年大学生以敢闯敢试的勇气、激荡自我的智慧、舍我其谁的担当,勇做新时代的见证者、开创者、建设者,以饱满的奋斗热情、昂扬的拼搏斗志,争做新时代的奋斗者!总而言之,引导当代大学生培育践行社会主义核心价值观是高校立德树人、育人铸魂的使命所在,也是培养社会主义事业合格建设者和可靠接班人的关键环节。而劳模精神则是对社会主义核心价值观的生动诠释,在高校建立劳模精神的弘扬引领机制,可以为劳模精神在高校校园文化建设中落地生根、开花结果奠定坚实基础,帮助青年大学生"扣好人生第一粒扣子"。

## 二、构建以培育正确劳动价值观为导向的劳动教育实施体系

回顾新中国成立以来劳动教育的历史演变不难看出,我国劳动教育的推进与实施表现出明显的外生性特点。正是这种外生性特点导致我国的劳动教育即使有时候很努力,效果有时并不理想。我国劳动教育的外生性特点既表现为驱力的外生性,又表现为目的的外生性。立足劳动培养人的核

心价值观,建构具有内在生命力的劳动教育是今天加强劳动教育的当务之急。

## (一)建构具有内在生命力的劳动教育体系

劳动教育驱力外生性的典型表现是,劳动教育每一次受到重视都源于重要国家领导人的讲话推动。20世纪50年代,根据毛泽东的讲话精神,"教育与生产劳动相结合"被写进了党的教育方针;20世纪80年代,根据邓小平同志的讲话精神,学界展开了关于教育方针的大讨论与新时期教劳结合的研究,在实践中则加强了中小学劳动技术教育的课程化和规范化建设;20世纪90年代,根据江泽民讲话中对创新能力和实践能力的强调,"与生产劳动和社会实践相结合"成为新时期的教育方针;2010年,根据胡锦涛在全国劳动模范和先进工作者表彰大会上的讲话精神,教育部颁发了《关于组织开展劳模进校园活动的通知》;2015年,根据习近平总书记系列讲话精神,出台了《关于加强中小学劳动教育的意见》。中央领导人的强调与重视无疑是推进劳动教育的强大动力,但如果劳动教育的推进动力主要来自领导指示,而不是实现人的全面发展的教育目的内在驱动的话,劳动教育就难以摆脱身世浮沉的命运,难以建立起健康稳定的运作体系。

劳动教育的目的外生性典型表现为服务社会发展的外在目的论取向。教育作为培养人的社会活动,其内在目的应该是培养人的身心素质,进而达成服务社会的外在目的。通过科学的教育教学体系,实现以劳树德、以劳增智、以劳强体、以劳育美、以劳创新,促进学生身心全面发展才是劳动教育自身应有的内在目的。但反思我国劳动教育推进的过程可以发现,教育必须满足社会政治经济发展需要,但这种满足应以尊重教育规律、促进人的发展为前提。如果让各种外在目的凌驾于人的全面发展的内在目的之上,就会造成劳动教育的种种异化,使其"被'妖魔化'为惩罚的手段,扭曲为改造学生思想的工具,窄化为培养学生技能的训练,遮蔽了劳动的本真教育意蕴"。

关于劳动教育实施不力的原因,中华人民共和国成立之初,人们将其归咎于"劳心者治人,劳力者治于人"的传统观念;20世纪50年代中期,归因于教育指导思想上的错误;20世纪六七十年代,归咎于资产阶级白专道路的毒害;20世纪八九十年代,则归咎于应试教育下片面追求升学率的办学导向;进入21世纪以后,更是被归因于应试教育的积重难返、陈旧的社会观念、社会转型期不良文化价值观的影响、独生子女问题等各方面原因。我们认为,上述种种说法都是在走外在归因的老路。当前,我们需要思考的真正问题是,在教劳结合的方针已确立近60年的今天,在劳动教育课程化、规范化、体系化的实践努力已探索半个多世纪的今天,为什么依然会出现上述种种现象。因为,真正有内在生命力的劳动教育是可以顶住种种被扭曲的压力健康成长并为建构更加公平合理的社会作出贡献的。

具有内在生命力的劳动教育,以在劳动中体知真善美为生命之根。劳动绝不只是谋生的手段。在马克思看来,在人与自然的关系上,劳动是人的本质力量对象化于客体的过程,它天生就具有认知上求真的意蕴;在人与社会的关系上,劳动产生于并丰富着人与人之间的社会关系,它自然就带有伦理上求善的意蕴;在人与自身的关系上,劳动不仅是个体获得物质生活资料的前提,更是确证自己的审美能力、创造能力和存在价值的主要手段,它本身就具有成人上求美的意蕴。正是在这个意义上,苏霍姆林斯基坚持认为"离开劳动,不可能有真正的教育","如果学生只知享用由社会创造并提供给学校的那些物质和精神财富,就不可能产生真正的教育","只有当一个人认识到在劳动中有一种比获得满足物质需要的资料更重要的东西,即精神创造及自身才能和天资的发挥,只有在那时候,劳动才能成为快乐的源泉"。因此,有生命力的劳动教育既不是技术训练的手段和获取经济利益的方式,也不是思想改造的工具和规训惩罚的手段,而是让学生发现自己的才能和天资,体验到荣誉和尊严。习近平总书记要求我们"要教育孩子们从小热爱劳动、热爱创造,通过劳动和创造播种希望、收获果实,也通过劳动和创造磨炼意志、提高自己"。具有生命力的劳动教育,正是要想方设法让孩子在劳动中真切感受到播种希望、收获果实、磨炼意志、提高自己的快乐,从而由衷地热爱劳动、热爱创造。

具有内在生命力的劳动教育,以德智体美劳诸育有机融合为生命之壤。劳动是培养德智体美全面发展的人的最佳载体。要使这一载体充分发挥作用,就必须"使智育、体育、德育、劳动教育和审美教育深入地相互渗透和互相交织,使这几方面的教育呈现为一个统一的完整过程"。这种相互渗透、互相交织绝不仅仅指在各科教学中加大劳动观念的培养和劳动技能的训练。劳动教育的特殊性决定了劳动教育自身课程体系的搭建及每一次劳动活动的设计与组织都应全方位挖掘其智育、德育、体育和美育价值,让学生在多样化的、能够充分发挥和发展其个性的、体现其创造性、普遍性和连续性劳动中,由衷体验到劳动所带来的尊严感、幸福感和价值感。从这一点上讲,有学者建议的"以劳动技术教育为平台,充分发挥劳动技术教育的主体性、引领性、学科性的优势,恰当地引进研究性学习方式,注重信息技术手段的运用,整合发展其他教育资源和学习板块",不失为以劳动教育为统摄,建构五育融合之壤的有效途径。

具有内在生命力的劳动教育,以培养正确的劳动价值观为生命之干。劳动教育的目标固然可以很多,掌握劳动技能、养成劳动习惯、提高动手能

## 第四章　新时代大学生的劳动价值观

力等,但劳动教育最核心、最本质的目标只能是"培育学生尊重劳动的价值观,培育受教育者对于劳动的内在热情与劳动创造的积极性等劳动素养"。因为,对于个人而言,有了真正的劳动的内在热情和积极性,就有了一生幸福的根本;对于社会而言,有了真正的劳动的内在热情和积极性,才会有健康和谐的风气。正如苏霍姆林斯基所说,"社会性进步和道德进步,取决于组成这个社会的人们如何看待劳动,把劳动看作什么——仅仅是获取物质福利的手段,还是有充分价值和丰富内容而又有趣的精神生活的条件。"如果一个社会的全体成员,仅仅把劳动视为获取物质福利的手段,而不是实现自我价值,获得成就感和满足感的精神需要,自然就会出现自私自利、拜金主义、投机钻营、为富不仁等种种社会乱象。因此,在劳动教育的目标上切不可舍本逐末。劳动价值观的培育是普通教育中劳动教育的核心与主干,劳动技能的学习、动手能力的提高等则是劳动教育需要关注的枝叶,分清主次,科学搭建不同阶段劳动教育的目标体系,才能引导劳动教育的生命之树茁壮成长。

### (二)明确新时代劳动教育的主要内容

坚持劳动教育是我党教育的优良传统。新中国成立以来,我国的劳动教育既积累了丰富的经验,也出现过偏颇与失误。新时代全面加强劳动教育,不是新中国成立初期劳动教育的简单"回归",更不是要回到过去放弃课堂去学工、学农、种地的模式,而是要从新时代劳动者在思想、心理、伦理、知识技能、行为等方面应具有的品质入手,系统设计劳动教育内容,全面提升青少年劳动素养。

#### 1. 树立"四最"劳动价值观

"劳动最光荣、劳动最崇高、劳动最伟大、劳动最美丽",是习近平总书记对新时代劳动价值观的明确定位。这一定位是对马克思劳动创造世界、劳动创造历史、劳动创造人本身的劳动价值观的继承与发扬,也是对新形势下出现的种种拜金主义、享乐主义、投机主义思潮的拨乱反正。根据青少年发展的阶段性,循序渐进地教育引导大中小学生理解、体验劳动的永恒价值与时代新意,逐步树立"四最"劳动价值观,是新时代全面加强劳动教育的第一要义。

树立"四最"劳动价值观,需要教育引导青少年充分认识"人民创造历史,劳动开创未来,劳动是推动人类社会进步的根本力量"的真理性意义;切实明白为什么教育与生产劳动和社会实践相结合"是造就全面发展的人的唯一方法",体验到在劳动中播种希望、收获果实、磨炼意志、提高自己的快乐;深刻理解按劳分配是实现社会正义的基本原则,鄙视"不劳而获""少劳多获"的投机思想;正确认识新时代劳动的复杂性与多样性,由衷认同"一切劳动,无论是体力劳动还是脑力劳动,都值得尊重和鼓励"的道理,切实改变轻视体力劳动和体力劳动者的错误心态;深入理解为什么"尊重劳动"为"四个尊重"之首,不能离开"尊重劳动"去谈时代精神。

### 2. 培育热爱劳动的情感态度

热爱劳动是立业为人的根本,更是实干兴邦的基石。"让全体人民进一步焕发劳动热情、释放创造潜能,通过劳动创造更加美好的生活"离不开"造福劳动者"的外在制度建设,更离不开"热爱劳动"的内在情感培育。

培育热爱劳动的情感态度,一是要科学构建劳动实践体验课程体系,引导青少年在自我服务劳动中体验自主的快乐;在家务劳动中体验感恩的幸福,在集体劳动和公益服务中体验造福他人的欢乐,在生产劳动和专业实践中体验创造的愉悦,不断深化劳动情感体验。要将校外劳动纳入教育工作计划,大中小学每个学段都要安排一定时间的农业生产、工业体验、商业和服务业实习等劳动实践。二是要加强辛勤劳动意识与态度的培养。辛勤劳动是热爱劳动的试金石,一个人只有不怕辛苦、不辞辛劳、不惧艰辛,始终保持劳动的热情与干劲,才能真正称得上热爱劳动。一方面,要培养青少年勤奋学习的态度,要教育他们认识到学习是当下最主要的劳动,认真学习、刻苦学习,不仅是增进知识的过程,更是磨炼意志、锤炼品行、提高自己的辛勤劳动过程,"让勤奋学习成为青春飞扬的动力";另一方面,要适当增加青少年从事体力劳动的机会,城市大中小学可通过承担家务劳动责任、参与校园卫生保洁、普及校园种植、认领校园"责任田"等方式,农村学校可通过在农忙时节组织学生参加农业生产劳动,或者开垦学校农场、养殖场等方式,给学生增加劳动锻炼的机会。要将学生参加劳动锻炼的要求制度化,保持经常性和连续性,并作为学生评奖评优的重要条件。三是要培养热爱劳动者的真挚情感。要教育引导青少年深刻认识到正是身边一个个普通劳动者的辛勤与汗水建造了他们幸福成长的花园,"任何时候任何人都不能看不起普通劳动者",尊重普通劳动者、珍惜他们的劳动成果是一个人的基本修养。

### 3. 培养诚实劳动的优良品德

诚实劳动是社会主义阶段提倡的基本劳动道德。在劳动状态上,诚实劳动表现为"干一行、爱一行、专一行、精一行"的实实在在为他人提供优质服务的工匠精神;在经营活动中,诚实劳动表现为合法经营、按政策

## 第四章 新时代大学生的劳动价值观

办事的劳动纪律;在精神境界上,诚实劳动提倡个人获得利益与为社会尽职尽责的和谐统一。当前大中小学生中存在的作业抄袭、考试作弊现象,大学生实习造假、随意毁约、频繁跳槽等现象,都是诚实劳动品德缺失的表现。

培养诚实劳动品德的根本,是加强"诚信"社会主义核心价值观教育。首先,要发挥课堂主渠道的作用,将诚实守信、言行一致作为思想品德教育的重要内容,纳入大学专业教育体系内。其次,要拓展诚实劳动教育实践平台,充分利用劳动教育实践基地、综合实践基地和其他社会资源,结合研学旅行、团日队日活动等方式,深化大中小学对各行各业诚实劳动现状的感知、体验与反思。再次,加强诚信校园文化建设,打造诚信文化长廊,树立校园诚信榜样。最后,建立健全校园信用管理机制。将日常学习、家务劳动、校园劳动、公益服务、社会实践等方面的诚信状况列为中小学生操行评定、评奖评优的重要内容。大学阶段应坚决落实《国务院办公厅关于加强个人诚信体系建设的指导意见》,建立健全18岁以上成年学生诚信档案,推动将学生个人诚信作为升学、毕业、评先评优、奖学金发放、鉴定推荐等环节的重要考量因素,将考试舞弊、学术造假、伪造就业材料等不诚信行为依法依规记入个人信用档案。

**4. 打下创造性劳动的良好基础**

习近平总书记深刻指出:"当代工人不仅要有力量,还要有智慧、有技术,能发明、会创新,以实际行动奏响时代主旋律。"新时代的劳动,不仅需要辛勤劳动、诚实劳动,更需要创造性劳动。新时代全面加强劳动教育,必须为青少年的创造性劳动打好基础。

培养创造性劳动能力,一要在中小学普通科学文化知识教育或大学专业理论教育中加强劳动教育,明确这些基本知识、基础理论在推进科技进步方面的重大作用。二要着力加强现代生产劳动技能训练。基础教育阶段要开足开好国家规定的综合实践活动课程、通用技术课程等,鼓励各地各校结合实际开设家政、烹饪、手工、园艺、非物质文化遗产等相关课程。大学阶段,应进一步加强毕业实习、专业实习、生产实习、服务学习等环节的劳动技能训练。三要大力开展与劳动有关的兴趣小组、社团、俱乐部活动,如生物小组、实验小组、园艺小组、信息技术小组、手工制作小组、电器维修小组等,加强创造性思维能力与动手操作能力的培养。

**5. 养成勤于劳动的良好习惯**

勤于劳动,是热爱劳动的情感态度习惯化为稳定的行为模式的表现。

"自己的事自己做,他人的事帮着做,公益的事争着做",是习近平总书记对青少年劳动习惯培养的基本要求。

培养良好劳动习惯,一要培养自我服务的劳动习惯。父母要给孩子安排一些固定的家庭劳动岗位,如饭前拿碗筷,饭后扫地、倒垃圾,每天早上起床整理自己的床铺、叠好被子、整理好房间等,培养青少年"自己的事情自己干""家里的事情主动干"的习惯。二要培养良好的集体劳动习惯,经常性组织校园劳动日、校园劳动周、班级大扫除、校园绿化角等活动,以评选最美宿舍、互助之星、班级劳动之星、校园劳动之星等方式,培养青少年"他人的事帮助做""集体的事热心做"的良好习惯。三要培养青少年积极参加公益劳动的习惯。定期组织社区服务、援助劳动、公益远足等志愿性活动,通过记录公益劳动卡、评选"公益之星"等方式,培养"公益的事争着做"的良好习惯。

### (三)全社会加强劳动教育的理想图景

全面加强劳动教育、构建新时代劳动教育体系是一项战略性、长期性、复杂性的社会系统工程。各级党委、各部门应深刻领会全国教育大会精神,从战略全局的高度,突出问题导向,充分调研论证,制订切实方案,拿出务实举措,统筹推进实施,努力构建德智体美劳全面培养的教育体系,形成高水平的人才培养体系。

1. 实现劳动教育顶层设计的系统化

教育法律法规的系统化。《教育法》和《高等教育法》在总则条款中对"培养全面发展的社会主义建设者和接班人"做了"德、智、体、美"的阐述。应尽快修订两法及相关的政策法规,把"劳育"入法,从立法层面构建完善的人才培养体系,为全面加强劳动教育提供更为完善的法律依据。可根据全国教育大会精神,适时出台《关于全面加强劳动教育的意见》,进一步明确全面加强劳动教育的主要目标、基本原则、关键环节和保障机制,为全面加强劳动教育提供制度保障。

政策制定的系统化。教育事业乃国之大计、党之大计,需要全社会的共同努力。就政府管理职能而言,需要国家发改委、财政部、教育部、人力资源和社会保障部、中华全国总工会、共青团中央等部门,根据职责协同提出落实全面加强劳动教育的实施意见和落实方案,为各领域、各环节加强劳动教育提供完善的政策依据。

保障机制的系统化。教育不是一种孤立的社会存在,与其他社会子系统密不可分。劳动教育与劳动就业、创新创业、收入分配、社会保障、舆论宣传、文化氛围等直接相关,应进一步加强劳动教育成果的保障机制建设,推动劳动教育真正落地生根、开花结果。

2. 实现劳动教育在基础教育、职业教育、高等教育中的一体化

确保劳动教育在人才培养中的连续性。2015年7月20日,教育部、共青团中央、全国少工委联合印发了《关于加强中小学劳动教育的意见》(教基一[2015]4号),对中小学劳动教育的主要目标、基本原则、关键环节和保障机制做了明确要求。各级教育行政部门可在此基础上,把握职业教育和高等教育的发展规律,结合当前大学生的特点,制定加强大学生劳动教育的意见,与中小学阶段的劳动教育分年龄段、有序推进。

实现劳动教育内容的衔接性。要深入研究基础教育阶段的劳动教育对接职业教育、高等教育阶段劳动教育的施教方法,积极探索职业教育阶段劳动教育对接高等教育阶段劳动教育的有效路径,实现不同受教育群体接受劳动教育的自然有效衔接,实现既各有侧重,又互相支撑的劳动教育体系。

尊重不同教育类型的差异性。劳动教育要根据不同阶段教学大纲的要求,各有侧重。基础教育阶段的劳动教育,应致力于改善学生对劳动的认知,不断开发自身潜能;职业教育阶段的劳动教育,应侧重于专业性、技能性劳动技能为主;高等教育阶段的劳动教育,则是与专业人才培养有机结合,强化其研究型或应用型的人才培养教育目标;而贯穿所有教育类型的内容则是,引导学生树立正确的劳动价值观,涵养出深厚的劳动情怀。

3. 实施家庭、学校、社会劳动教育协同化

家庭是劳动教育的起始点。一个人的成长成才首先从家庭开始,基本的生活习惯和价值观念是从家庭开始养成的,并影响其一生。有鉴于此,要让尊重劳动、热爱劳动成为"好家风""好门风"的重要内容,摒弃"拼爹""啃老"的不良社会风气。

学校是劳动教育的主战场。在学校,要推进劳动教育与专业课相结合,形成协同效应;推进劳动教育与思想政治教育有机结合,使德育劳育形成协同效应;强化劳动教育与社会实践有机结合,通过工学结合、毕业实习、志愿服务、勤工助学、劳动体验等途径积极参与社会实践,感受劳动所带来的收获和乐趣,进而形成尊重劳动、热爱劳动的真挚情感;推动劳动教育与大学生创新创业相结合,通过劳动教育,促进大学生积极就业,倡导在依靠自身劳动创造财富的过程中,更好地实现精神追求和自身价值;推进劳动教育与产教融合相结合,坚持以市场需求为导向,通过有针对性的劳动教育激发学

生内在的劳动潜力,克服正式步入社会前怕苦怕累的思想,让学生在产教融合的过程中更好地参与生产或经营;实现劳动教育与校园文化建设相结合,宣传大国工匠,传播劳模故事,引导广大学生立足勤奋学习,立志劳动创造,切实全面提升自身素质。

社会是劳动教育的大熔炉。加大社会实践力度,走进社区、工厂、部队、农村,感知中国大地,体察国情民情,在改革开放和社会主义现代化建设的大熔炉里,在社会的大学校里,掌握真才实学,增益其所不能,努力成为可堪大用、能担重任的栋梁之材。进行有针对性、有说服力的舆论引导,切实提高他们的社会经济地位,促进形成"崇尚一技之长,不唯学历凭能力"的社会风尚和"三百六十行,行行出状元"的就业格局,让那些乐于传承、肯于钻研的大师、技师真正成为年轻人乐于学习的榜样,营造尊重劳动、崇尚技能、争当高技能人才的良好氛围。在评选劳模、参政议政上加大对高技能人才的倾斜,增加他们在政治生活中的话语权,增强他们在社会中的荣誉感。同时,对社会上投机、"刷脸"、"网红"等好逸恶劳的行为,要及时予以批评和否定,让家庭、学校、社会劳动教育的实质内涵内化于心、外化于行,实现"三位一体"协同发展。

4. 实现劳动科学学科建设显学化

努力建立并完善中国特色劳动科学理论体系和学科体系。将散落在不同一级学科之下的劳动哲学、劳动文化学、劳动经济学、劳动管理学、劳动法学、劳动关系、人力资源管理、劳动与社会保障、社会工作、劳动安全工程、职工卫生等一系列与劳动问题高度关联的学科提炼出来,共同形成劳动科学这个一级学科。通过学科建设,一方面深化人们对劳动问题的研究,另一方面也带动相关学科发展,促进高等教育水平提升和劳动人才培养质量,直接提升学生对劳动多学科多维度的认识。进一步加强这些学科专业与思想政治教育课、社会实践课及相关专业课的交流借鉴,推动劳动科学学科建设与学术研究、智库建设协同发展,推动劳动科学学科建设和劳动教育的深度融合。

加大劳动相关科学领域的研究投入。要大力支持劳动科学学科、劳动科学学术研究、劳动科学智库发展,将与劳动教育相关的课题纳入国家社会科学、自然科学规划项目和教育部人文社科基金选题指南,加大项目指导和科研经费支持的力度;支持组建全国性的劳动教育学术组织。

广泛传播劳动科学成果。坚持传统与现代相结合的传播方式,创新劳动科学传播的方法,综合运用多种媒介,面向社会大众,多角度介绍和阐释劳动科学,强化劳动科学的普及,要学会运用劳动科学理论和方法解决劳动领域的重大问题。

5. 实现劳动教育精准化

劳动教育对象精准化。在开展劳动教育的过程中，要充分考虑劳动教育对象所处的具体经济社会发展环境，充分考虑地区差异、城乡差异、教育阶段差异，因地、因时、因人开展劳动教育。

劳动教育内容精准化。在教育对象精准的基础上，着力实现教育内容的精准化，在劳动教育内容总体上实现与创新、绿色、协调、开放、共享新发展理念相融合的前提下，赋予各地开展劳动教育的自由度，鼓励各地区制定符合本地实际的劳动教育课程和教育内容。

劳动教育方式精准化。各地区要从自身经济社会发展实际出发，在借鉴国内外先进经验的基础上，精准灵活运用网络信息技术、亲身现场体验、模拟仿真试验等形式拓展劳动教育方式，增强劳动教育的感染力，真正让劳动教育"活起来""实起来""酷起来"，提升劳动教育的实际效果。

6. 实现劳动教育师资多元化

家长是孩子劳动教育的第一任老师。要充分发挥家长在日常生活中对孩子劳动教育潜移默化的影响作用，家长身体力行，通过身边教育和示范引领，让孩子从小就养成良好的劳动习惯，学会珍惜劳动成果，建立正确的劳动价值观。

学校教师是劳动教育的言传身教者。要把劳动教育纳入师德师风建设范畴，构建具有劳动教育考核指标的教师评价体系，引导广大教师认真钻研劳动教育，在劳动科学研究、劳动课程教学、劳动教材编写、劳动教育管理上下功夫。

劳动模范、大国工匠是劳动教育的榜样引领者。强化大国工匠、劳动模范的榜样引领作用，推进大国工匠、劳动模范、知名专家和创业能手进校园活动，大力宣传和传播他们爱国奉献、崇尚劳动、创新创业的故事，引导广大学生立足勤奋学习，立志劳动创造，切实全面提升自身素质。同时，形成各行各业广泛参与到劳动教育的良性机制，在全社会形成崇尚劳动、尊重劳动的浓厚氛围。

## (四)相关各方参与劳动教育的实施路径

习近平总书记在全国教育大会上的重要讲话，围绕培养什么人、怎样培养人、为谁培养人这一根本问题做出了战略部署，明确提出，办好教育事业，家庭、学校、政府、社会都有责任。这为调动全社会的力量办好教育提供了强大支撑,指明了努力方向。教育关系到千家万户的切身利益,也关系到一个民族和国家的前途命运。为进一步探求加强劳动教育的有效路径,我们从大学生作为受教育主体的视角,了解影响新时代大学生劳动价值观的相关因素。

在《大学生劳动价值观调查问卷》中,针对"您认为,对您劳动价值观影响较大的影响因素"这一问题,从统计结果来看,受访大学生认为,在影响他们劳动价值观的相关因素中,排在前三位的分别是父母、社会风气和个人喜好,分别占 66.9%、53.6% 和 40.9%(图 4-6)。

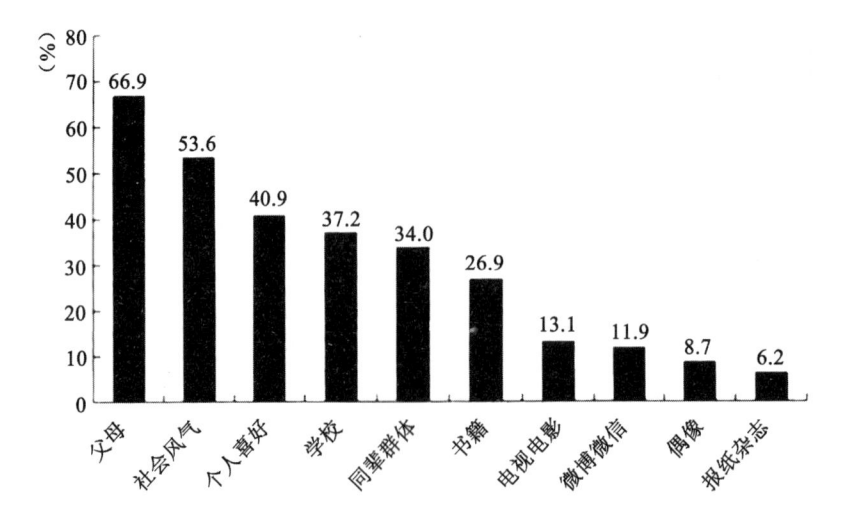

图 4-6 受访大学生认为对自己的劳动价值观影响较大的因素排序情况

那么,新时代大学生喜欢什么样的劳动教育形式呢?在问卷调查中,对大学生愿意接受的劳动教育形式进行了调查统计。结果显示,在列出的 13 种形式中,大学生乐于接受的前三种劳动教育形式分别为"大学期间多一些实验实践类课程"(43.3%)、"自己主动参加各类义务劳动、体验劳动价值"(40.8%)和"有更多机会到与专业相关的单位实习"(39.2%)(图 4-7)。

培养德智体美劳全面发展的社会主义建设者和接班人,是一项需要由大学生、家庭、学校、社会等共同参与的系统工程,每一方主体因其立场不同而呈现不同的特点,在劳动教育体系中的职责内涵也有区别。只有各方面形成合力,构建个人、家庭、学校、社会为一体的教育体系,分工合作、密切配合、各尽其责、各有侧重,才能营造成长成才的健康环境,实现立德树人的根本任务。调查问卷中设计了开放题"如何帮助大学生树立正确的劳动价值观",请大学生从教育主体的角度提出建议。对调查问卷的结果进行了归类

## 第四章 新时代大学生的劳动价值观

统计,结合这些建议(表 4-2),从大学生个人、家庭、学校、社会四个维度提出了新时代加强劳动教育的实施路径。

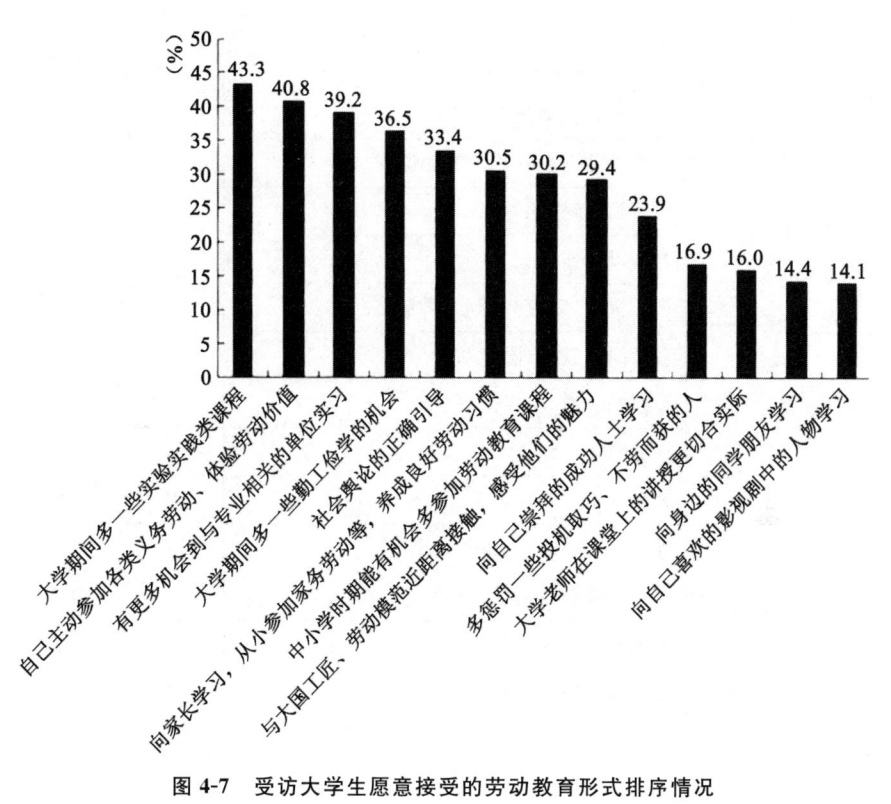

图 4-7 受访大学生愿意接受的劳动教育形式排序情况

柱状图数据(%):
- 大学期间多一些实验实践类课程:43.3
- 自己主动参加各类义务劳动、体验劳动价值:40.8
- 有更多机会到与专业相关的单位实习:39.2
- 大学期间多一些勤工俭学的机会:36.5
- 社会舆论的正确引导:33.4
- 中小学时期能有机会多参加劳动教育课程:30.5
- 向家长学习,从小参加家务劳动等,养成良好劳动习惯:30.2
- 与大国工匠、劳动模范近距离接触,感受他们的魅力:29.4
- 向自己崇拜的成功人士学习:23.9
- 多惩罚一些投机取巧、不劳而获的人:16.9
- 大学老师在课堂上的讲授更切合实际:16.0
- 向身边的同学朋友学习:14.4
- 向自己喜欢的影视剧中的人物学习:14.1

表 4-2 受访大学生愿意接受的劳动教育形式排序情况

($N=1448$)

| 分类 | 意见建议 | 人次 | 比例(%) |
| --- | --- | --- | --- |
| 大学生个人 | 多亲身体验劳动 | 135 | 9.3 |
| | 脚踏实地干,少说空话 | 46 | 3.2 |
| | 从自己做起、从小事做起 | 43 | 3.0 |
| | 努力学习 | 43 | 3.0 |
| | 多看书多读书 | 31 | 2.1 |
| | 树立正确的劳动价值观 | 26 | 1.8 |
| | 加强沟通交流 | 2 | 0.1 |
| | 同学相互影响 | 2 | 0.1 |

续表

| 分类 | 意见建议 | 人次 | 比例(%) |
|---|---|---|---|
| 家庭 | 家庭从小引导培养 | 67 | 4.6 |
| 学校 | 多组织、参加实习实践活动 | 389 | 26.9 |
| 学校 | 学校加强劳动教育 | 164 | 11.3 |
| 学校 | 多开设劳动教育相关实践课程 | 77 | 5.3 |
| 学校 | 向劳模/榜样学习 | 52 | 3.6 |
| 学校 | 老师以身作则 | 43 | 3.0 |
| 学校 | 多开讲座,宣传劳模/工匠精神 | 33 | 2.3 |
| 学校 | 多组织公益/志愿活动 | 14 | 1.0 |
| 学校 | 多鼓励实践 | 11 | 0.8 |
| 学校 | 理论与实践结合 | 5 | 0.3 |
| 学校 | 教育片 | 2 | 0.1 |
| 社会 | 社会风气、社会舆论正确引导 | 132 | 9.1 |
| 社会 | 媒体正确宣传引导 | 10 | 0.7 |
| 社会 | 影视剧正确宣传引导 | 7 | 0.5 |
| 社会 | 多宣传正确劳动价值观 | 68 | 4.7 |
| 家庭、学校、社会 | 加强引导 | 49 | 3.4 |
| 家庭、学校、社会 | 奖罚分明 | 32 | 2.2 |
| 家庭、学校、社会 | 营造尊重劳动、热爱劳动的社会氛围 | 19 | 1.3 |
| 家庭、学校、社会 | 家校联动 | 2 | 0.1 |
| 家庭、学校、社会 | 加强思想教育 | 5 | 0.3 |
| 家庭、学校、社会 | 重视劳动教育 | 4 | 0.3 |
| 家庭、学校、社会 | 无意见建议 | 136 | 9.4 |

注:由于部分大学生不止一个建议,所以合计大于100.0%。

**1. 充分发挥受教育主体的主观能动性,在"知行合一"中成长成才**

高等教育发展水平承担着人才培养、科学研究、文化传承、国际交流、社会服务等重要职能,是一个国家发展水平和发展潜力的重要标志。作为新技术、新思想的前沿群体,大学生是国家培养的高级专业人才,是推动社会进步的栋梁之材,也是国家和民族的宝贵财富。

# 第四章  新时代大学生的劳动价值观

青年大学生正值人生韶华,处于最富活力、最有灵感、敢于有梦、勤于追梦、勇于圆梦的人生关键阶段,他们的劳动素质和劳动本领直接影响着中华民族伟大复兴中国梦的实现。

幸福不会从天而降,梦想不会自动成真。梦想有了,怎么实现?"天上不会掉馅饼",只能靠勤奋不辍、持之以恒的劳动。劳动教育是一种以实践为导向,引导大学生树立正确劳动价值观、培养良好劳动习惯、涵养劳动品德、掌握劳动技能的教育,能够在促进大学生树德、增智、育美、创新方面发挥积极作用。大学生是高等教育的受教育主体,高等教育人才培养目标的实现,归根结底,要通过大学生自身努力实践而成为现实。列宁曾指出,"世界不会满足人,人决心以自己的行动来改变世界。"作为受教育主体,大学生具有"意识的能动性",也只有充分发挥大学生自身的主观能动性,才能在大学阶段筑牢理想信念、学好专业知识、磨炼顽强意志、练就过硬本领,尤其要在实践中提升解决问题的能力,实现以"知"促"行"、以"行"促"知"、知行合一的良性循环。

从调研结果看,受访大学生认为可以通过"多亲身体验劳动""脚踏实地干,少说空话""从自己做起,从小事做起""努力学习""多看书多读书""树立正确的劳动价值观"等方式来加强对自身的劳动教育。访谈中,一些大学生表示"要'干一行,爱一行。'立足和热爱本职工作,可以减少负面情绪对工作的不良影响,在劳动中心志可以得到磨炼,人格可以得到提升";也有一些大学生表示"一定要从自身做起,从一开始就养成好习惯,不贪财,不占小便宜,踏踏实实学习,认认真真工作,本本分分做人";还有一些大学生希望"自己可以通过参加广泛的实习实践来加强劳动教育"。可以看出,大学生对如何加强自身劳动教育是有一定认知的。

习近平总书记在同北京大学师生座谈时勉励青年一代,"要力行,知行合一,做实干家","行是知之始,知是行之成"。作为新时代大学生,首先在思想认识上要树立正确的人生观、世界观、价值观,努力践行社会主义核心价值观,扣好人生的"第一粒扣子"。劳动价值观的建立不是一朝一夕、短期的努力就能实现的,而是要持之以恒,在日积月累中逐渐沉淀下来,固化为价值观。"千里之行,始于足下","一屋不扫,何以扫天下"。在日常习惯方面,大学生要从点滴做起、从日常做起,用每日实践砥砺修为,从洗衣、扫地、刷碗、擦黑板、帮厨等简单的体力劳动开始,逐步养成良好的劳动习惯,树立正确的劳动态度,珍惜来之不易的劳动成果。

"学不可以已""学习是学生的天职"。在专业学习方面,大学生应深刻认识到学习本身就是青少年阶段最主要的劳动形态,学习科学文化知识、练就过硬本领是大学生的基本责任。大学生应该珍惜宝贵的青春时光,充分发挥这一阶段精力充沛、博闻强识、心无旁骛的优势,把自己的学业追求与人生规划有机结合起来,坚持以学习为本,通过课堂学习、实验学习、自身学习,博览群书、勤奋钻研,扎实学好自己的专业知识,在拓宽自己通识的基础上,习得娴熟的专业技能,通过四年甚至更多的学习积累,成为某一领域的专业人才,为将来的职业生涯或研修深造奠定坚实基础。"纸上得来终觉浅,绝知此事要躬行",在参与社会实践方面,大学生要充分利用课余时间积极参加勤工助学、志愿服务、公益劳动等,通过持之以恒、日积月累的劳动锻炼,学会万事从点滴做起,亲身感受劳动带来的乐趣,收获劳动带来的成果,形成"会劳动、爱劳动、珍惜劳动成果"的生动场面。

"每一代青年都有自己的际遇和机缘,都要在自己所处的时代条件下谋划人生、创造历史。"在就业选择方面,在国家稳步推进"五位一体"总体布局和"四个全面"战略布局的新时代背景下,大学生更要以时不我待、只争朝夕的干劲,把自己的人生理想和国家的需要结合起来,树立远大目标,客观审视自己,做好长远规划,理性看待创业,在平凡的工作岗位上努力践行劳动模范、大国工匠不怕苦、不怕累、精益求精、迎难而上的精神,充分运用自己的专业知识和技能,敢于并善于打破常规,在理论上寻求突破,在实践中推陈出新,在事业上开创局面,争做新时代的奋斗者。

2. 当好"第一任老师",在"陪伴爱护"中给孩子以足够的正能量

"子不教,父之过""人生百年,立于幼学""爱其子而不教,犹为不爱也""教子须是以身率先",这些经典论述,都是在强调家庭教育的重要性。习近平总书记指出,"我们都要重视家庭建设,注重家庭、注重家教、注重家风","无论时代如何变化,无论经济社会如何发展,对一个社会来说,家庭的生活依托都不可替代,家庭的社会功能都不可替代,家庭的文明作用都不可替代"。家庭教育具有启蒙性和终身性,每个孩子从出生的那一刻起,家庭教育就已在无形中产生了,并伴其一生;家庭教育具有感染性,父母与子女之间存在着血浓于水的亲情,家长的兴趣习惯,也常常决定了子女的行为举止;家庭教育具有权威性,孩子对于父母是带着尊敬和依赖的,潜移默化中就会信任父母,接受父母的建议和劝导;家庭教育还具有专一性,父母与孩子接触的机会最多,能够全方位地"读懂"孩子,及时发现并相对有效地控制在孩子教育中存在的问题。只有每一个家庭都承担起教育好孩子的"第一任老师"的责任,承载起"千千万万个家庭成为国家发展、民族进步、社会和谐的重要基点"的使命,这样家庭培养出来的孩子才能够在为社会作出有益贡献等方面打下良好的思想基础、品德基础和人格基础。

根据问卷调查结果,66.9%的大学生认为影响自己劳动价值观的主要

## 第四章 新时代大学生的劳动价值观

因素是父母。劳动教育的根基在家庭。家长要深刻认识到家庭是孩子的第一个课堂,家庭教育开展得如何,关系到孩子的终身发展,关系到千家万户的希望,关系到国家和民族的未来。不少受访大学生认为"家庭是影响新时代大学生劳动价值观的首要因素,家庭教育和生活模式对劳动价值观的形成起着至关重要的作用,学校只起着辅助作用",有的大学生建议"家庭和学校要联合起来加强劳动教育",还有的大学生提出"家庭要从小重视对孩子劳动价值观的培养和引导"。

一直以来,不在少数的家长对孩子有着"望子成龙、望女成凤"的期望,在应试教育片面追求升学率的影响下,家长热衷于给孩子报各类课程辅导班,"分数至上"成为家长教育孩子的座右铭,从而忽略了家庭对孩子劳动态度、劳动习惯、劳动品德的培养,致使一些大学生在进入大学、离开父母的照顾后,出现如前面大学生劳动价值观现状中提到的生活自理能力欠缺、主动劳动的观念不强、良好的劳动品德有待涵养等问题。

"生活即教育",首先家长要认识到日常生活中言传身教的重要性,努力营造"崇尚劳动、热爱劳动、人人参与劳动"的家庭氛围,处处以身作则,发挥示范作用,全员参与家庭劳动,让孩子从自己洗衣服、自己打扫屋子等力所能及的家务活干起,养成"自己的事情自己做"的良好劳动习惯。同时,家长要提高自身素质,用正确的思想、良好的品行影响和帮助孩子形成好思想、好品格、好习惯,避免将社会上存在的"学习不好就去打扫卫生""拼爹"等一些错误言行灌输给孩子。

在爱护约束方面,家长既要给予孩子成长以适度的关心关爱,也要对孩子生活学习中出现的不良劳动价值取向及时进行纠正,加以约束。比如,在引导孩子树立正确的择业观时,家长要在日常生活中加强对孩子家国情怀的培养,通过给孩子讲述爱国故事、带孩子去观看爱国电影等方式让其近距离接受爱国主义文艺作品的熏陶,让孩子认识到今天幸福生活的来之不易,认识到当下美好生活的背后是很多人在无私地默默付出,让孩子更加珍惜来之不易的学习和生活环境,向榜样看齐,自觉践行艰苦奋斗精神,自觉将个人职业发展与国家需要相结合,到祖国最需要的地方去。

在监护监督方面,家庭要与学校一起形成劳动教育的合力,协助学校做好寒暑假大学生的实习实践。一方面,家长要教育孩子增强自我保护意识,注意人身和财物安全;另一方面,家庭要充分发挥监督作用,鼓励孩子积极参与实习实践,认真听取孩子分享的劳动心得,及时发现问题,第一时间进行正确引导。有的大学生可能会因为受不了严寒或酷暑,怕苦怕累,而在实践中牢骚满腹、拈轻怕重、敷衍了事。针对这些情况,家长要对孩子加以正确引导,教育孩子认识到艰难困苦是人生的宝贵财富,是对一个人品格的磨炼,是成长成才的必由之路。

在资源支持方面,家长还要根据家庭实际,结合孩子的具体特点,通过帮助联系实习单位、定期带孩子参加公益劳动等途径给予积极支持,不断拓宽孩子劳动教育的路径,协助学校一起做好劳动教育的保障工作。

3. 构建全面发展的人才培养体系,在"因材施教"中培养未来高素质劳动者

2018年9月10日,习近平总书记在全国教育大会上强调,"要坚持中国特色社会主义教育发展道路,努力构建德智体美劳全面培养的教育体系",明确将劳动教育确定为全面发展教育的重要组成部分。劳动可以树德、增智、强体、育美,劳动教育在全面发展的人才培养体系中起着至关重要的作用。但在实践中,劳动教育在学校存在被弱化的现象,由于在基础教育阶段,很多劳动课时都被语、数、外等主课挤占,导致大学生一开始接受的由学校提供的劳动教育就不足,再加之劳动教育在高等教育阶段尚未融入人才培养的全过程,学校开展劳动教育的有效举措和实际效果更是不甚理想。

调查问卷中,笔者收集了大学生对学校加强劳动教育的建议。有些大学生希望学校能够多组织他们参加实习实践活动和公益劳动,多开设劳动教育相关实践课程,多开展劳动模范进校园等活动,以丰富劳动教育的形式和载体,并希望老师们能够以身作则、率先垂范,杜绝形式主义,提倡辛勤劳动、诚实劳动、创造性劳动。也有大学生建议学校要"加强对劳动教育教师的培养,及时将市场经济条件下用人单位对劳动者能力的需求及时转化为课堂教学内容,增强劳动教育的针对性"。

高校要将劳动教育与大学生思想政治教育有机结合,使二者形成协同效应。习近平总书记在全国高校思想政治工作会议上指出,"高校思想政治工作关系高校培养什么样的人、如何培养人以及为谁培养人这个根本问题。要坚持把立德树人作为中心环节,把思想政治工作贯穿教育教学全过程,实现全程育人、全方位育人,努力开创我国高等教育事业发展新局面。"高校要通过劳动教育的课堂教学、实验实践来强化思政教育的实践性;通过劳动教育培养大学生的集体协作能力、社会责任感来提升思政教育的针对性;通过提供勤工助学、图书管理等学生工作岗位来拓宽思政教育的实施路径;通过开讲座邀请劳动模范进校园宣讲艰苦奋斗、向上向善的劳动故事,营造正能量的校园文化来增强思政教育的吸引力。

在知识传授方面,高校要探索编写劳动教育课程教材,开设劳动教育专业课程;各专业课教师要守好一段渠,种好责任田,将劳动的理念融入专业教学。比如,教授法学课程的教师可以给学生讲述怎样克服困难"送法下

乡",服务村民;教授市场营销的教师可以给学生讲述怎样深入一线调研,获得客户消费偏好资料等。学校在制订人才培养方案时,要积极探索在不同专业中开展劳动教育的形式和载体,结合文史哲理工农医经管法各类学科、专业的特点,分类施策。理论性较强的学科可以让劳动教育"活起来",增强劳动教育的实用性;实践性较强的学科可以让劳动教育"酷起来",增强劳动教育的趣味性,切实让劳动教育理念贯穿各类专业课程,融入人才培养全过程。

在技能培养方面,高校要充分发挥劳动教育联系知识和实际的纽带作用,加强校内实践基地和实验室建设,在传授大学生专业技能的同时,强化对其具体劳动实践的指导。要结合新时代国家对高素质人才的需求,以市场为导向,创新校内实习实践形式,丰富劳动教育的载体,通过产教融合等创新劳动教育路径来提升学校人才供给和用人单位人才需求的吻合度、匹配度,增强劳动教育的实效性。

在马克思看来,"生产劳动同智育和体育相结合,它不仅是提高社会生产的一种方法,而且是造就全面发展的人的唯一方法"。学校应在充分尊重劳动教育实践性规律的基础上,进一步强化社会实践育人。大学生只有不断地融入社会发展中,社会才能形成可持续发展,社会只有不断地给大学生提供更多施展才华的平台,才能形成整体的良性循环发展。实践出真知,劳动教育不是黑板上的教育,而是行动教育。社会各行各业应该结合大学生的特点与具体情况,积极主动地为大学生提供实践平台,为大学生打造一个可接触的学习实践平台,在提升大学生为他人服务意识的同时亦能增强其劳动能力,让大学生感受校园课堂之外的社会生活形式,发挥他们的主观能动性,通过自我学习实践劳动教育。比如为大学生提供走进社区、工厂、部队、农村的机会,感知中国大地,体察国情民情,"在改革开放和社会主义现代化建设的大熔炉里,在社会的大学校里,掌握真才实学,增益其所不能,努力成为可堪大用、能担重任的栋梁之材";通过工学结合、毕业实习、志愿服务、勤工助学、劳动体验等途径积极参与社会实践,感受劳动所带来的收获和乐趣,进而能让大学生形成尊重劳动、热爱劳动的真挚情感。

习近平总书记强调,"人才培养,关键在教师";倡导教师要做"有理想信念、有道德情操、有扎实知识、有仁爱之心"的好老师。评价教师队伍素质的第一标准应该是师德师风。高尚的师德,是对学生最生动、最具体、最深远的教育,在言传身教、潜移默化中,教师的一言一行,对学生有着强烈的示范性,甚至可以影响其一生。高校要加强师德师风建设,充分发挥教师的言传身教作用,通过建立科学的教育评价导向,着力选树一批新时代教育楷模,大力宣扬他们的感人事迹等,促进形成正面示范效应,引领大学生树立正确的劳动价值观。社会实践方面,高校要结合市场需求来增强学生的劳动本领,通过与国家机关、企事业单位、社会团体等共建合作的方式,多渠道推进劳动教育基地建设,拓展专业技能型劳动教育场地,开展形式多样的社会实践,强化大学生专业与实践的结合,培养大学生的创新意识、创新精神和创新能力,让他们切身感受到生活就是劳动,劳动创造美好生活,从而实现劳动教育的应有之义——"知行合一"。

**4. 营造崇尚劳动、崇尚创造的浓厚社会氛围,在"榜样引领"中弘扬劳动精神**

社会是大学生接受劳动教育的主要外部途径,也是大学生劳动价值观形成和培养的重要渠道,整个社会氛围对大学生劳动意识的培养具有极其重要的作用。问卷调查中,受访大学生对社会加强劳动教育的建议主要集中在"思想教育上加强宣传""改变社会风气,让不劳而获的行为得到惩罚,让实干的人享受到更好的待遇""加强社会舆论的正确引导"等方面。

大众传媒要发挥积极引导作用,纠正舆论偏差。在全球化和信息化背景下,媒体已经成为大学生和社会沟通交流的一道桥梁,大众传媒对于大学生思想观念的形成和发展发挥着不可忽视的作用,很多消极负面的影响就是通过互联网传播给大学生的,因此要改变这种影响,就要从根源上转变大众传媒的传播机制与影响机制,让大众传媒肩负起抑恶扬善的责任,纠正偏差的舆论氛围与价值导向。一方面,媒体要多报道负向内容的消极影响,让大学生了解其危害,感受到公平与正义。比如某相亲交友节目上曾有女嘉宾提出"宁愿在宝马车里哭,也不愿在自行车上笑",这被视为典型的"拜金主义",而在这次问卷调查中也看到,17.1%的大学生是认同这一观点的。在当时的节目播出后,此言论引起舆论哗然,纷纷谴责这样的拜金主义思想。类似的不良行为在社会中仍有许多。作为媒体,邀请专家或者学者对这些不良行为进行分析与纠正报道,深入解读,发挥媒体对于大学生价值观念的引导作用。另一方面,在价值引领方面,媒体应该结合大学生的特点和成长需求,创作出既符合大学生身心发展,又体现时代特征的文化作品,突出报道劳模典型事件或者具有高尚道德情操和境界的榜样事件,将劳动价值观的教育蕴含在优秀的文化作品中,以大学生喜闻乐见的形式来引导和打动大学生,突出榜样人物的先锋引领作用,为大学生提供正确的引领。

社会媒体要积极发挥正向引导作用。在"互联网+自媒体"的时代,人人都是自媒体,人人都有麦克风,每个人都可以通过微博、微信畅所欲言,在

## 第四章 新时代大学生的劳动价值观

保证大学生言论自由的同时也就滋生了很多谣言，助长了错误内容的传播。因此作为媒体平台和社会公众，要充分发挥"信息把关人"的作用，加强对信息的监督管理，杜绝不良信息，不传谣造谣，在信息传播过程中把握好质量关、内容关，制止不良信息的传播。

政府作为劳动教育发展的顶层设计者，也是整个劳动教育的主导者。在依法对公共事务监督管理的同时，要加强对社会媒体的监督和管理，特别是网络监督管理。对于媒体的传播内容要进行严格审查，建立监管条例与机制，对于违背社会道德观念的或者低俗的内容要坚决予以惩罚，从根本上杜绝其不利影响和错误信息的传播，为大学生形成正确劳动价值观提供良好的社会环境。

充分发挥榜样的引领示范作用。党的十八大以来，习近平总书记多次接见劳动模范，在多个场合中都表达过尊重劳动、关心劳动者的理念，让劳模精神、劳动精神、工匠精神深入人心。他多次强调要在全社会范围内发出号召，宣传劳动模范的光辉事迹，弘扬劳模精神，号召全社会要以劳动模范为榜样，向优秀劳动者看齐，保持勤俭节约、艰苦奋斗的精神，树立热爱劳动、勤于劳动的思想品德。强化大国工匠和劳动模范引领效应，在校园中大力宣传大国工匠，传播劳模故事，组织开展大国工匠进校园、劳动模范进课堂的活动，让大学生近距离感受工匠精神和劳模精神，引导大学生立足勤奋学习、立志劳动创造，切实全面提升自身素质，培育深厚的劳动情怀。通过劳模与大学生的近距离接触，让大学生对劳动的意义和价值拥有更直观和更真实的感受，从而带给他们更大的动力。劳动模范身上体现出的劳模精神和工匠精神，长期以来一直是我们坚持不懈奋斗的力量和源泉，也是推动国家发展和人民幸福的强大动力，他们值得我们每个人尊重和学习。因此，要在大学生群体中通过各种方式大力宣传劳动模范的感人故事，号召全社会向他们学习，以他们为榜样，向他们致敬，努力向他们靠拢。重视同辈群体的典型示范，同辈群体是一个社会成员初级社会化阶段的重要影响变量。同辈之间在校园内具有相近的生活经历和体验，彼此之间的相互影响也是极其重要的。在大学校园里，不乏同辈之间向上向善的动人故事，既有艰苦奋斗的励志传奇，还有刻苦努力的勤奋模范，这些榜样就在大学生中间，在大学生身边，可以用同辈的经历给他们以积极引导。在大学生日常的生活中，加强大学生党员、学生干部或者典型代表的示范，从生活细微之处影响大学生树立正确的劳动态度，培养大学生的劳动习惯，进而形成正确的劳动价值观。

## 本章小结

本章在分析新时代大学生劳动价值观存在的问题基础上,引出大学生应树立正确的价值观,进而分析了劳动教育对立德树人的功能支撑,以及用劳模精神引领新时代大学生培育践行社会主义核心价值观,并构建以培育正确劳动价值观为导向的劳动教育实施体系。

## 拓展阅读

### 社会主义核心价值观[①]

社会主义核心价值观是社会主义核心价值体系的内核,体现社会主义核心价值体系的根本性质和基本特征,反映社会主义核心价值体系的丰富内涵和实践要求,是社会主义核心价值体系的高度凝练和集中表达。

党的十八大以来,中央高度重视培育和践行社会主义核心价值观。习近平总书记多次作出重要论述、提出明确要求。中央政治局围绕培育和弘扬社会主义核心价值观、弘扬中华传统美德进行集体学习。中办下发《关于培育和践行社会主义核心价值观的意见》。党中央的高度重视和有力部署,为加强社会主义核心价值观教育实践指明了努力方向,提供了重要遵循。

2017年10月18日,习近平同志在十九大报告中指出,要培育和践行社会主义核心价值观。要以培养担当民族复兴大任的时代新人为着眼点,强化教育引导、实践养成、制度保障,发挥社会主义核心价值观对国民教育、精神文明创建、精神文化产品创作生产传播的引领作用,把社会主义核心价值观融入社会发展各方面,转化为人们的情感认同和行为习惯。

党的十八大提出,倡导富强、民主、文明、和谐,倡导自由、平等、公正、法治,倡导爱国、敬业、诚信、友善,积极培育和践行社会主义核心价值观。富强、民主、文明、和谐是国家层面的价值目标,自由、平等、公正、法治是社会层面的价值取向,爱国、敬业、诚信、友善是公民个人层面的价值准则,这24个字是社会主义核心价值观的基本内容。

---

① 引自360百科. 社会主义核心价值[EB/OL]. https://baike.so.com/doc/4404826-4611849.html.

# 第四章　新时代大学生的劳动价值观

"富强、民主、文明、和谐",是我国社会主义现代化国家的建设目标,也是从价值目标层面对社会主义核心价值观基本理念的凝练,在社会主义核心价值观中居于最高层次,对其他层次的价值理念具有统领作用。富强即国富民强,是社会主义现代化国家经济建设的应然状态,是中华民族梦寐以求的美好夙愿,也是国家繁荣昌盛、人民幸福安康的物质基础。民主是人类社会的美好诉求。我们追求的民主是人民民主,其实质和核心是人民当家作主。它是社会主义的生命,也是创造人民美好幸福生活的政治保障。文明是社会进步的重要标志,也是社会主义现代化国家的重要特征。它是社会主义现代化国家文化建设的应有状态,是对面向现代化、面向世界、面向未来的,民族的科学的大众的社会主义文化的概括,是实现中华民族伟大复兴的重要支撑。和谐是中国传统文化的基本理念,集中体现了学有所教、劳有所得、病有所医、老有所养、住有所居的生动局面。它是社会主义现代化国家在社会建设领域的价值诉求,是经济社会和谐稳定、持续健康发展的重要保证。

"自由、平等、公正、法治",是对美好社会的生动表述,也是从社会层面对社会主义核心价值观基本理念的凝练。它反映了中国特色社会主义的基本属性,是我们党矢志不渝、长期实践的核心价值理念。自由是指人的意志自由、存在和发展的自由,是人类社会的美好向往,也是马克思主义追求的社会价值目标。平等指的是公民在法律面前的一律平等,其价值取向是不断实现实质平等。它要求尊重和保障人权,人人依法享有平等参与、平等发展的权利。公正即社会公平和正义,它以人的解放、人的自由平等权利的获得为前提,是国家、社会应然的根本价值理念。法治是治国理政的基本方式,依法治国是社会主义民主政治的基本要求。它通过法制建设来维护和保障公民的根本利益,是实现自由平等、公平正义的制度保证。

"爱国、敬业、诚信、友善",是公民基本道德规范,是从个人行为层面对社会主义核心价值观基本理念的凝练。它覆盖社会道德生活的各个领域,是公民必须恪守的基本道德准则,也是评价公民道德行为选择的基本价值标准。爱国是基于个人对自己祖国依赖关系的深厚情感,也是调节个人与祖国关系的行为准则。它同社会主义紧密结合在一起,要求人们以振兴中华为己任,促进民族团结、维护祖国统一、自觉报效祖国。敬业是对公民职业行为准则的价值评价,要求公民忠于职守,克己奉公,服务人民,服务社会,充分体现了社会主义职业精神。诚信即诚实守信,是人类社会千百年传承下来的道德传统,也是社会主义道德建设的重点内容,它强调诚实劳动、信守承诺、诚恳待人。友善强调公民之间应互相尊重、互相关心、互相帮助,和睦友好,努力形成社会主义的新型人际关系。

## 问题思考

1. 新时代大学生劳动价值观存在的问题有哪些?
2. 新时代大学生树立正确的价值观应从哪几方面入手?
3. 劳动教育在高校立德树人中的功能整合体现在哪些方面?
4. 如何用劳模精神引领新时代大学生培育践行社会主义核心价值观?
5. 如何构建以培育正确劳动价值观为导向的劳动教育实施体系?

# 第五章 新时代高校劳动教育课的组织机构及基础劳动教育课

新时代的劳动课程未必要按固定周课表进行,从组织管理视角来考虑,可以由家长、社区、学校灵活安排,但在监督制度上须严密设计。随着知识经济时代生产力技术的快速发展,我们可以发现,劳动教育将更多地与信息技术、人工智能等紧密联系,在延续不变的劳动精神的基础上,创造条件让大学生参与各类创新型、创造性劳动,形成新时代劳动教育的新方向。

## 第一节 新时代高校劳动教育课的组织机构

### 一、学校组织机构及工作职责

大学生基础劳动教育课既是一门思想品德教育和文明校园创建课程,又是一门改变师生行为习惯、学会做人做事的实践课程。要教育实践好这门课程,一定要有较强的策划力、组织力、执行力,才能达成劳动教育课的效果。否则,这个课就是一盘散沙,成为一门自由"放羊"式,没有任何教育效果的课程。

为了有序和规范地实施劳动教育课,学校一般应成立"劳动教育课教学委员会"和教研室等机构,主要负责劳动教育课程的策划、指导、组织、实施、检查和管理等教学教务工作。

#### (一)劳动教育课教学委员会及工作职责

学校劳动教育课教学委员会设组长一名,一般由学校负责思想政治工作的党委书记担任;设副组长 2 名,一般由分管学校教学工作和分管学生工作的副校长担任;设成员若干名,一般由教务处、学生工作处、后勤处、督察室和各二级学院的主要负责人参加。

学校劳动教育课教学委员会主要职责如下。

(1)加强劳动教育课的思想政治工作,进一步明确实施劳动教育课的目的,端正劳动态度,教育广大学生积极参加劳动。

(2)结合学校的实际,建立和完善劳动教育课各项规章制度。

(3)负责研讨劳动教育课有关教育教学重要政策规定。

(4)及时解决劳动教育课学生反映的重要问题,督促劳动教育课取得最佳效果。

(5)努力探索、改革高校劳动教育课实施和管理模式,不断丰富劳动课内容,创新教育教学形式。

### (二)劳动教育课教研室及工作职责

高校开设劳动教育课,是一门新增加的思想教育必修课,按照教学要求,应成立课程教研室,主要负责全校各专业劳动教育课程教学计划的组织实施、教研活动和日常管理等工作。

劳动教育课教研室接受教学委员会的直接领导,接受教务处的业务指导和督察管理工作。教研室应设主任一名,一般由学生工作部(处)长担任;成员若干名,一般由各二级学院分管学生工作的副院长和学生教育科长或副科长参加,各学院具体组织实施劳动教育课的辅导员、班主任等参加。

劳动教育课教研室的主要职责如下。

(1)负责起草劳动课的教学计划、组织实施、检查考评、成绩录入、学分管理和奖惩等规章制度。

(2)加强劳动课的普遍教育,明确劳动目的,端正劳动态度,充分调动广大学生参加劳动的积极性。尤其要做好少数学生耐心细致的思想教育工作。

(3)具体负责劳动教育课的计划组织、理论教学、技能培训、实践指导、考勤管理、检查督促、讲评反馈、问题整改和资料整理等工作。

(4)认真了解和掌握劳动教育课实施过程中反映出来的问题,做好家校联系沟通,及时解决问题。

(5)按照教务处的安排,结合劳动教育课存在的问题,开展教育教学经验交流、集体备课和研讨活动。

(6)不断探索创新大学生劳动教育课方法和形式,丰富劳动课程内容等。

## 二、行政相关部门工作职责

劳动教育课作为一门思想政治教育必修课,按照教学规定和组织实施

## 第五章　新时代高校劳动教育课的组织机构及基础劳动教育课

劳动教育课的实际，以下部门具有分工负责的工作职责。

### (一)教务部门工作职责

(1)负责指导协调各学院按照新时代党的教育方针，即："培养德、智、体、美、劳全面发展的社会主义劳动者和接班人"培养目标，修订各专业人才培养方案，审核批准专业人才培养方案。

(2)负责指导劳动教育课教研室，根据学校教学规定和劳动课的计划安排，组织劳动教育课程日常教学管理工作，规范课程教学流程、检查督促教学与实践效果，及时整改存在的问题。

(3)负责每学期期初、期中、期末三次大检查，不断规范课程体系制度，完善课程教学存档资料，提高课程教育教学质量，努力使劳动课教育教学更加制度化、规范化。

(4)负责劳动教育课学生个人课程成绩、学分管理，指导课程补考、重修等工作。

(5)负责指导劳动教育课教研室做好劳动教育课程的教学改革，不断探索创新劳动教育课的教学和实践内容、形式和方法。

### (二)学工部门工作职责

#### 1. 领导劳动教育课教研室

根据教务部门有关课程教学规定和劳动教育课的实际，不断制订和完善符合劳动教育课实际的课程体系，科学制订学年度劳动教育课教学实践计划，并指导实施，健全劳动教育课规章制度，使劳动教育课更加制度化、规范化。

#### 2. 加强劳动教育课宣传教育

加强对广大学生劳动教育课的宣传教育工作。组织实施新时代党的教育方针的教育，充分认识高校开设劳动教育课的重要性和必要性，明确课程建设目的，端正劳动态度，努力营造劳动教育课的教育宣传氛围。

#### 3. 协调院(系)课程安排、具体实施

负责指导协调院(系)做好劳动教育课的组织实施、检查督促、问题整改等工作，主动协调各职能部门劳动教育课教育教学，特别是实践课有关工作，及时协助解决劳动教育课的有关问题。

4. 指导院（系）和辅导员工作

及时了解掌握学生对劳动教育课的思想反馈，树立和宣传吃苦耐劳表现突出的典型，耐心细致地做好个别学生的思想政治教育工作，广泛调动大家参与劳动教育课的积极性、主动性。

5. 指导资料归档工作

指导劳动教育课教研室按照课程建设的要求，收集、整理、归档，规范地做好劳动教育课的存档资料。做好每学年教育教学工作总结，开展好各项教研活动。

6. 组织做好课程的探索与创新

在开展组织实施劳动教育课过程中，应及时收集劳动教育课程教学过程中的新情况，出现的新问题，及时组织分析研讨对策，不断探索新时代大学生基础劳动教育课新形式、丰富新内容、取得新效果。

## （三）后勤部门工作职责

1. 提出符合实际的劳动标准

后勤部门作为文明校园创建的重要职能部门，应根据校园文明卫生、环境绿化等要求和广大学生的实际，提出校园基础劳动的有关标准。如教室、实训实验室、大厅、走廊、厕所等室内的地面、墙面、桌面、门窗面、玻璃面和天花板的清扫干净的标准，提出广场、道路、运动场、篮球场、人行道、绿化带（地）等室外清扫、清捡干净的标准。使学校劳动教育课的组织实施者对照标准提出要求，更加有的放矢。

2. 组织劳动技能和方法培训

后勤总务部门应定期组织学生骨干进行劳动技能和方法的培训，进行好正确的劳动姿势培训，掌握好各种劳动工具的使用方法，学会爱护劳动工具。熟练地掌握劳动技能和劳动工具，包括现代智能劳动工具的使用方法和技能，可以极大地提高劳动教育课的质量和效果。

3. 协助做好劳动课日常检查

后勤总务部门和学校督察部门共同履行劳动教育课日常实施情况的检查指导工作，及时巡查发现校园各区域劳动教育课存在的各种问题，及时提出整改意见,协助抓紧抓好整改落实工作,提升劳动教育课的日常教学工作质量。

4. 参与统一组织的劳动督查

一般情况下,学校每周组织一次全面的、彻底的劳动教育课检查,按照统一组织和分工负责相结合的检查方式,认真详细检查,发现问题及时汇报并提出整改意见,落实好自己的检查责任。

5. 做好劳动教育课工具保障

根据劳动教育课参加学生数所需要劳动工具和劳动工具正常损坏情况,及时按程序申请、审批、购买和补充,切实保障好劳动教育课所需要的劳动工具。

## 三、二级学院工作职责

院(系)是大学生劳动教育课程的直接领导和组织者,负有重要的课程教育教学和实践责任。高校教师和辅导员是大学生思想政治工作教育管理、组织者,对大学生基础劳动教育课程负有直接和具体组织落实的责任。

### (一)院(系)职责

1. 纳入人才培养方案

根据学校劳动教育课教学委员会和教务处有关课程教育教学要求,纳入重要的议事日程,制(修)订各专业人才培养方案,报教务处审批执行。

2. 制(修)订规章制度

制(修)订劳动教育课教育教学有关规定制度和教学计划,完善人才培养方案和教学计划的具体规定与措施,认真落实劳动教育课的教学制度、计划和奖惩规定。

3. 明确领导分工

明确院(系)领导对劳动课教育教学和组织实施的分工负责,加强各班级劳动课的督促检查,及时发现整改问题,不断提高劳动教育课的教学实践效果和质量。

4. 做好宣传工作

要做好劳动教育课的普遍宣传教育,按照课程要求上好劳动教育理论课,增强劳动意识,端正劳动态度,重视发现劳动实践过程中的好榜样,做好学生的思想宣传教育工作。

5. 完善课程档案资料

要按照课程教学管理规定,及时收集劳动教育课的各种教学资料,做好考勤和教学登记,规范整理,完善归档。要及时录入学生的课程成绩,做好补考重修工作。

6. 做好课程改革创新

要不断做好劳动教育课的理论教学与实践改革。不断探索新时代在高职院校开设劳动教育课程的途径与方法,尤其是与专业建设相结合的劳动教育,不断增强劳动教育教学的教育效果,努力达成人才培养目标。

## (二)教师或辅导员职责

1. 详细计划,分工负责

根据学校教务部门和学工部门关于开设开展大学生基础劳动教育课程的规定,对照各自参加劳动教育课的班级及人数,制订详细的劳动课计划,分成区域劳动小组,指定小组长负责,做好分工负责。组织班委会议和班会,明确有关规定,提出落实好劳动教育课的具体措施和要求。

2. 重视教育,统一思想

教师或辅导员根据学工部门和劳动教育课教研室的布置和要求,组织好4课时的劳动教育理论课的备课,充分准备,编写好教案,并认真组织教学,做好劳动教育理论课教学登记、考勤登记、过程登记、效果评价登记,形成完整的理论教学资料。

3. 遵守制度,落实规定

负责劳动教育课组织实施的辅导员,应坚持劳动教育课课程标准和制度,做好每天早上集合考勤登记和管理工作,做好每天劳动实践课结束后的小结讲评,加强劳动课实践过程中问题的自查整改工作,重视劳动教育课实践过程中的好人好事的宣传和氛围营造工作,做好劳动课教育教学总结。

#### 4. 交流经验,树立典型

教师或辅导员在劳动教育实践中,注重收集树立在劳动中不怕苦、不怕累、不怕脏、吃苦耐劳的典型,组织撰写心得体会和交流经验。注意利用实践过程,发现考察班团干部,给予评先评优,培养入党积极分子和发展党员。

#### 5. 耐心细致,做好工作

加强思想教育工作,对少数认识不到位、态度不端正、出工不出力,甚至找借口请假躲避劳动等行为,要及时沟通,做好耐心细致的思想教育工作。对个别我行我素、屡教不改、无特殊原因不参加劳动的问题学生,除给予补考、重修外,还应严肃教育、批评,直至纪律处分。

#### 6. 加强自查,提高效率

校园劳动由于点多、面广、线长,应科学组织,合理分配和分工。要组建一支5~8人由辅导员牵头、熟悉校园环境和有较强管理能力的督察小组,在劳动中反复巡查,发现问题当场整改,提高劳动课的质量和效率。

#### 7. 收整资料,分类存档

教师或辅导员要根据学校有关课程教学管理规定的要求,认真完整收集课程计划备课教案、成绩登录和分析表、考勤表及课程教学实践总结等,填写整理好教学情况登记表,由教研室存档保管。

## 第二节 新时代高校学生的基础劳动教育课

### 一、基础劳动教育课程概述

#### (一)课程性质

基础劳动教育课是锻炼提高学生的综合素质和能力,树立劳动观念,端正劳动态度,学习劳动技能,增强自我管理、自我服务意识,培养广大学生吃苦耐劳的优良品质和合作意识,养成爱劳动、守秩序、讲卫生、做文明人的良好习惯的基础性课,是一门品德实践教育必修课程。

## (二)课程目标

通过劳动教育和实践,端正学生对劳动的思想认识和劳动态度,掌握劳动技能,增强团结协作,传承吃苦耐劳、艰苦奋斗和珍爱劳动成果的优良品质,提高学生的文明素质和综合素质,培养广大学生好的文明行为习惯,弘扬劳动精神,教育引导学生崇尚劳动、尊重劳动,懂得劳动最光荣、劳动最崇高、劳动最伟大、劳动最美丽,树立正确的世界观、人生观和价值观,促进德、智、体、美、劳全面发展。

## (三)课程课时

劳动教育课列入全校各专业人才培养方案和课程教学计划,学生在校第一学年期间,参加以班级为单位组织的劳动教育课理论教学和集中劳动实践周,共计40课时。其中,劳动教育课理论教学(包括技能培训)为4课时,应在班级劳动实践周的前一周组织进行。劳动实践周为星期一至星期日,共7天,周总计36课时,即星期一、星期二、星期四和星期五每天按6课时计算,星期三、星期六、星期日每天按4课时计算。另外,星期三下午安排2课时的义务劳动活动。

## (四)课程学分

劳动教育课总课时计2学分。学生个人修满课时、达到理论考试和实践考核标准,并且劳动态度端正、遵守劳动纪律、劳动效果明显,结合个人平时行为习惯评定课程成绩,60分及以上为及格,未达到60分者应重新修读,学生所获学分、成绩记入个人档案。

## 二、基础劳动教育课程理论教学内容和基本要求

### (一)开设劳动教育课的意义

劳动教育是教育发展的内在需求,是社会主义教育的重要特色和优势。劳动教育既能引导学生热爱和尊重劳动,弘扬劳动精神,又是开展教育工作的重要保障和必然选择。

#### 1. 劳动教育是遵循马克思主义教育思想的必然要求

对照人类社会的发展史,无论人类解放和自身发展,还是获得财富都离

## 第五章　新时代高校劳动教育课的组织机构及基础劳动教育课

不开劳动,幸福也需要通过劳动创造。马克思提出了生产劳动与教育相结合的劳动教育思想,并确定为办好社会主义教育的一条重要原则;不同于普通的教育思想,他从唯物主义角度阐述了系统全面的劳动教育思想,把劳动教育提升到普遍规律的高度之上,强调人的解放需要开展劳动教育,从根本上明确教育应当"为人、对人、靠人"。劳动有助于人们获得生产生活经验和增强个人奋斗的主动性。

2. 劳动教育是立德树人的重要途径

立德树人既是教育的根本任务,也是检验教育成效的根本标准。立德树人的目的在于培养"德、智、体、美、劳"全面发展、合格的社会主义建设者和可靠的接班人,劳动教育则是实现立德树人目标的一个重要过程和重要方面。首先,劳动教育丰富了教育工作的内涵,促使学生端正劳动态度并树立正确的劳动观念,能够培养学生对于劳动和劳动人民的思想感情,逐步养成热爱劳动、善于劳动以及勤于劳动的素质。其次,劳动教育和道德教育紧密联系,劳动教育也是加强德育的过程。因此,道德教育与劳动教育相结合也是德育的一种方法。我国历来注重劳动教育的重要作用和实际意义,将劳动视为形成良好道德品质的重要途径,"德之根在心,人之本在劳",二者结合就是立德树人的根本。

3. 劳动教育的实际作用和现实需要

马克思高度肯定了劳动对于创造人和创造历史的重要意义。因此,劳动教育是劳动和教育的有效结合,一方面发挥了劳动的实践效用,通过利用和总结实践经验实现了理论和实践相结合、知行合一,人们得以在实践中学习、在学习中实践;另一方面发挥了教育的效用,增进了学生对于劳动生产知识和技术的认识与理解,提高了学生的劳动实践能力以及分析和解决问题的水平。因此,劳动教育与德育、智育、体育、美育密不可分,有助于完善教育工作,培养"德、智、体、美、劳"全面发展的人才。"以劳动托起中国梦"是习近平对于历史和现实的清晰判断,只有加强劳动教育才能培养出一大批勤于劳动和善于劳动的人才,才能符合新时代教育发展的根本要求,也是实现个人梦想和国家梦想的一个重要选择。

在现实生活中,由于社会物质生活的丰富和传统的家庭教育的方法有失偏颇,小孩应该做的事情都由家长包办了,致使一些小孩在家力所能及的事情都不肯去做、都没有做过,过着饭来张口、衣来伸手的"小太阳"生活。部分大学生连起码的洗衣、扫地、整理物品、料理个人的日常生活小事都做不来,都不会做。贯彻落实党的教育方针,把"劳"作为培养目标之一,是当前社会现实的需要,更是年轻一代为实现"中国梦"和中华民族伟大复兴的需要。

## (二)劳动观、奋斗观、幸福观主题教育

### 1. 劳动的价值

劳动观是人们对劳动的根本看法和态度,是人们世界观和人生观的重要组成部分。劳动是创造物质世界和人类历史的根本动力,劳动、劳动者神圣光荣;劳动是一切社会财富的源泉,按劳分配是合乎正义的分配原则,不劳而获、少劳多得可耻不义;劳动具有教育性价值,教育与生产劳动相结合,不仅体现出社会主义教育的本质,而且热爱劳动、积极参加劳动,才能实现个人的健康成长。不爱劳动、不愿劳动,过寄生虫生活,会阻碍个人的全面发展,实现不了人生价值。

### 2. 用劳动奋斗出幸福新时代

劳动是推动人类社会发展的根本力量,也是通向伟大梦想的进步阶梯。幸福是奋斗出来的。世界上没有坐享其成的好事,天上不会掉馅饼,努力奋斗才能梦想成真。对家庭而言,没有劳动就没有物质财富的积累,就没有生活条件的改善;对个人来说,劳动不仅筑牢了成功的坚实底座,也凝结成宝贵的精神财富。新时代的劳动者,只要肯学、肯干、肯钻研,练就一身真本领,掌握一手好技术,就能找到人生出彩的舞台,在劳动中发现广阔的天地,在劳动中体现价值、展现风采、感受快乐。

## (三)劳动实践课安全注意事项

(1)负责打扫学校大门口的学生,在打扫时应小心过往车辆,注意及时躲避。

(2)负责打扫楼前楼后的学生应小心楼上的同学往下丢东西,防止被砸伤。

(3)负责打扫各专用教室、实验实训室的学生,别乱动不认识的东西,防止出现一些不必要的损伤。

(4)负责擦门的学生应注意把门上锁,防止在门后打扫时,有人突然推门造成受伤。

(5)负责擦玻璃的学生应该注意防止从窗台上摔下来。

(6)负责擦灯管、电扇、挂画的同学除注意摔伤外,还要小心触电,开灯

## 第五章　新时代高校劳动教育课的组织机构及基础劳动教育课

时绝不能擦灯管。

(7)负责打扫台阶的学生防止踩空、摔伤。

(8)负责清理垃圾道的同学应注意垃圾道里的一些碎玻璃、石头等,防止对自己造成伤害。

(9)打扫中杜绝玩耍打闹,防止误碰其他同学,致使自己和他人受伤。

(10)打扫中应留意他人,以免对他人造成伤害。清理垃圾道的同学使用铁锹时,注意别误碰伤他人,负责打扫楼上的同学忌高空抛物。

### (四)理论教学基本要求

#### 1. 明确目的

应明确劳动教育的教学目的,通过理论教学,达到提高学生对劳动教育课的认识,增强劳动意识,掌握基本的劳动知识,明确劳动教育的目的意义、劳动教育的组织形式和方法等。

#### 2. 充分准备

劳动教育理论教学老师要提前做好调查研究,收集有关资料,结合学生缺乏的和实际需要的,认真准备教案,做好教学课件,使用多媒体教学,提高课堂教学效果。

#### 3. 讲究方法

重视劳动教育课程教学改革,应采取研究讨论式、启发互动式教学,必要时可以把课堂搬到现场去,贴近实际进行理论教学,增强课堂互动性,活跃课堂氛围。

## 三、劳动实践教育课程内容与要求

### (一)劳动实践教育课程内容

(1)教学楼。主要包括楼内各教室和走廊、楼梯、露台、休闲场所、公共卫生间及周边等区域。

(2)实训楼。主要包括楼内各实验实训室、走廊、楼梯、露台、休闲场所、公共卫生间及周边等区域。

(3)活动中心和图书馆。主要包括活动中心和图书馆各活动室、藏书室、阅览室、走廊、礼堂、露台、报告厅、休闲场所、公共卫生间,各类办公室、资料室及周边等区域。

(4)师生公寓。主要包括公寓各楼内走廊、楼梯、露台、值班室、休闲场所、庭院内及周边等区域。

(5)道路、广场。主要包括校内各机动车主、次干道,人行道和小道等。广场主要有集会广场、休闲广场、运动场、停车场、各种球类场等区域。

(6)食堂、车库。主要包括校园所有食堂和餐厅,地下人防设施和地下停车库及周边等区域。

(7)校内绿化地、生态园等。主要包括校园内各区域的绿化地、绿化林、校园湖(池)、果树园、生态园及校园周边等绿化区域。

(8)校园其他有关区域等。

高校校园总体上说有上述主要区域,而这些区域内的清扫卫生、整理物品、优化环境等工作,一般可以安排学生的基础劳动教育与实践课、师生的义务劳动、校园文明创建或者志愿者活动完成。

## (二)劳动实践教育课程要求

(1)学校应成立劳动教育课领导小组,主要负责专业人才培养方案的修订,决定劳动教育课有关教育教学、组织实施、检查考评、成绩管理、学分登录和奖惩等规章制度,督促劳动教育课取得好的教学效果。

(2)劳动课教研室主要负责专业人才培养方案的完善,负责劳动教育课的教学与管理实施,劳动教育课情况考核汇总,个人成绩评定与录入,根据学生劳动教育课成绩情况确定补考、重修和是否发放毕业证书等。

(3)二级学院应成立以院长助理为组长和有关辅导员、教务员等为成员的劳动教育课实施工作小组,各班级应成立以班长、团支部书记为负责人的劳动教育课组织管理和考评小组,根据校园劳动区域范围,划分成若干个劳动小组和一个考评小组,把班级学生劳动教育课落到实处。二级学院和班级主要负责劳动教育课的理论教学、具体组织实施、过程管理、考评奖惩、问题整改、学分登录和学生劳动教育课过程中的思想教育等工作。

(4)参与劳动课的学生要认真上好劳动理论课,参加有关培训,掌握必要的劳动知识和技能以及有关安全注意事项;熟悉劳动的项目、范围、劳动标准和目标要求;劳动过程中,劳动态度要端正,不怕苦,不怕累,按时上下岗,不得迟到、早退、串岗和旷工;服从安排,听从指挥,积极主动完成工作,不消极怠工,完成规定的课时和学分;在劳动期间,要爱惜劳动工具和学校设施,节约用水。

(5)环境卫生要求。室内区域:保持过道、台阶、地面等干净、无积水、无

第五章　新时代高校劳动教育课的组织机构及基础劳动教育课

烟头、无各种垃圾；桌面、墙面、天花板、窗户、玻璃和门面保持清洁卫生，无乱张贴悬挂，无灰尘和蜘蛛网等。室外区域：无树叶、烟头等垃圾和杂物堆积，保持室外公共卫生环境干净、整洁。

## 四、高校基础劳动教育的发展趋势

随着科学技术和人工智能的发展，为了降低人工成本和提高劳动效率，未来基础劳动工具将出现更多智能型清洁设备和环卫设备，如电动扫地车、洗地机、电动尘推、高压清洗机、三轮冲洗车等。同时，劳动方式也会随之发生变化，传统的机械性劳动，将被自动化机器、智能机器人取代。

### （一）电动扫地车

大学校园占地面积大，师生多，产生的垃圾也多，绿化好，树木秋冬季节或者树叶更换新叶的时候常常有很多树叶枯枝洒落，这个时候就需要扫地车进行清扫，依靠人工清扫费时费力。电动扫地车非常契合环保的理念，是一种必不可少的清洁神器。

### （二）洗地机、电动尘推

学校食堂、体育馆等室内地面的清洁比室外更加严格，可以使用洗地机、电动尘推车，从而达到地面一尘不染的效果。

### （三）高压清洗机、三轮冲洗车

高压清洗机是一款非常高效率、高效果的清洁工具，其利用水射流技术能够将一些难以清理的污渍轻松地祛除。三轮冲洗车是在高压清洗机的原理上进行了升级改造，将其变成了一款行走的高压冲洗车，将作业范围扩大，应用范围延伸，在校园中多用于路面的冲洗。

## 本章小结

构建劳动教育观要强化激励性与基础性，紧密结合专业需求和专业教学，统筹设置课堂教学与劳动实践活动，让劳动成为一种积极的生存方式。本章从学校组织机构及工作职责、行政相关部门工作职责、二级学院工作职责三方面分析了新时代劳动教育课的组织机构,然后对新时代高校学生的劳动基础课进行了阐述,具体包括基础劳动教育课程的内涵、理论教学内容、教学要求,劳动实践教育课程内容与要求,并分析了高校基础劳动教育的发展趋势。

**拓展阅读**

### 扫地机器人[①]

扫地机器人是智能家用电器的一种,能凭借一定的人工智能,自动在房间内完成地板清理工作。一般采用刷扫和真空方式,将地面杂物先吸纳进入自身的垃圾收纳盒,从而完成地面清理的功能。一般来说,将完成清扫、吸尘、擦地工作的机器人,也统一归为扫地机器人。扫地机器人的发展方向,将是更加高级的人工智能带来的更高的清扫效果、更高的清扫效率、更大的清扫面积。

**扫地机器人的工作原理**
(1)环境识别
扫地机器人对环境的识别主要包含几个方面:

---

① 出自 360 百科.扫地机器人[EB/OL].https://baike.so.com/doc/5445289-5683653.html.

## 第五章　新时代高校劳动教育课的组织机构及基础劳动教育课

对房间大小的整体记录与扫描。通过几个对环境的熟悉,扫地机器人的微电脑会在内部形成房间的定置图,房间有多大;房间的家具如何摆放;房间中哪些地方是不能打扫的等一系列的空间扫描结果,都会存储在扫地机的微电脑里,然后通过天花板卫星定位系统,来根据当前的位置,制订相应的工作计划。

对地面垃圾的识别。它通过红外感应,识别地板上垃圾的种类,然后决定是用吸还是用扫或是用擦的方式进行清理。当前的扫地机器人在这一点上还只能做到识别有没有垃圾,无法分辨种类,在清扫的方式上也比较单一,这是扫地机器人今后要解决的难题。

(2)确定清洁方式

对于扫地机器人来说,可能会内置很多种清洁方式,比如直线型、沿边打扫型、螺旋形、交叉打扫、重点打扫等,但针对不同的垃圾种类用哪种方式就需要微电脑来决定。一般来说,微电脑会根据感应到的垃圾种类,垃圾的数量等来决定需要的清洁方式。

既然叫作机器人,那么它的一个重要的功能就是人机交互,不过这个功能还不是很成熟,所以很少应用到扫地机器人中去。不过,这个功能将是以后对于扫地机器人能否称为机器人的关键。

**扫地机器人的结构组成**

(1)清洁系统

单吸口式:单吸入式的清洁方式对地面的浮灰有用,但对桌子下面久积的灰及静电吸附的灰尘清洁效果不理想(设计相对简单只有一个吸入口)。

中刷对夹式:它对大的颗粒物及地毯清洁效果较好,但对地面微尘处理稍差,较适合欧洲全地毯的家居环境。对亚洲市场的大理石地板及木地板微尘清理较差(清扫方式主面通过一个胶刷,一个毛刷相对旋转夹起垃圾)。

升降V刷式:以台湾机型为代表,它采用升降V刷浮动清洁,可以更好地将扫刷系统贴合地面环境,相对来说地面静电吸附灰尘清洁更加到位(整个的V刷系统可以自动升降,并在三角区域形成真空负压)。

(2)侦测系统

侦测系统主要有以下两种。

红外线传感:红外线传输距离远,但对使用环境有相当高的要求,当遇上浅色或是深色的家居物品它无法反射回来,会造成机器与家居物品发生碰撞时间一久,底部的家居物品会被它撞出斑斑点点。

超声波仿生技术:采用仿生超声波技术,类似鲸鱼、蝙蝠采用声波来侦测判断家居物品及空间方位,灵敏度高,技术成本高。在航空工业上都有系统的运用。

(3)基本配线

高速运转的扫地机电动机一般使用1000瓦以下的电力,故其所产生的热量与电热取暖炉相当。

一般的扫地机中,均装有电流保险丝和"热保护器",故即使出现电动机过热,也可及时监测出温度上升,暂时性切断通往电动机的电流,防患于未然。还装有"气流保护器",在吸嘴等阻塞、空气停止流动时动作,打开紧急空气吸入口,利用外部凉气来抑制主机的过热。

(4)排气过滤网

为了不使吸入扫地机的微小的灰尘泄漏到外边,扫地机里装有一种过滤网。另外,布袋或者纸袋,也起着过滤网的作用。这些过滤网,可防止极为微小的灰尘损伤电动机,同时还可起到防止弄脏室内空气的作用。

## 问题思考

1. 新时代劳动教育的学校组织机构及工作职责是什么?
2. 新时代劳动教育课中教师或辅导员的职责是什么?
3. 新时代高校基础劳动教育课程理论教学内容和基本要求有哪些?
4. 新时代高校劳动实践教育课程的内容与要求是什么?
5. 新时代高校基础劳动教育的发展趋势是什么?

# 第六章 新时代大学生劳动教育的有效实施

新时代大学生劳动教育具有鲜明的时代特征,要把握好劳动教育的原则,探索创新大学生劳动教育的实践路径。高校应更新观念,提高认识,完善管理机制,创新载体,促进融合,以生为本,优化评价体系,为新时代中国特色社会主义事业培养更多的高素质劳动者与建设者作出应有贡献。

## 第一节 新时代大学生劳动教育的实施体系概述

新时代大学生劳动教育的实施体系,可以概括为一门课程和八个"结合"。

### 一、高校劳动教育的课程建设

课程是人才培养的核心要素,学生从中受益最直接、最核心、最显效。劳动覆盖了人类生产生活的各个相关领域,劳动既具有广泛性、复杂性、多样性的特点,又具有相对完整的知识体系和逻辑体系,人类在总结规律、创新知识的过程中形成了劳动哲学、劳动伦理学、劳动文化学、劳动社会学、劳动经济学、劳动法学、劳动关系学、人力资源管理等一系列"劳动+"学科,这些学科经过系统化的研究和梳理,完全具备单独开设专门课程的各种必要条件。同时,2018年1月教育部高教司发布的《普通高等学校本科专业类教学质量国家标准》强调,"了解与本专业相关的职业和行业的重要法律、法规及方针政策"是学科人才培养的基本要求。比如,劳动哲学、劳动社会学能够深化学生对劳动的多维度认识,劳动关系学、劳动法学可以使学生学到分析解决劳动问题的本领,劳动伦理学、劳动文化学可以明确劳动伦理,增强劳动观念。目前,高校教育中有些课程融入了劳动教育,这些课程多侧重于对学生具体劳动技能的培养,而对学生劳动科学素养全面、系统、科学的培养培育则有所欠缺。因此,开设劳动教育的专门课程,既是所有专业的通识性需要,也是培养造就德智体美劳全面发展的新时代人才的必然要求。

开设专门的劳动教育课程,必须建立和完善劳动教育学科体系、教学体系、教材体系、管理体系,与其他专业课同向同行。在此基础上,组织编写《大中小学劳动教育课程指导纲要》或《全国普通高等学校劳动教育课程指导纲要》,明确课程性质、课程目标、课程设置、课程结构、课程内容与教学方法、课程建设与课程资源的开发、课程评价等内容。例如,编写《劳动科学概论》或《劳动概论》《大学生劳动教育读本》等相关教材,开设《劳动科学概论》等通识课程,努力将劳动教育通识课程打造为具有高阶性、创新性和挑战度的"金课"。

## 二、与思想政治教育相结合

劳动教育与思想政治教育的目标具有相关性,内容具有关联性,在实施路径的方式方法上也可以相互借鉴。一方面,思想政治教育有利于强化劳动教育目标的道德引领和精神塑造,有利于塑造和培养劳动价值观、劳动态度、劳动品德、劳动习惯、劳动知识与技能,进一步实现劳动教育的五个目标任务;另一方面,劳动教育有助于加强思想政治教育的实践性和针对性,有助于提高学生的思想水平、政治觉悟、道德品质、文化素养,有助于学生坚定理想信念、厚植爱国主义情怀、加强品德修养、培养奋斗精神、增强综合素质,促使学生成为德才兼备、全面发展的人才。

扎实推进劳动教育与思想政治教育相结合,要完善融通共建机制,做到学校全员全过程、全方位育人;要利用好思想政治理论课课堂这个主渠道、主阵地,使德育、劳育形成协同效应;要结合学校优势打造特色品牌,弘扬劳模精神、劳动精神和工匠精神。

## 三、与专业教育相结合

劳动教育与专业教育具有内在一致性和统一性。一方面,专业课程学习本身就是一种脑力劳动,学习的过程本质上也是一种劳动教育;另一方面,专业教育的最终目标,也是满足劳动的根本需要:高校通过专业课程的开设,传授专业劳动知识,培育专业劳动技能,培养具有创新精神和实践能力的高级专门人才,输送到相对专业的劳动岗位,发展科学技术文化,促进社会主义现代化建设。特别是在高校的各类专业课程设置中,有不少课程具有丰富的劳动属性和劳动指向,如文科的新闻采访和文稿写作,理科的数量统计和理化实验,工科的机械、电气、建筑、水利等研究应用技术和工艺,都是劳动教育与专业教育相结合的鲜活实践。

扎实推进劳动教育与专业教育相结合,要在专业课程中强化劳动导向,专业知识中融入劳动要素,构建具有本专业特色的劳动教育价值体系;要加强专业教育中的劳动知识的传授和技能的训练,培养培育劳动精神;要挖掘大国工匠、劳动模范等特色资源,开展劳动教育特色专业课程。

## 四、与实习实训相结合

劳动教育与实习实训具有辩证统一、相辅相成、相得益彰、共同促进的关系。与实习实训相结合,劳动教育会做得更加扎实、更加生动。实习实训重在培养学生的劳动态度和专业技能,帮助学生完成从学校到社会、从课堂到企业的角色转变;这一转变中劳动知识与技能的掌握是极为关键的,而这正是劳动教育的重要目标之一。同时,社会是劳动教育的大熔炉,生产一线、劳动一线对劳动教育具有更为直接的促进作用,能够鼓励大学生干一行、爱一行、钻一行,在平凡的工作岗位上做出不平凡的事业,实现实训实习的教育目标,取得实习实训的丰硕成果。

扎实推进劳动教育与实习实训相结合,要注重对学生劳动情怀的培育,不断提升学生的职业精神,学校通过与企业、社区、工厂等开展合作,激励学生参与社会实践,走进工厂、走进基层、走进社会,感受一线劳动的魅力,获得丰富的劳动体验,真正地尊重劳动、热爱劳动;要注重劳动知识和技能的培养,通过实习实训基地和相关单位的精细化统筹安排,拓展劳动知识,提升劳动技能,特别是要充分发挥劳模工匠等优秀劳动者的引领作用,为学生走入社会做好职业准备。

## 五、与社会实践和志愿服务相结合

实践是人们能动地改造客观世界的物质活动,人类历史是由人们的实践活动构成的;劳动是人类特有的社会实践活动,劳动概念是实践概念的具体化。在一定意义上,劳动与实践的最终指向都是作为其主体的人本身。在社会实践和志愿服务中融入劳动教育,既有助于学生形成良好的劳动习惯,提升他们的劳动技能,感受劳动所带来的收获乐趣,形成尊重劳动、热爱劳动的真挚情感;又有助于培养学生的社会实践和志愿服务能力,引导学生"做中学"和"学中做",在实践中不断实现成长进步、能力养成和素质提升。同时,志愿服务是典型的公益劳动,公益性社会实践在志愿服务中强化劳动教育意识,有事半功倍、相得益彰之效。

扎实推进劳动教育与社会实践和志愿服务相结合,要强化社会实践育人的比重,通过工学结合、勤工助学、劳动体验等途径,促使学生积极参与社会实践,锻炼劳动技能;要积极引领学生参与志愿服务,培养培育学生的劳动情怀、责任意识和奉献精神。

## 六、与创新创业教育相结合

创造性劳动区别于重复性劳动,是辛勤劳动、诚实劳动的升华,更是人类社会发展进步的根本力量。劳动教育与创新创业教育相结合,有助于培养、激发学生的创新性和创造性,其目的都是提升学生的创造性劳动水平。创新创业教育是进行创新思维培养和创业能力锻炼的教育,具有创新性、创造性、实践性特征,对于大学生创造性劳动的激发具有明显的促进作用;同时,对劳动教育而言,创造性劳动的培养既是重点也是难点。探索劳动教育与创新创业教育的结合点,打造"双创"教育的劳育大平台,让学生在创新创业实践中发扬创新精神、培养实践能力、实现劳动创造,奋力跑出"双创"教育的"中国加速度",是高校加强和完善劳动教育的有效途径。

扎实推进劳动教育与创新创业教育相结合,要加强体制机制建设,注重点面结合、强化实践,完善"双创"教育体系,要注重资源整合,拓展"双创"空间,为大学生提供更多参与"双创"活动的机会;要在"双创"活动中加大鼓励和奖励力度,激发学生主观能动性,提升大学生创造性劳动的培养水准。

## 七、与产教融合相结合

产教融合是实现产业与教学密切结合,形成校企一体共同培养学生的办学模式。劳动教育在产教融合中具有不可忽视的作用。2017年《国务院办公厅关于深化产教融合的若干意见》(国办发〔2017〕95号)明确指出,"加强学校劳动教育,开展生产实践体验,支持学校聘请劳动模范和高技能人才兼职授课"。一方面,加强劳动教育,能够在教育层面、经济层面、社会层面以及政策层面,强有力地推进产教融合,并最终实现赋能产教融合;另一方面,产教融合对劳动教育具有良好的支撑作用,劳动教育也要倚重产教融合,以产教融合推进劳动教育。

扎实推进劳动教育与产教融合相结合,要完善劳动教育与产教融合协同发展的体制机制,构建劳动教育与产教融合协同发展的生态环境,落实有利于产教融合的劳动教育机制,从教育政策、经济政策和社会福利政策入手,对其进行优化调整;要加强劳动教育与产教融合协同发展的顶层设计,建立相应的指导委员会,由产业部门、人保部门和财政部门多部门参与,统筹协调各方的利益关系;要建立劳动教育实施主体与产业行业对话协调机制,培植劳动教育与产教融合协同发展新模式,如共建合作机构、共建实体、共建人才基地、共建合作基金或奖励基金等。

## 八、与职业生涯教育及就业指导相结合

职业生涯教育是指促进和引导学生个体规划自我职业生涯并落实实施的教育活动,就业指导则是为大学生提供与就业有关的综合性服务活动,如传递就业信息、培养劳动技能等。职业生涯教育及就业指导对于帮助大学生树立正确的人生观、就业观和择业观具有非常重要的指导作用。在职业生涯教育及就业指导中强调劳动品德、劳动态度、劳动观念,能够更好地推动劳动教育落地生根,有助于帮助学生树立正确的择业观念,实事求是、脚踏实地地做好职业生涯规划。

扎实推进劳动教育与职业生涯教育及就业指导相结合,要加大职业生涯教育及就业指导力度,帮助学生树立正确的就业观,正确认识新时代劳动的复杂性与多样性;要将劳模精神、劳动精神、工匠精神与师资队伍建设有机结合,着力建设一支具备深厚劳动教育思想理念的高水平职业生涯指导教师队伍。

## 九、与校园文化相结合

校园文化是学校发展的灵魂,是凝聚人心、展示学校形象、提高学校文明程度的重要体现,承担着熏陶和影响学生的重要作用。习近平总书记指出,要"注重以文化人、以文育人",中共中央、国务院印发的《关于进一步加强和改进新形势下高校宣传思想工作的意见》也明确提出,"切实加强校园文化建设"。在校园文化中融入劳动教育,能够潜移默化地使学生在心里种下热爱劳动的种子;充分结合劳动诸要素的校园文化,也是具有中国特色、

体现新时代要求的大学文化。

扎实推进劳动教育与校园文化相结合,要通过各种丰富灵活的方式手段,积极营造校园劳动文化景观和氛围;要积极开展劳动教育系列活动,通过各类学术和文化文体活动倡扬劳动精神、传递劳动情怀;要积极发挥劳动模范和大国工匠的榜样作用,围绕劳动模范和大国工匠精心策划相关活动,实现劳动模范和大国工匠进校园制度化、经常化、规范化,推动劳模精神、劳动精神和工匠精神在校园落地生根、开花结果。

# 第二节 新时代大学生劳动教育的实施路径

## 一、高校劳动教育课程化

高校开展劳动教育,对于深入贯彻落实习近平总书记在全国教育大会上的重要讲话精神、培养德智体美劳全面发展的社会主义事业建设者和接班人,具有十分重大的现实意义。其主要实现途径之一,就是使高校劳动教育课程化。

### (一)高校劳动教育课程化的基本要求

高校劳动教育课程化是一个有机的系统,主要涵盖劳动教育的指导思想、教学原则、教学目的、教学方法、教材建设、课时分配、师资队伍建设等方面。

1. 指导思想

坚持以马克思主义劳动思想为指导。新时代,尤其要坚持以马克思主义劳动思想中国化的最新成果——习近平关于劳动问题的重要论述作为指导思想。习近平相关重要论述立足于新时代,深刻揭示了劳动的创造本质,科学概括出新时代劳动的基本实践形式,高度评价了劳动的重大意义,大力倡扬了劳模精神、劳动精神和工匠精神,提出构建和谐劳动关系的基本要求,以及推动劳动者实现体面劳动、全面发展的价值取向,等等。习近平关于劳动问题的重要论述符合新时代的要求,贴近客观实际,是加强高校劳动教育课程建设最根本的遵循。

第六章　新时代大学生劳动教育的有效实施

2. 教学原则

其一,坚持教育引导原则。高校劳动教育要体现对大学生积极的教育引导作用,使其通过劳动课程的学习,逐步掌握关于劳动的科学理论知识,把握人类劳动实践的发展规律,从而真正树立尊重劳动、崇尚劳动、热爱劳动的意识。劳动教育重在引导,因此,要摆脱板着面孔说教的窠臼。在教材编写方面,一定要多用引导性语言,以大学生愿意接受的各种形式,循循善诱,说明道理,以提高教材的吸引力、感染力和影响力。

其二,坚持教育深化原则。"熟知并非真知"具有普遍的真理性,依据这一命题,高校劳动教育一定要避免驻足于"熟知"阶段所造成的浅尝辄止,而应当以实现"真知"为努力方向,即达到对劳动问题的本质揭示、科学揭示、系统揭示。要求劳动教育一方面要在理论上将劳动的本质、劳动实践的普遍意义解释清楚;另一方面要将人们通过劳动实践所结成的现实关系给予透彻的分析,强调人的劳动活动作为人的研究对象,已经取得丰硕的研究成果,成为系统化的科学。基于这一思路,应突出劳动的科学性和系统性。

其三,坚持劳动教育从实际出发的原则。高校劳动教育在实施教学实践中,应坚持从实际出发的原则,不要搞"一刀切"。主要体现在两个方面:一是因校制宜。在劳动教育方针指导下,各个高校应以本校相关教学资源、师资队伍、学生实际等客观情况为出发点,制订并实施适合本校实际的劳育教学计划。二是因地制宜。高校劳育必须与当地的实际紧密结合,最大限度地利用本地区劳育资源,科学筹划创建劳育校外实践基地,要同一些生产企业、事业单位、科研院所以及服务业加强联系,使之能为学生进行劳育提供实践场所;同时还要加强同当地工会组织联系,并在工会的支持下,开展弘扬劳模精神、厚植工匠文化等活动,使学生在活动中感受到劳模与工匠的优秀品格和高尚精神。

3. 教学目的

高校劳动教育是以大学生作为教育对象,以普及劳动科学理论、基本知识作为教育的主要内容,以讲清劳动道理为教育的着力点,其目的是让高校学生通过对劳动的基本理论学习,深刻认识人类劳动实践的创造本质,深入理解劳动实践对于立德树人的重大意义,深切感悟劳动实践对于人的自由全面发展所具有的重要推动作用,使大学生能够树立起正确的劳动意识,形成科学的劳动观;进一步明确我国工人阶级的劳动实践在实现中华民族伟大复兴中国梦的伟大征程中所发挥的主力军作用,使高校学生真正在思想意识层面切实认识和领会习近平总书记反复强调的"劳动最光荣、劳动最崇高、劳动最伟大、劳动最美丽"的深刻道理及其重大意义,从而真正树立起尊重劳动、尊重知识、尊重人才、尊重创造的意识。

4. 教学方法

高校劳动教育在教学方法上,应利用互联网等现代化的教学手段,结合改革开放 40 多年取得的令世界瞩目的劳动成就,通过循循善诱的积极思想引导,达到劳动教育效果。

5. 课时分配

高校劳动教育作为必修课,应给予足够的课时保障。鉴于劳动科学知识点较多的实际,应在大学一年级第一学期安排 16 周课程,每周不少于 2 课时,共计 32 课时。另外,还应该安排 2 次劳动实践课程,组织学生深入企业生产第一线、科研第一线去体验劳动的感受。劳动教育课作为考试课,可设置 2 学分。

6. 师资队伍建设

高校劳动教育能否取得满意的教学效果,主要取决于师资队伍的专业水平,因此必须加强师资队伍建设。

其一,师资来源。劳动科学由于涉猎知识面广,具有单一专业背景的教师难以承担劳动科学教学,必须对有志于从事劳动教育的教师进行全面的专业培训。除此以外,相关教师也可以走专兼职结合的路子。

其二,成立劳动教育教研室或劳动教育中心。该机构除了完成教学任务以外,还要不断探索劳动教育教学规律,及时总结劳动教育的经验。

其三,从事劳动教学的专职教师,应在评优、职称评定方面给予一定的保障,激励教师在劳动教育领域尽职尽责,充分调动他们的积极性。

## (二)加强高校劳动教育课程化的教材建设

为了加强劳动科学的系统教育,应以《劳动科学概论》作为普及劳动科学知识的劳动教育教材,以马克思主义历史唯物主义方法论为指导,以唯物史观中关于劳动的基本思想和观点作为逻辑主线,贯穿教材的始终;以习近平关于劳动的重要论述精神作为根本遵循;以劳动实践在社会生产及社会生活各个领域的具体体现作为主要内容,形成独立、完整的教材。人们的劳动实践不仅对自然进行改造,形成人与自然的关系,也实现了对社会的改造,形成人与社会的关系,同时在劳动实践中,劳动对人本身也产生重大

# 第六章　新时代大学生劳动教育的有效实施

影响。劳动者作为劳动实践主体,通过劳动实践活动形成一系列重要关系,诸如经济关系、社会关系、伦理关系、审美关系、生态关系等,这些关系的本质,都同人的劳动实践活动紧密相连,是人的本质及其利益诉求在不同领域和关系系统中的集中体现。本着这种思路,《劳动科学概论》作为劳动教学教材,应重在以下几个方面进行逻辑建构。

### 1. 劳动科学总论

揭示劳动科学的内涵。劳动科学是指以人类劳动作为总的研究对象,以劳动者在劳动过程中产生的劳动问题以及与劳动问题相关的一切自然和社会关系及其调整问题作为研究内容,而形成的具有内在联系和分布规律的学科群。劳动科学是不同的具体劳动学科通过内在逻辑联系形成的科学系统的统称,其中每一具体劳动学科都是构筑劳动科学系统的基本要素,而劳动科学作为具体劳动学科形态的统一体,具有劳动学科的"类"的基本特征。通过劳动科学总论的学习,学生可明确劳动的本质规定,掌握劳动科学属于什么性质的科学。劳动科学揭示了劳动的学科性质、意义、研究方法以及学习劳动科学的目的、意义、方法和基本要求等。

### 2. 劳动哲学层面

以唯物史观的基本立场、观点和方法作为主线,统摄并贯穿教材始终,主要揭示劳动的本质、劳动的作用、劳动的价值、劳动同自然社会及人自身的关系、劳动同科技发展的关系、劳动发展的未来趋向等方面内容。

### 3. 人类劳动发展史层面

以历史和逻辑相统一的方法,从纵向上,对人类劳动实践的历史回顾,使学生通过学习明确"人们的社会劳动实践是推动社会发展的动力"这一唯物史观的重要思想,认识到劳动实践活动对于推动科技发展、社会文明进步以及人自身的全面发展所起到的重要作用。这一部分应从劳动推动人类社会进步的视角出发,按照人类社会不同发展阶段进行分期,描述与之相应的人类劳动的基本特征,尤其要重点描述第一次产业革命到第四次产业革命的联系与区别,以及给人类社会带来的革命性变革,强调新时代劳动形式的变化对劳动关系的深刻影响,以及构建和谐劳动关系重大意义及基本实现途径。

### 4. 劳动科学的主要学科层面

从逻辑上可以并列的学科主要包括劳动经济学、劳动社会学、劳动法学、劳动伦理学、劳动美学、劳动文化学、劳动管理学、劳动教育学、劳动生理学、劳动心理学、劳动关系学、劳动保护学、社会保障学以及工会学等。上述学科主要涵盖了劳动者在劳动实践中所触及的方方面面的问题,有助于开阔高校学生对劳动认识的眼界,有助于丰富高校学生关于劳动的各个门类的科学知识。诸如,通过劳动经济学的学习,学生可掌握劳动就业、劳动报酬等基本知识,明确作为劳动者所拥有的相关合法权益是受法律保护的;通过劳动关系学的学习,学生可明确劳动关系在整个社会关系系统中的地位、劳动关系的性质、和谐劳动关系构建的重大意义等;通过对劳动法学的学习,学生可掌握必要的有关劳动者依法享有合法权益的知识,明确《劳动合同法》《就业促进法》《劳动争议处理条例》等法律法规对实现劳动者权益的法律保障作用;通过劳动伦理学的学习,学生可明确劳动的伦理规则,即如何劳动才能符合伦理要求;通过劳动保护学的学习,学生可明确安全生产对于实现劳动者的健康权、安全权的重要意义。

在高校劳动教育课程化的实现过程中,还应注意澄清两种模糊认识:一是劳动教育替代论。这种观点轻视劳动教育的作用,提出可以用其他课程取代劳动教育,不懂得劳动教育课程是一门独立的、不可替代的学问,劳动教育对于学生端正劳动态度、深刻理解劳动的意义具有重大的推动作用。二是劳动教育等同于劳动锻炼。这是对劳动教育的狭隘理解,是劳动教育认识上的局限。诚然,单纯的劳动锻炼会加深对劳动创造价值的理解,但是要全面深入理解和掌握劳动科学知识,必须通过劳动教育课程化的过程。

## 二、新时代高校劳动教育与思想政治教育相结合

习近平总书记在全国教育大会上强调,"要在学生中弘扬劳动精神,教育引导学生崇尚劳动、尊重劳动,懂得劳动最光荣、劳动最崇高、劳动最伟大、劳动最美丽的道理,长大后能够辛勤劳动、诚实劳动、创造性劳动。"思想政治教育一直是学生行为习惯养成、成长成才教育的主渠道。劳动教育可以促使大学生树立劳动光荣的价值观,形成劳动意识,劳动团结、责任意识和掌握劳动技能,在育人方面起着不可估量的作用。将劳动教育与思想政治教育二者有机结合,能对在劳动教育中发挥思想政治教育的作用以及在思想政治教育中进行劳动教育的功能进行双重强化,促进二者相互渗透。劳动教育是思想政治教育的应有之义,劳动教育有利于强化思想政治教育的实践性,提升思想政治教育的针对性,拓宽思想政治教育的路径,增强思想政治教育的吸引力,对大学生热爱劳动的习惯、劳动观念的养成具有积极深远的意义。

## 第六章　新时代大学生劳动教育的有效实施

### (一)改革思想政治教育内容,将劳动教育贯穿教育的全过程和全场域

思想政治教育工作是高校育人的重要环节,在学校营造了重视劳动教育育人的大背景下,面对更具个性的学生群体,思想政治教育途径应该更加多元化,承担思想政治教育的教师或普通教师要充分利用劳动教育这一载体,进行思想政治教育模式的改革,通过多种渠道、多种方式开展劳动教育。

充分利用高校的"进口"——入学教育环节设置一些实际的劳动内容,通过学生的体验分享进行劳动教育和思想政治教育的双重教育。入学教育是大学生进入大学,了解大学学习的重要窗口,要重视并恰到好处地运用好入学教育,使学生的劳动思想先入为主,让学生肯定劳动是每个大学生应该做的。充分利用高校的"出口"——毕业典礼进行思想政治教育的深化,让毕业生能够具备一定的劳动素养,并在未来的职业生涯中继续完善。还可以与学生社团活动相结合,如学校开展以劳动为主题的团日活动,相关学术性社团组织关于劳动、劳动者、劳动权益保障等主题研讨活动。培养大学生热爱劳动、尊重劳动者、维护劳动公平和正义的情怀。

在思想政治教育课堂中渗透马克思主义劳动观,围绕劳动是人类创造物质财富和精神财富的活动进行案例化教学,使学生树立积极的劳动观念。在作为思想政治教育主阵地、主渠道的思想政治理论课上,比如在"马克思主义基本原理概论"课程中,以马克思主义劳动价值论为主线,展开对资本主义的批判和对未来共产主义的展望;在"毛泽东思想和中国特色社会主义理论体系概论"课程中加入对习近平新时代劳动思想的阐释;在"形势与政策"课程中加入对当前劳动力市场的分析以及坚持教育教学与生产劳动、社会实践相结合。

### (二)拓宽劳动教育内容与形式,拓展实现自我教育的方式和途径

学生能够通过劳动教育这条主线,以不同的方式和途径实现自我教育,是劳动教育育人的最高目标。为了避免劳动教育内容的单一化、形式化,学校可以创新劳动教育的类型,比如劳动讲座的聆听、宣讲劳动者的故事、公益劳动的参与、专业实习的实践、劳动后体验的诉说等。通过劳动讲座,学生可建立自我劳动认知,进而提高对公益劳动参与的积极性;通过专业知识学习后的实习,学生能够具备一定的劳动技能,完成知识指导专业劳动的实践,并在实践活动中达到知行合一;宣讲劳动者的故事和劳动体验交

流,可让学生学会主动地参与劳动并珍惜他人的劳动成果等,进而实现自我教育。

### (三)借助新移动互联网技术,搭建劳动教育的新平台

探索第一课堂与第二课堂(校园内各种活动)、第三课堂(校外实践)、第四课堂(网络)相结合的全程陪伴学生、服务学生的劳动教育与思想政治教育相结合的有效机制。鼓励教师运用网络平台,借助邮件、QQ、微信等交流方式,围绕劳动观、劳模事迹、劳动精神等反映的热点、难点、重点,与学生在课下探讨、研讨和实践,为学生搭建不断深入理解和践行新时代劳动观的教学、研究、实践三位一体的平台,实现从理论认知和课堂教学向学生的自觉认知与课下吸收的有效转化。

利用新媒体新技术搭建劳动教育与思想政治教育相结合的教学网页,构建网上网下、线上线下的混合式教学模式。推出劳动教育与思想政治教育相结合的微信公众号,向学生推荐弘扬劳动精神的好文、好书,报道新时代劳模精神、工匠精神的相关链接与视频,宣传劳动教育相关理论课程或讲座的信息,推送学生的经典朗读、学习感悟等,全方位实现师生在线讨论交流,使学生能够自主自觉地在课下传播劳动精神、传播正能量。

### (四)回归劳动经典解读,培育劳动观的理论思维

要正确理解劳动的作用、劳动的价值,就要回到马克思主义的经典理论,回到文本,正本清源。回归劳动经典解读,使学生了解马克思主义的思想是什么,必须以马克思恩格斯著作为依据,正确找到劳动教育的理论渊源,厘清党在各个时期关于劳动的观点。在大班教学中鼓励学生以小组形式合作学习。例如,"马克思主义基本原理概论"课的教学注重将经典解读和原理讲解结合起来,让学生对原理既知其然,又知其所以然,更注重让学生领略马克思主义经典文本的理论深度和思维魅力,树立具有理论思维的系统劳动观念。

强化对习近平新时代中国特色社会主义思想的学习与贯彻,深入理解新时代的劳动观,体会劳动精神与劳动情怀,认真学习习近平总书记关于劳动、劳模精神、工匠精神的系统论述,深刻体会中国特色社会主义思想的一脉相承、与时俱进。在理论的脉络中不断深化对劳动教育的理解。

### (五)劳动模范和大国工匠进校园,发挥榜样的作用

高校通过"劳动模范进校园""大国工匠进校园"等活动形式,弘扬劳模

精神、劳动精神、工匠精神。传播社会大力宣传的劳动模范和大国工匠的故事,让大学生能够近距离感受榜样力量,聆听模范故事,探讨工匠情怀,使广大学生可知、易感、能学,从而引导青年大学生崇敬劳模、学习劳模,崇尚劳动、热爱劳动,让劳动精神成为青年大学生成长成才的精神动力。

邀请全国劳模、大国工匠走进思想政治理论课堂,与思想政治理论课教师共同授课。或开设"大国工匠面对面"公选课,创新授课方式,例如,中国劳动关系学院打造了劳模精神、工匠精神进课堂的"211模式":"两个"主讲人,即一个思政课老师和一个劳模同上一堂课;阐述"一个"主题,两位主讲人分别从理论和实践角度阐述我们国家在某一行业或者领域取得的伟大成就以及劳模(工匠)在其中的可歌可泣的奉献与创造;达到"一个"目标,即让学生围绕主题实现对国情的深刻理解和思想的极大提升,使大学生坚定"四个自信",从而实现以劳模(工匠)精神为核心的高职业素质的劳动者信念的育人目标。授课过程可采用"六部曲":主持人介绍,视频播放劳模先进事迹;思政课老师从理论角度做主题讲解;全国劳模从实践角度做阐释;老师、劳模和学生互动;思政课老师升华总结;主持人小结。劳模们演示精湛技艺、讲述工匠事迹,教师讲解理论知识、进行思想引领,用鲜活素材生动阐释新时代劳模精神的丰富内涵,广泛宣传劳模精神。或聘请劳模担任导师和辅导员,发挥劳模在身边的影响和带动作用。

## 三、新时代高校劳动教育与专业教育相结合

习近平总书记在全国教育大会上指出:"要在学生中弘扬劳动精神,教育引导学生崇尚劳动、尊重劳动,懂得劳动最光荣、劳动最崇高、劳动最伟大、劳动最美丽的道理,长大后能够辛勤劳动、诚实劳动、创造性劳动。"这对新时代下高等教育的"育人"功能提出更高的要求,如何将劳动教育贯穿于高校专业教育整个过程,发挥劳动教育在培养德智体美劳全面发展的社会主义建设者和接班人的功能成为当下值得思考的问题。

### (一)劳动教育与专业教育相结合,首先要规划好高等教育人才培养顶层设计

#### 1. 坚持党的领导,开展人才培养设计

围绕"培养什么人、怎样培养人、为谁培养人"这一教育的根本问题,习近平总书记在全国教育大会上强调,我国是中国共产党领导的社会主义

国家,这就决定了我们的教育必须把培养社会主义建设和接班人作为根本任务,培养一代又一代拥护中国共产党领导和我国社会主义制度、立志为中国特色社会主义奋斗终生的有用人才。劳动教育要紧密围绕国家培养什么人的要求,将弘扬中国特色社会主义下的劳动价值观根植于理想信念培养中,融入教育教学全过程,引导学生崇尚劳动、尊重劳动,懂得劳动最光荣、劳动最崇高、劳动最伟大、劳动最美丽的道理,在劳动教育中深刻理解个人命运与国家发展的紧密联系,能够身体力行主动地进行辛勤劳动、诚实劳动、创造性劳动,为国家发展、社会进步建功立业。

2. 服务社会经济发展,开展人才培养设计

在中国特色社会主义新时期,面对世界经济复苏乏力、局部冲突和动荡频发、全球性问题加剧的外部环境,面对我国经济发展进入新常态等一系列深刻变化,习近平总书记在党的十九大报告中指出,统筹推进中国特色社会主义事业"五位一体"的总体布局和协调推进"四个全面"的战略布局,实施深化供给侧结构性改革、加快建设创新型国家、实施乡村振兴战略、实施区域协调发展战略、加快完善社会主义市场经济体制、推动形成全面开放新格局等建设现代化经济体系的六大任务。这对高等教育的人才培养提出了新任务新要求,劳动教育要顺应新时代社会经济社会发展的需求,要顺应新时代本科教育改革发展的背景,以服务需求为导向,将散落在不同一级学科之下的劳动哲学、劳动文化学、劳动经济学、劳动管理学、劳动法学、劳动关系、人力资源管理、劳动与社会保障、社会工作、劳动安全工程、职业卫生等一系列与劳动高度关联的学科提炼出来,打破学科、专业的界限,构建出以培养懂专业知识、会劳动技能、能劳动创造的高素质复合型人才的教育体系。

3. 遵循当代大学生发展特点,开展人才培养设计

"新时代高校40条"从学生、教师、学校和教育四个层面提出要全面坚持"四个回归",谋划和推动全面振兴本科教育。回归的首要任务是真正让学生刻苦读书学习,劳动教育应全面了解当代大学生的身心发展特点,遵循当代大学生崇尚自由、追求自主的发展愿望,优化教学资源配置,科学合理设置教学活动,创新劳动教育形式,以学生喜欢的、接受的方式,吸引学生回归学校,端正学习态度,激发学生的学习兴趣和潜能,引导学生崇尚劳动、尊重劳动、热爱劳动。按照构建中国特色、世界一流的卓越拔尖人才培养体系的"六卓越一拔尖"计划2.0和培养"新工科、新医科、新农科、新文科"的需要,制定适应于精英型人才和应用型人才培养的劳动教育体系,针对不同学生的个性化特点和需求,丰富劳动教育多元化人才培养模式,让劳动教育深

# 第六章 新时代大学生劳动教育的有效实施

入人心,实现教育目标。

## (二)科学确定劳动教育与专业教育相结合的实施路径

高校落实劳动育人,要避免四种倾向。一要避免劳动教育被窄化。不能简单片面地理解为某个具体活动。劳动教育有体力劳动教育,也有脑力劳动教育;有物质生产劳动教育,也有精神生产劳动教育,内涵丰富,不一而足。二要避免劳动教育被僵化。劳动教育要实现以劳促德、以劳增智、以劳强体、以劳健美的目标,这是劳动教育与其他四育的内在联系,不能人为地孤立割裂劳动教育。三要避免劳动教育被弱化。德智体美劳"五育"都是新时代中国特色社会主义教育体系的组成部分,切忌将其他四育置于劳动教育之上而弱化劳动教育的地位和作用。四要避免劳动教育在实践过程中被淡化,出现"说起来重要,做起来次要,忙起来不要"的问题。

### 1. 拓展专业视角,扎实推进劳动教育与不同专业相融合

劳动教育与专业学习具有内在一致性和统一性。一方面,专业学习本身就是一种脑力劳动,学习的过程本质上也是一种劳动教育;另一方面,专业学习的最终目标,也是劳动的根本需要。高校根据专业发展开设课程,传授专业劳动知识,培育专业劳动技能,培养具有创新精神和实践能力的高级专门人才,输送到相对专门的劳动岗位,发展科学技术文化,促进社会主义现代化建设。

在高校的各类专业设置中,有不少具有丰富的劳动属性和劳动指向。在自然科学领域,真实的科学研究,如理科的物理实验、化学实验、数量统计则成为真正的劳动,天文观测、地质勘探等也具有鲜明的劳动特点,工科中机械、电气、建筑、水利等研究应用技术和工艺,都是劳动教育与专业相结合的鲜活实践。在社会科学领域,毛泽东同志早年在湖南考察农民运动、社会学家费孝通所做的田野调查也具有劳动的性质。这种劳动,是认识"真"的劳动,其中包含"美",被称为探索性劳动。在艺术领域,美术创作、设计专业和音乐专业等,绘画、设计和音乐创作需要动手,需要动脑,需要进行创造性劳动。新闻采访和文稿写作、社会工作等专业,都是劳动教育与专业发展相结合的鲜活实践。

### 2. 调整高校人才培养方案,将劳动教育融入人才培养的全过程

高校人才培养方案是根据社会对人才的需求加上高校自身办学的理念来制订的。在制订各专业人才培养方案时,高校应科学定位各专业人才培养目标,人才培养方案对培养目标形成有效支撑,紧密结合社会需要,从行

业、企业需求出发,综合毕业生就业情况与培养反馈,优化设计培养环节、课程体系和教学内容,创新教学方式方法,不断提高人才培养质量。通过设置劳动课程大纲,分层次设置劳动类型(劳动讲座、公益劳动、专业学习、志愿服务等);明确劳动课程的教育内容(包括劳动理论讲座、专业劳动技能知识的学习等)和劳动目标(劳动观念、劳动习惯、劳动技能的养成等),为劳动课程设置相应的学时和学分(如讲座学时和学分、专业学习学时和学分、公益劳动学时和学分等),配备专业教师队伍(具有良好政治素质、具备劳动技能),将劳动课程学分化,在培养方案中设置2~4分的劳动学分,即在大学期间完成一定的劳动任务,合格后大四可以顺利得到劳动学分。

充分认识到实验实践教学在人才培养中的重要性,各专业人才培养方案中要增加实践学分(重点增加创新创业、志愿服务、社会实践等)的比例,强化社会实践育人,通过增加实验实践教学课时,鼓励参加创业创新项目、志愿服务,工学结合,开展毕业实习等多种途径让学生感受劳动带来的收获,促进形成更尊重劳动、热爱劳动的真挚情感。

3. 抓好课堂教学知识传授的主渠道,在潜移默化中达到劳动教育融入的效果

课堂教学是高等教育中知识与技能传授的主要方式,劳动教育应抓好课堂教学主渠道,将劳动意识、劳动人权、劳动伦理、劳动关系、劳动条件、就业平等、社会保障、职工福利、职场安全与卫生、劳动法及劳动职业生涯发展教育等相关内容融入专业教学中,为学生提供完整且具系统性的劳动教育。首先把劳动人权、劳动伦理、劳动关系等基础概念先行扎根,透过劳动伦理建立劳动教育的基础态度,之后在实务基础上开展劳动职业生涯、劳动条件、职业安全与卫生、就业平等、社会保障、职工福利等教育,为大学生开展劳动教育项目,让学生能够系统了解劳动的权利、内涵及精神,进而维护劳动权益,促进劳资关系和谐,营造尊严劳动的环境。

高校的劳动教育内容可以根据专业的不同,与专业教学紧密结合,并利用课外时间、双休日、寒暑假组织实施,以达到用劳动教育促专业教学的目的。一是要求学生积极主动地参与,学生通常在教学过程中处于中心地位。这是保证学生实践能力真实成长的不可缺少的前提条件。二是一般以案例、问题、项目为中心组织教学,从而使课堂教学更贴近学生将来必然面临的真实问题。如课程类型多种多样,有演讲课、讨论课、个案研究、模拟法庭、项目研究等,以发现需要解决的真实问题。

4. 围绕专业教育中各关键点,把握好与劳动教育的融入

辛勤劳动、诚实劳动、创造性劳动,是习近平总书记对新时代劳动的基

## 第六章 新时代大学生劳动教育的有效实施

本要求。人才培养中专业教育的各关键点,诸如日常学习、考试、实习、毕业论文写作等环节,均需要把握好与辛勤劳动、诚实劳动、创造性劳动的相融合。

大学生的第一职业是学生,学习即为大学生第一重要的劳动过程,这与其他年龄阶段的学生的劳动过程具有一致性,即通过学习来体现自己的劳动价值。学生作为教育劳动的接受方,其劳动价值是通过学习提升自我劳动能力,满足社会生产力发展等需求来体现的。学生在学习劳动过程中,通过辛勤劳动,使得劳动潜能转化为劳动价值,作为对知识吸收理解的过程成为对劳动价值的提升,使自身可以胜任更加复杂或高科技的工作,呼应社会需求。

在大学生群体中,还要提倡诚实劳动。诚实劳动和工作,是当代大学生争取美好生活的一条坦荡大道。诚实劳动,应从培养学生诚信考试做起。辛勤劳动、诚实劳动和创造性劳动是统一的。因此,新时代高校劳动教育要在辛勤劳动、诚实劳动的基础上强调创造性劳动。要让大学生深刻理解新时代的劳动者"不仅要有力量,还要有智慧、有技术,能发明、会创新"的道理,努力营造"劳动光荣、技能宝贵、创造伟大的时代风尚"。创造性劳动,可以从学生的实习实践和毕业论文写作中体现。针对目前实习实践环节的形式化问题,加大对实习实践的过程监督与管理,充分利用各学校已签约的较稳定的实习实践基地资源,逐渐推广集中实习。加大对毕业论文的查重力度,并逐步加强对学生日常作业、考试考察的论文、学年论文、实践报告等查重力度。

### 5. 教师言传身教,做好劳动教育的榜样

无声的"身教"要比有声的"言教"影响力更大。教育是培养人的活动。教育活动的这一本质特点,决定了教师的劳动必然带有强烈的示范性。教师的劳动之所以具有示范性,还在于模仿是大学生的一个重要的学习方式。

教师劳动的示范性,表现在教育活动的各个方面。在教学工作中,教师对学生提出要求时,如有必要,都会事先做示范,以增强学生学习的直观性和规范性。教师的个人品质对学生也具有重要的示范作用。

教师劳动的创造性比一般劳动的创造性更具有灵活性。要注重在学生的学习过程中培养其职业素养。教师在学生的行为习惯养成中扮演着十分重要的角色。首先作为教师,在课堂内外需时时刻刻严格要求自己,认真备课和组织课堂教学、认真指导学生学年论文和毕业论文写作等,为学生做到表率作用,树立榜样,榜样的力量是无穷的。其次,通过实习实践重视对学生的技能训练,刻苦钻研,培养过硬的专业技能,提高自己的职业素养。

6. 适应信息化时代和未来的人工智能时代对劳动教育提出的新要求和新挑战

在信息化时代和未来的人工智能时代:"劳动"的内涵,特别是在教育中的新内涵可能逐渐向"实践"概念靠拢。新时代的劳动将具有两个核心因素:第一,劳动,必须动手和动脑紧密结合。第二,劳动,必须面对真实的现象、真实的世界而非幻想世界。适应新时代的要求和挑战,高校应借鉴国内外先进经验,精准灵活运用网络信息技术、亲身现场体验、模拟仿真试验、人工智能等形式拓展专业劳育方式;要注重利用"慕课"、在线课堂、翻转课堂、手机课堂、微课堂等方式讲好专业劳育课程,打造新时代专业劳育的"金课",给劳动教育增强互动性、即时性、趣味性。

## 四、新时代高校劳动教育与实习实训相结合

实习实训是高等教育实践教学环节中的重要组成部分,包括专业实验、专业实训、专业实习等内容,是高校依托不同的教学环境,有计划地、系统地组织学生结合所学专业开展多元化的实操性、实践性活动,通过在做中学、在做中思、在做中行,增进学生对课堂讲授的专业知识的认识,激发其主动思考,提高其探索创新的意识,锻炼学生运用专业知识和技能解决实际问题的能力,提升学生的综合素质与就业竞争力。实习实训本身是一种劳动活动,是开展新时代高校劳动教育的主阵地,是发挥"以劳树德、以劳益智、以劳健体、以劳育美"协同育人功能,培养德智体美劳全面发展的社会主义建设者与接班人的主渠道。

《中国教育现代化2035》指出"弘扬劳动精神,教育引导学生崇尚劳动、尊重劳动、树立依靠辛勤劳动创造美好未来的观念。强化实践动手能力、合作能力、创新能力的培养"。实习实训(含实验)强调的正是实践动手与团队协作,为此,抓好实习实训中的劳动教育,是贯彻劳育的重要途径。其根本任务是开展专业劳动知识技能教育,并融入劳动价值观、劳动态度的教育,以润物细无声之势,让劳动品质根植于心,让劳动成为习惯。

### (一)优化实习实训(含实验)教学体系,加强劳动教育融合

劳动教育是激发学生认真学习、培养创造力的源泉。劳动教育与实习实训的融合首先要在教学体系构建时加强劳动教育,明确劳动教育的目标、教学体系和教学任务。一是要建立科学的实习实训(含实验)课程体系,根

## 第六章　新时代大学生劳动教育的有效实施

据相关专业教学质量国家标准及培养要求,融合相关行业企业对专业人才的岗位标准,开设具有行业特点与创新创业和就业密切相关的多学科课程,通过课程教育着重提升学生创业知识和专业知识技能。二是要做好实习实训(含实验)的物质保障,加强校内实验教学资源整合,推进智慧实验室建设,构建功能集约、资源共享、开放充分、运作高效的实验教学平台;综合运用校内外资源,大力推动与行业部门、企业协同合作,建设满足实践教学需要的实验实习实训平台,通过实习实训(含实验)教学将理论知识和科学实践相结合,既培养大学生分析、解决实际问题的能力,又启迪学生勇于提出问题的探索创新精神。美国麻省理工学院提出"Mind,Hand",即动脑、动手的教学理念,意在营造边学边做的文化氛围,鼓励学生将严谨的学术研究与丰富的想象力相结合,在实践劳作中解决社会难题。以麻省理工学院工程系为例,在课程体系设置中,学院开设能源、创业、环境、生命科学、运输五类跨学科课程,同时开设工程伦理、人文社科课程,使学生能够从价值、伦理、生态、人文的角度来思考工程中的专业问题,进而对社会中与工程相关的各个方面有更加深刻的理解,培养学生的工程综合素养,能够服务于社会;在实验室建设方面,已建立 58 个跨学科研究中心、实验室并制订相关项目计划,作为课堂教学的延伸,为课程建设及发展搭建重要的平台,让学生深入参与实践,打破不同领域间的专业壁垒,为解决社会问题提出更深层次的理解和新思路。

### (二)加强实习实训(含实验)过程管理,确保劳动教育落实

实行科学管理,完善各项规章制度,建立一整套严格的科学管理体系,是达成劳动教育成效的重要保障。一是要建立实习实训标准,强调学生创新精神、创业意识和创新创业能力的培养;健全实习实训管理制度,包括校企合作教学实习基地管理制度、校企合作教学实习基地工作指南、校企合作教学实习基地考勤制度、校企合作教学实习基地教学质量和效果评价、工作日志制度、基地兼职导师管理等。二是要强调教师的指导作用,实习实训主要是在教师的指导下进行的,教师的指导和传授,可以使学生的学习避免反复探索的曲折道路,能够在较短的时间内取得更有效的学习效果。三是要规范学生实习实训的目标与任务,让学生能够有目的地学,能够在学习过程中发现问题、思考问题、解决问题。

以中国劳动关系学院工会学院社会工作专业集中实习为例,该专业在大三下学期组织学生利用每周三天的时间开展并行实习。为保证实习效果,学校制订专业实习的教学大纲,明确实习的目标、任务及要求,指导实习各环节工作的开展。在实习前,实习指导教师组织学生开展实习动

员,让学生认识实习的重要性,明确实习期间的工作任务和考核方式,同时联系实习单位,落实实习相关事宜。在实习期间,学生每周都需要撰写实习日志,记录每周三天的工作内容、进展及完成情况和下周工作安排,校内指导教师会不定期与学生进行交流,掌握学生实习状况,指导学生解决实习中遇到的各类问题,同时企业的实践导师也会给予悉心的指导。在实习结束后,学生提交实习报告及实习单位评定意见,对学生实习情况进行综合评价。通过这种专业对口性强、目标明确的实习,学生能够更多地运用所学的劳动知识技能处理实际问题,提高劳动能力,更好地适应未来职场需要。

### (三)完善实习实训(含实验)考评体系,强化劳动教育地位

教师和学生是高等教育中"教"与"学"的主体,要想做好劳动教育,发挥劳动教育育人功能,关键是调动教师与学生的主动性、积极性,这就需要有一套具有激励效应的考评体系。对于教师,学校应将劳动教育的实施情况和效果纳入教师的考评中,要求教师结合学生的心理发展特征和学习特点,深入研究专业知识技能教学中的劳动教育内涵,并将这种内涵以学生喜闻乐见的方式有目的、有设计地融入实习实训(含实验)专业教学中,让学生更乐于接受,引发学生更深入的思考,使其能够更准确地认识劳动的本质与价值,能够尊重劳动、热爱劳动,自觉自愿地参与到劳动中,在劳动实践中实现个人的发展;同时强调教师在劳动教育中"言传身教"的作用,在教学以及师生日常接触中,始终表现出对劳动的尊重与热爱,表现出不畏艰辛、辛勤劳动、诚实劳动、创造性劳动的品质,以良好的形象做出表率,感染学生,引导学生做一名尊敬劳动、热爱劳动的好学生。对于学生,学校应将参与劳动纳入学分管理,将劳动态度、劳动行为纳入学生实践教学课程考核、综合素质考评等评价中,激励学生更重视劳动,更积极地参与劳动,更认真地从事劳动,让学生在被动的参与中感悟劳动的快乐与意义,进而形成主动参与劳动的意识。如在加强大学生创新创业教育方面,中国人民大学将创新创业项目纳入学分管理、纳入考研加分项,直接与考研保送资格审核挂钩,在很大程度上激励学生积极参与创新创业项目,同样也会激励学生重视劳动教育、参与劳动教育。

### (四)发挥校企合作协同育人作用,巩固劳动教育效果

校企合作是适应社会用人需求、培养应用型人才的有效路径。学生到企业或行业部门实习是校企合作的主要方式之一。由于大学生尚处于价值

观、人生观形成的关键时期,易受环境影响,在实习期间加强企业或行业部门的劳动教育,也同样具有重要的意义。一是要运用企业文化育人,选择文化底蕴丰厚、拥有正确的价值观、劳动观念和劳动态度的企业或行业部门开展实习合作,杜绝与不尊重劳动过程、片面追求劳动效益的企业开展合作办学,杜绝与存在产品质量、劳动纠纷、信用缺失等劳动价值观缺位的企业开展合作办学,实现用文化熏陶人,用文化感染人,让学生在真正步入社会前,形成正确的企业劳动意识,拥有坚定的自信,免受不良社会风气的影响。如阿里巴巴集团制定的六项关于如何经营业务、招揽人才、考核员工以及决定员工报酬的内容,其中两项为"诚信",即诚实劳动和"敬业",也就是专业执着、精益求精的劳动态度,正是这些价值观、企业文化造就了阿里巴巴集团的辉煌,培养出大量互联网优秀人才。二是要发挥企业人育人作用,加强兼职实践导师队伍建设,聘请专业技术精通、指导经验丰富、责任感强的企业或行业部门技术人员或专家担任实践指导教师,采取"一对一"指导、能力培训等措施,如中国劳动关系学院法学专业每学期均会邀请相关实践部门专家 4~5 人次深入课堂参与实习实训教学,将课堂延伸到社会实际中,搭建理论知识与实践运用的桥梁,同时从实务部门聘请高水平的实务专家担任兼职实践导师,对学生专业知识技能进行直接指导,同时以导师的人格魅力影响学生,在导师的言行举止中弘扬劳模精神、劳动精神、工匠精神,让学生不仅学习到专业的劳动知识技能,更能够在潜移默化的影响下,形成正确的劳动价值观,养成良好的劳动习惯,做到辛勤劳动、诚实劳动、创造性劳动。

## 五、新时代高校劳动教育与社会实践和志愿服务相结合

党的教育方针政策一贯坚持劳动教育的理念要与实践相结合。习近平总书记在全国高校思想政治工作会议上指出,"要强化实践育人,坚持教育同生产劳动和社会实践相结合,让广大青少年在投身实践、亲身参与中认识国情、了解社会,在增长才干和磨炼意志中感受劳动所带来的收获和乐趣,进而形成尊重劳动、热爱劳动的真挚情感。"当前,在实践中还存在劳动教育理念与实践相脱离的问题。因此,必须不断探索和推进新时代高校劳动教育与社会实践和志愿服务相结合的路径。

## （一）新时代高校劳动教育与社会实践和志愿服务相结合的思路

### 1. 将劳动教育融入社会实践

高校要积极组织以弘扬劳模精神和工匠精神为主题的讲座、论坛、沙龙，开展以"劳动"为主题的演讲比赛、摄影比赛等活动，传播劳动精神、劳模精神和工匠精神；定期举办具有劳动技能的比赛，让学生参与其中，感受到劳动的快乐；组织大学生利用寒暑假开展系列社会实践活动，倡导大一学生走进企业关注一线劳动者，倡导大二学生赴经济发达地区感受和谐劳动关系，倡导大三学生开展以"劳动"为主题的社会调查活动，倡导大四学生选择去基层就业。提倡"做中学"和"学中做"，手脑并用，理论与实践结合，知行合一。学校通过实践教育等途径，开展有目的、有规划的劳动情怀宣讲和实践活动，促进青年学生自立自强，达到立德树人有道，春风化雨无声的效果。

### 2. 将劳动教育融入志愿服务

高校要围绕"培养德智体美劳全面发展的社会主义建设者和接班人"这个时代主题，在党委领导的"一心双环"的团学组织新格局下，不断深化以劳动为主题的教育活动。积极打造关注一线劳动者的社团，通过开展劳动支教、劳动快闪、知识宣讲、慰问演出等志愿活动，倡导青年学生关注劳动群体，不断加强劳动教育落地生根。同时积极创作劳模故事汇、劳模事迹巡演、青年劳动之声等以劳动教育为主题的优秀网络文化作品，不断壮大网络正能量，弘扬劳动主旋律。

## （二）新时代高校劳动教育与社会实践和志愿服务相结合的路径

### 1. 健全劳动实践组织

针对劳动教育边缘化的问题，高校要建立专兼职结合的劳动实践教育教师队伍，用足用好通用技术、劳动技术等专业教师，聘请全国劳模、大国工匠担任兼职教师，完善评聘、考核、培养制度，保持劳动实践教育教师队伍的稳定与发展。在班级增设劳动委员，加强劳动教育与日常养成教育相结合，组织以劳动教育为主题的班团会、报告会等。在学校日常运行中渗透劳动教育，组建劳动品牌社团，开展"劳动＋品牌"活动。借鉴国外先进经验，发挥劳动教育真实场景、支持情境建构和知识迁移的"专业功能"。做好校内

# 第六章　新时代大学生劳动教育的有效实施

劳动教育资源开发,建设劳动技能室、手工室和数字化探究实验室,开展社会实践活动。利用企业、工厂、事业单位等校外活动场所,建立综合实践基地。利用社区、街道、敬老院、福利院等公共服务资源,建立志愿者服务基地。通过组织体系的保障有效开展劳动教育实践和志愿者活动。

2. 改革劳动实践模式

针对劳动教育弱化的问题,推行第二课堂成绩单,将劳动实践教育纳入高校共青团第二课堂成绩单管理,推动第二课堂与第一课堂深度融合,充分发挥第二课堂对新时代高校劳动教育的支撑和推进作用。第二课堂成绩单真实记录学生的劳动教育成长轨迹,客观评价劳动实践综合表现,有效提升青年素质能力,促进青年健康成长成才,为学校培养一流人才提供多元活动平台和丰富育人手段。

(1)围绕中心,丰富内容设置。劳动实践第二课堂课程内容设计应包括劳动基础知识、劳动态度、劳动技能、信息技术、社区服务、社会实践、志愿服务、劳动艺术教育等课程,让第二课堂更有效、更充分地融入劳动教育总体格局。

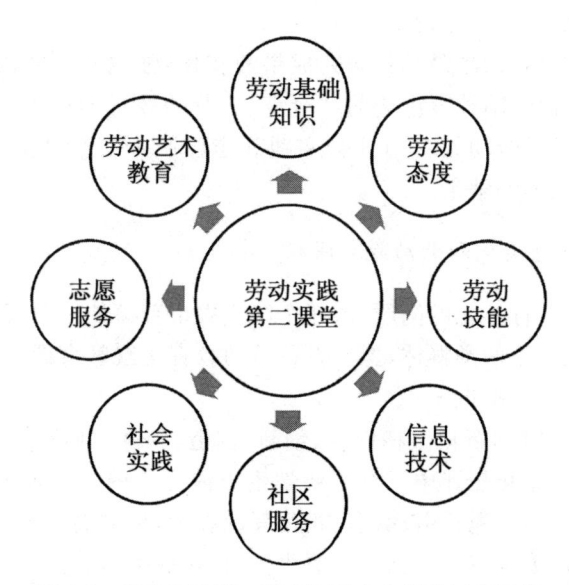

图 6-1　劳动实践第二课堂课程内容设计示意图[①]

---

① 刘向兵:《新时代高校劳动教育论纲》,社会科学文献出版社,2019.

(2)契合需求,创新模式管理。在选修学分的模式设计方面,有按次获得制学分,校园活动多为一次性短时参与的活动,按次计分;有自主申报制学分,在社会和家庭进行劳动实践可自主申报;有学时折算制学分,社会实践和志愿服务具有时间累积性,以时间累积学时为基本标准。

(3)量化结果,探索高效运营。运用信息技术改造创新工作,包括课程设计、组织方开课、学生选课、选课审批、学生签到、学生评价、学分给予等闭环流程,青年学生都可以通过平板电脑、手机进行操作,最终输出个人的劳动教育成绩单。同时通过网络平台对大数据进行收集分析,便于完善劳动实践教育的第二课堂成绩单制度。

3. 编写社会实践和志愿服务指导手册

针对劳动教育窄化的问题,高校通过编写社会实践和志愿服务指导手册,提升对劳动教育与社会实践和志愿服务相结合的指导作用。通过教材指导学生开展社会调查、社区服务、志愿服务、社会实践活动,有意识地结合实践内容在教材中传授劳动技能知识和劳动教育的方法。加大社会实践和志愿服务科学研究的调研力度,积极支持社会实践和志愿服务相关课题的研究,加大项目指导和经费支持的比重。

实现社会实践和志愿服务研究成果的转化,强化对研究成果的普及和传播。主动寻找劳动教育渗透的结合点,把劳动教育的融入作为一项长期完成的任务,形成劳动教育与社会实践和志愿服务相结合的合力,春风化雨、潜移默化地影响学生。

4. 开设社会实践和劳动教育课程

针对劳动教育异化的问题,依托全国或省市劳模的资源,创新联动劳动模范及在校大学生两类群体,探索打造劳动教育实践教育课程进阶版,并从以下五个方面着手把握[1]。

(1)课程内容创新化。将创意、创新、创造、创客、创业等要素融入教学活动当中,将常态化授课中所有需要学生身体力行的实践课统筹纳入劳动教育课程体系,同时邀请劳动模范担任任课教师,带领高校大学生共同完成劳动训练、创业策划、社会实践、志愿服务、社区服务、信息技术等相关课程。同时,多从"核心技能培训""社会调查研究""劳动态度"等方面着手,通过劳动教育课程,进一步培育大学生正确的劳动观念。

(2)授课媒介多元化。要充分挖掘全国劳模的资源优势,与第一教学课

---

[1] 吕文清:《劳动教育需要四个进化》,《中国教育报》2018年11月7日.

堂紧密结合。强调课上课下结合、校内校外打通、家庭社会参与。搭建起社区与高校联合、高校与家庭联合的施课平台,进而达到 1＋1＞2 的现实效果。

(3)授课形式系统化。精心设计课程实施内容,引进项目授课、任务驱动、实景探究、考察实验、小组协作、成果分享等要素。引入众创众筹众评的理念,由学习小组众创活动方案,学生众筹方案设计,组织方众评活动成果,从而达到课程的互动性、参与性和实践性。

(4)课程安排统整化。课程的安排可按"一个学期"的项目制进行,求"整"不求"散",求"精"不求"多"。同时在课时安排上要追求连贯性,使"项目制"得到完整、系统的推进,保证社会实践和志愿服务课程不因课时的局限影响实施的效果,达到完整学习和劳动育人的效果。

(5)课程评价量度化。对课程实施效果开展多维度评价,引导学生真实学习、真实研究、真实创造。在过程中把个案访谈、数据采集、文献检索、蹲点调查等融为一体,依托表现性评价和成果性评价等形式,设计符合劳动教育、社会实践和志愿服务特点的评价方式。

## 六、新时代高校劳动教育与创新创业教育相结合

面对全球科技革命与产业变革的挑战和国内经济发展新常态下增速换挡、结构调整、新业态不断涌现等情况,党中央、国务院从国家战略高度提出创新驱动发展战略和"大众创业、万众创新"战略的决策部署。高校做好大学生创新创业工作,全面提升创新创业人才培养质量,培养造就"大众创业、万众创新"的强大生力军,是为推动实现我国经济高速发展和产业结构调整提供创新型人才的有力支撑。

新时代高校劳动教育与创新创业教育相融合是推动国家创新发展的引领力量,是高校人才培养模式的新探索,是新时代大学生素质教育的新突破,也是当代大学生绽放自己、展现风采、服务国家的新平台。持续推动我国高等学校创新创业教育的改革与发展、提高创新创业人才培养能力,打造"双创"教育升级版是高校面临并需要解决的新任务。其中,"双创"教育与劳动教育全方位的深度融合正是培养人才全面发展的创新举措。

### (一)培养创新精神,树立创业意识,激发劳动创造力

创新精神、创业意识是当前大学生必须具备的一种重要的个人素质,通过劳动教育的价值引导,有助于大学生树立正确的创新创业意识,个人意识

支配个人行为,个人行为同时也反映个人意识,如果没有劳动意识的引导,创新创业活动将失去劳动根基。大学生如具备实现自我价值的强烈的创新创业意识,更能促进他们通过劳动实现人生价值,激发劳动创造力。

大学生作为受教育程度较高、思维活跃、接受新鲜事物能力较强的社会群体,富有极强的创造性和创新精神,他们有较强的主体性、自觉性、能动性和敏锐性,有巨大的潜力和强烈的创新创业的愿望,通过劳动教育的融入,大学生更能选定适合自己的行之有效的学习方案。因此,创新创业教育离不开劳动教育的正确引导,激发大学生通过创新思维正确认识自己,培育创业意识从而发掘自我潜能,提升创新创业能力,从而创造出劳动价值、个人价值、社会价值。

### (二)丰富创新人才培养方案,使人才培养更具活力

要将劳动教育与创新创业的教育的融合贯穿人才培养的整个过程,融入校园文化当中,教育对象是全体学生,高校在设置人才培养方案时,将劳动创新能力、劳动创业意识的培育作为教育的目标之一,劳动教育融入创新创业教育当中是一项复杂的系统性工程,要引导学生关注社会新动态,高校内部各部门要整合、出台相应配套措施,做到定期沟通,与时俱进,同各职能部门协调联动,同时,更要发挥高校与家庭、社会、政府协同育人的新优势,"加强劳动和实践育人。构建学科教学和校园文化相融合、家庭和社会相衔接的综合劳动、实践育人机制"。协同培养创新创业型人才,发挥各个育人环节的资源优势,实现协同育人作用最大化。

除此之外,在培养目标上,必须面向全体大学生坚持渗透劳动教育观念,在教学课堂和校园特色文化的双重影响下,形成学习实践双向互动的教学模式,构建劳动教育融入创新创业教育的高校人才培养体系,使课程更有针对性,培养过程更具活力,激发学生的无限潜能。

### (三)完善"创新创业+劳动教育"的课程设置,提升学生实践能力

劳动情怀是对劳动饱含的深厚感情,培育学生感受"劳动最光荣、劳动最崇高、劳动最伟大、劳动最美丽"的情感是劳动教育中不可或缺的重要内容。在创新创业教育中,一方面,需要引导大学生努力学习科学文化知识;另一方面,还需要教育他们坚定理想信念、培育劳动情怀,自觉把人生理想、家庭幸福融入国家富强、民族复兴的伟业中。课程是育人的基本途径,在劳动教育与创新创业教育的融合过程中,课程设置关系到如何培养学生,学生

## 第六章　新时代大学生劳动教育的有效实施

应具备哪些知识结构,融合课程除了要提高学生劳动意识、根植学生的劳动情怀,更要有的放矢地通过"创新创业＋劳动教育"体系,提升高校学生的实践能力。

学校的"创新创业＋劳动教育"体系涵盖大学生素质教育、能力培养两个层面,以课程为载体,以英国的创新创业教育为例,其突出特点就是"从做中学"的特征,这要求师生能够走出传统课堂教育模式,加强学生劳动实践能力的培育,以经验性学习为手段,以培养全面发展的人为目标,最终实现加强劳动创新型人才培养目标,强化课程和实践环节。一则结合专业的课程,在专业中融入创新创业＋劳动教育,以知识体系的学习让学生深刻认识在"尊重知识、尊重老师、尊重创造"的过程中"尊重劳动"。二则创新特色课程,培养劳动价值观,培育劳动意识,以鲜活的劳模、大国工匠等素材充分阐释新时代劳模精神的丰富内涵。

### (四)围绕创新创业实践活动,促进学生全面发展的内生动力

劳动教育的内容具有实践性特点,而创新创业教育从根本上说是劳动实践。在创新创业实践过程中,通过课内教学实践、课外活动实践、校外实习实践三种形式,培养学生创新精神、创业意识和创新创业能力,增强学生劳动意识,提升劳动能力。一是课内教学实践。引导教师学生重视,并有效利用实验实践教学课时,加强实操实训等体现劳动技能的课堂教学活动。加大立足"劳动＋"的学生创新创业类科研立项,提高立项率。二是课外活动实践。鼓励学生通过各种课外活动来提高劳动意识,获得劳动能力,让学生尊重劳动者、理解劳动平等。在深入开展大学生创新创业工作中,扩大学生劳动参与面。鼓励学生参与社会劳动实践,在寒暑假和实践周让学生下基层参与生产劳动、参观实训基地,利用专业特点,参与讲述劳动者的故事,弘扬劳动精神。学校开展各类创新、创业训练计划等实践活动,使学生在实践中体验劳动带来的收获。学校还可成立学生创新创业相关社团,举办创新创业讲座沙龙、路演等活动,培养学生的劳动观念。三是校外实习实践。通过鼓励参加创新创业项目、志愿服务、暑期社会等实践活动培养学生"真抓实干、埋头苦干"的劳动习惯。

### (五)搭建创新创业与劳动教育融合平台,推动多方协同合力

高校建设创新创业项目的孵化基地是大学生劳动实践和劳动创造的实践平台,对于各类创新创业项目的孵化和成长,学生获得真实的创业体验和劳动体验起着积极的推动作用。很多高校建立大学生创业园,聘请校内外

创新创业导师。首先，面向全校范围遴选项目团队，提供免费使用创业园区办公场所和公共设施，甚至还可获得数目可观的创业基金，为创新创业项目搭建指导服务平台，建立具有劳动精神的服务团队，实行全程指导和服务。其次是充分利用社会资源。美国高等院校创新创业教育起步早，其获得成功的原因之一就是积极推动企业进校园，充分发挥企业家的作用。

在创新创业教育与劳动教育相融合的过程中，要加强高校与企业、劳模共同育人的模式，建立融合平台。首先，促进高校与企业的产学研结合，引导企业将研究机构设立在高校，为学生提供劳动实践机会，将劳动教育融入其中；其次，发挥企业中劳模作为创业导师的优势，凭借其丰富的人生经验和工作经历，为在校大学生开设劳动教育课程，树立榜样形象；最后，利用劳模所在企业与高校共同搭建的平台资源，可以将教学实践场所延伸到校外，结合社会需求开展劳动创新创业项目的实践活动等，更好地发挥多方协同合力，实现实践育人。

## (六)加强培育"双师型"教师队伍，提高对学生创新劳动的指导力

"双师型"教师是高职教育教师队伍建设的特点和重点，但随着高校创新创业教育与劳动教育融合的需要，大力加强"双师型"教师队伍建设，已成为社会和教育界的共同呼声，高校"双师型"教师指的是"双素质型"教师，即教师既具备理论教学的素质，也具备实践教学、指导学生实践的素质。这就要求教师既要有良好的职业道德，教书育人，又能通过劳动实践经验，将劳动教育与创新创业教育融合，对学生进行专业的、有针对性的指导，能够按照市场调查、市场分析、行业分析、职业及职业岗位群分析，调整和改进培养目标、教学内容、教学方法，通过劳动教育，加强对学生创新创业的知识传授及实践技能培养，进行专业的开发和改造等。

加强"双师型"教师队伍建设，一方面，要加强教师劳动教育与创新创业教育结合的理论、知识培训，建立指导教师培训机制。同时，组织教师到企业挂职锻炼，鼓励教师参与社会行业的劳动及创新创业实践。美国高校往往鼓励众多教师投身到社会服务当中，包括担任总统顾问、联邦储备局董事主席、国家经济委员会主任等，让教师与社会和社区保持良好的关系，这对于我国高校来讲，其实就是让教师投入到社会劳动过程中，或者聘请具有劳动经验的社会人士作为教师，在高校建立一支劳动教育和创新创业教育相结合的综合性师资队伍。稳定的创新创业教育和创业指导专职教师用专业水平树立标杆，引导学生崇尚劳动价值。培养"双师型"教师队伍的培养，组织任课教师及辅导员队伍，参加旨在提升创新创业教师的教学指导服务能

力的各类培训,为学生的劳动教育奠定好基础。学校在二级学院专门组成以院长为组长、分管创新创业的副院长为副组长的创新创业教育工作领导小组,聘请学校各系专业教师作为创业导师。

另一方面,积极聘请优秀企业家和优秀创业者等担任兼职创新创业导师,聘请全国劳模担任德育导师,开展大国工匠面对面等活动,探索形成具有可持续、可示范、可引领、可辐射、可推广意义的先进经验和典型做法,在创新创业指导中发挥劳动教育的榜样引领作用。此举既能让社会劳动教育与高校创新创业意识相结合,培养学生的劳动能力,又能让学生更好地汲取社会经验,培养外界需要的创新型高素质应用型人才。

## 七、新时代高校劳动教育与产教融合相结合

产教融合是高等教育内涵发展和产业升级、技术进步的有力支撑。在中国特色社会主义进入新时代的今天,坚持劳动教育不是新中国成立初期劳动教育的简单"回归",不是对过去"教育与生产劳动相结合"方针的机械重复,而是满足产业发展与经济转型的必然要求,是将劳动教育体系建立在产业链、需求链之上。

产教融合是一个多主体、多维度的概念,涉及政府、行业企业、学校、社会组织。国务院《关于深化产教融合的若干意见》中明确提出要充分发挥政府、企业、教育、社会组织在产教融合中的重要作用,搭建"四位一体"架构,充分发挥各自的职能和优势,协同推动产教深度融合。

推动高校劳动教育与产教融合相结合,核心在于通过推进产教协同育人,真正实现教育与生产实践的结合。从教育实践的角度来看,推动高校劳动教育与产教融合的结合,对于促进高校人才培养供给侧和产业需求侧结构要素全方位融合,实现教育服务社会的功能,为经济发展和产业升级培养大批勤于劳动、善于劳动、热爱劳动的高素质劳动者具有重要意义。

### (一)政府要发挥政策引导和支持作用,构建劳动教育与产教融合相结合的生态环境

影响产教融合的外部因素众多,产教融合不仅是教育制度,更是经济制度、产业制度的组成部分。劳动教育作为重要的外部因素,可以促进产教融合的发展,在一定条件下推动产教融合的开展与深化。

对劳动教育优化调整,以促进产教融合,不仅涉及教育主管部门,还与社会众多方面紧密相关,这需要相关机构着力构建有利于推动劳动教育与

产教融合相结合的"生态环境"。具体来看,一是加强劳动教育与产教融合相结合的顶层设计。找准劳动教育与产教融合的结合点,统筹协调供需双方("教"与"产")利益关系,构建可操作的系统的政策体系,对劳动教育促进产教融合的实施主体、管理主体职能精准定位。二是劳动教育应从配合产教融合的需求侧入手,针对劳动者所应具备的专业知识及技能,提供教育服务,使劳动者在就业过程中,不断地学习和吸收新知,旨在最终满足经济发展及产业升级的需要。三是劳动教育应着力于建立和谐劳动关系,使劳动者对于相关政策、法令有所了解认识,同时对于劳资关系及工会组织树立正确的观念以促进产业发展的需要。四是基于推进产教融合的目的,政策的施力点都应放在营造外部环境,落实有利于产教融合的劳动教育的机制,从教育政策、经济政策和社会福利政策入手,对其优化调整。五是完善和理顺经费保证机制。劳动教育不同于产教融合中其他的"教",无法让企业直观地见"效果",见"利润",所以很难调动企业投资的积极性。但是,劳动教育对于经济发展的作用不言而喻,因此,应当明确劳动教育的产品性质(比如,是否为"准"公共产品),从而明确公共财政投入的主体机制。

## (二)行业要发挥协调指导作用,加强平台载体建设,建立行业协调对话机制

行业是产业的载体,是具有高度相似性和竞争性的企业组成的群体,在产教融合中处于承上启下的中观层面,要加强产教融合、校企合作的指导、评价和服务。随着云计算、大数据等信息技术的快速发展,加强平台载体建设可推动劳动教育与产教融合的深度结合。一是打造产教融合综合信息服务平台,汇聚人才供需、校企合作、项目研发、技术服务等各类信息,向各类主体提供精准化信息发布、检索、推荐和其他相关服务。二是建立产教融合统计评价体系,组织第三方开展产教融合效能评价,以评价结果作为绩效考核、投入引导、试点选择、表彰激励的重要依据。三是加强公共实训基地建设,支持龙头企业、学校、社会培训机构共同建设独立运作的公共实训基地,为当地学生提供基于真实生产项目和生产岗位的培训实践场所。

此外,从机构建设角度,可在国家教育主管部门层面设立劳动教育管理机构,或在已有相关部门增设劳动教育管理职责;成立行业劳动教育指导委员会,负责行业与劳动教育实施主体的交流和指导。就劳动教育与产业行业对话协同而言,可采取的形式是以行业教育管理部门与劳动教育指导委员会为责任主体,开设劳动教育与产教融合交流平台或高峰论坛等,涉及的内容包括劳动意识、劳动权利、劳动伦理、劳动关系、劳动条件、劳动安全与保障和劳动职业生涯发展教育等。另外,还要建立各类行业协会与劳动教

育实施主体的经常性对话协商机制。

### （三）高校要积极推进产教协同育人，真正实现教育与生产实践相结合

劳动是人的本质活动，劳动是实现人的全面发展的重要途径，教育与生产劳动相结合是社会主义教育的根本原则。教育与生产劳动的融合，一方面可以提升劳动者的科学文化水平和素质，提高社会的生产效率，促进生产力的发展；另一方面教育与生产活动的融合，是实现人的解放和全面自由发展的根本途径，"使社会的每一个成员都完全自由地发展和发挥他的全部才能和力量"。因此劳动教育的核心内涵即是教育与生产活动相结合，教育中有劳动，劳动中有教育，二者相互渗透、相互融合。通过产教、校企协同育人，例如推动校企合作共建专业、共编教材、共设工学结合一体化课程及联合搭建实践平台，推行面向企业真实生产环境的任务式培养模式，开展学校与企业、专业与企业、班级与企业等多层次合作办学等做法，一方面可以有效地解决劳动教育"纸上谈兵"的困境；另一方面也解决了高校人才培养的供给与产业、企业发展需求相背离的问题。通过产教协同育人，真正实现教育与生产活动相结合，从而达到劳动教育的根本目的。

### （四）企业要发挥在劳动教育与产教融合相结合中的重要主体作用

企业工厂场所的教育是产教融合最本质的特征，不重视企业人力资源的开发，产教融合、校企合作不可能有效实施。只有树立企业是重要教育资源的理念，重视培育企业教育资源的开发能力，发挥其工作场所教育的作用，产教融合才能有效实施。因此在加强劳动教育与产教融合相结合的过程中，还需要积极发挥企业重要主体作用，让企业在这一过程中尝到甜头，有动力参与到产教融合中，改变过去流于形式的产教融合模式，实现高质量的深度融合。例如通过制定"产教融合型"企业评定标准和奖励办法，将人才培养、产教研合作取得显著成效的企业认定为"产教融合型"企业，各级经济和信息化部门在技术改造补助、企业技术中心认定等方面予以优先支持，科技、发展改革部门在企业创新平台建设上予以优先支持。通过"引企入教"，支持引导企业深度参与高校教育教学改革，多种方式参与学校专业规划、教材开发、课程设置、实习实训等，让企业的需求更好地融入人才培养环节。

### (五)通过劳动教育打造产教融合利益共同体

产教融合是一个由粗浅到成熟、由松散到紧密的过程,浅层次合作是由学校主导、靠感情联络为主的形式合作;中层次合作是院校为企业提供咨询、培训等服务,建立横向联合体,形成多元投资主体的合作;深层合作是学校与企业互相渗透,形成利益共享关系的合作。

校企利益共同体是产教融合深层次合作的表现形式。因此通过劳动教育打造产教融合利益共同体是推动劳动教育与产教融合相结合的关键。在校企合作中,学校的目标是培养符合企业需要的人才,学校各专业与行业、企业建立直接联系,了解和掌握行业发展趋势和需要,改革专业教学,加强劳动教育,为企业培养需要的人才。而企业是以获取更大经济利益作为价值追求,在产教融合中,企业可以便捷、高效地选择学校培养的人才加入企业,对职工进行继续教育,通过对教育支持,起到宣传效应,树立企业形象;借助于学校资源和政府政策的支持,节约成本,进行新产品研发、新技术引进、设备技术改造等,提高整体效益。因此,通过推动劳动教育与产教融合相结合,有利于建立校企双方利益共同体,共享和优化产学资源配置,培养高素质创新人才,助力产业建设。

## 八、新时代高校劳动教育与职业生涯教育及就业指导相结合

新时代高校加强对大学生的劳动教育,是一项综合性的系统工程。职业生涯教育与就业指导是以学生就业为导向、具有很强实践性的一项工作。高校推动劳动教育与职业生涯教育及就业指导相结合,更能够凸显劳动教育价值、强化劳动教育效果,从而实现劳动教育的最终目标。

高校学生的职业生涯教育与就业指导都是为了促进学生高质量就业,在实施主体、实施对象、工作内容、教育方法等方面具有一致性。在目前的高校行政管理业务分工体系中,职业生涯教育和就业指导是高校学生就业管理工作的重要抓手。因此从更广泛的角度来说,把劳动教育与职业生涯教育和就业指导相结合,就是要把劳动教育与就业工作实现相互融合,在二者融合的过程中,始终把握好贯穿性、全程性、协同性的基本原则。

### (一)强化劳动教育与就业工作融合的贯穿性

在整个大学期间,劳动教育要根据学生的不同特点进行分类引导,把劳

动教育贯穿于整个就业指导过程中,对学生进行全面、系统的引导。在教学实施过程中,可以根据不同年级设置不同的劳动教育和就业课程,在不同时期开展具有不同侧重点、层层推进的劳动教育,实现劳动教育在高校就业工作中的贯穿效果。

### (二)强化劳动教育与就业工作融合的全程性

从大学入学教育开始,劳动教育就应当逐步渗透到大学生校园文化生活、校园学生工作中,把教育内容逐步渗透到就业实习、社会调查、社会实践等环节中,逐步形成良好的教育氛围。就业是高校学生成长成才的重要环节,是实现人才培养目标的关键步骤。同时,就业工作也是检验高校劳动教育成果的重要指标,通过开展专题讲座、先进事迹报告、专业培训等形式,进一步强化毕业生历史使命感和社会责任感,帮助他们端正就业态度,尽快提升能力,实现就业。因此,把劳动教育与就业指导相结合,不仅可以起到"润物细无声"的作用,同时也能够取得"最后冲刺"的效果。

### (三)强化劳动教育与就业工作融合的协同性

针对大学生的就业指导,主要以高等学校就业管理部门为主,随着当今高校毕业生的逐步增多,就业管理部门无法单独应对当今就业形势严峻的需要。就目前开展就业指导的教育效果来看,把就业指导的责任单一化,在横向方面缺乏系统性,不利于学生综合就业能力和水平的有序提升。因此,高校就业工作一直在强调全员参与,尤其是要加强职业生涯教育和就业指导过程中的劳动教育,通过在大一、大二阶段的劳动学科知识传授,深化职业生涯教育内容,在大三大四阶段提升学生劳动意识和劳动能力,强化学生就业指导效果,劳动教育与就业工作充分融合、协同推进,共同完成高校人才培养的最终目标。

劳动教育的主要内容和基本目标就在于帮助学生建立对劳动的科学认知、树立正确的劳动观念、形成良好的劳动习惯、提升动手操作的劳动实践能力。职业生涯教育与就业指导就是在劳动教育的基础上,让学生充分运用劳动教育的相关知识能力,做好个人职业规划和就业准备,从而把劳动教育的理论顺利转化为个人实践。因此,鼓励大学生参与诚实劳动、辛勤劳动、创造性劳动,是高校职业生涯规划教育与就业指导的根本点,也是高校劳动教育的本质要求。劳动教育是学生职业生涯教育与就业指导的出发点与归宿点,劳动教育具体内容与高校学生职业生涯教育理论相融合,培育和提升大学生职业规划能力和就业能力,为社会培养出更多更强的高素质劳动者,使大学生成为社会主义现代化建设者的主力军、生力军。劳动教育与职业生涯规划、就业指导相结合,主要从以下几个方面着力。

1. 加强理念价值融合

高校是培养社会建设人才的高等学府,劳动教育作为指导大学生正确认识就业的观念教育,具有明显的价值导向性,把高校劳动观教育与促进大学生就业相结合在当前具有重要的意义。大学生作为未来参与就业的主体,是未来劳动者的主要组成部分。劳动教育和职业教育的第一课就是要正确认识就业,对就业的认识离不开我们对劳动的认知。正如马克思所说:"劳动不可能像傅立叶所希望的那样成为游戏"[①]。劳动的确有艰苦的一面,但从劳动的创造意义和人的自我实现的意义上来说,劳动本是一种快乐的生命体验活动。在劳动中,人们能够感受到生命运动的快乐、创造的快乐和唤醒生命潜能的快乐。劳动教育和职业生涯教育及就业指导相结合,帮助大学生自觉提高劳动认知,明确劳动对个人和社会发展的重要作用,选择积极参与就业,而不是有业不就、消极待业,把追求个人全面自由的发展和社会的进步作为接受高等教育、实现劳动就业的最终目的,重视就业过程中自身社会价值的实现,摒弃一味追求个人待遇、金钱报酬的择业标准。随着社会的进步,人类的劳动逐步实现从以简单劳动为主,到简单劳动和复杂劳动的互补,再到复杂劳动所创造的价值占人类劳动的主要部分的转变;为改善人们的生活而出现的服务性劳动也成为一种重要的劳动形式迅速发展起来,劳动的形式不断更新。强化大学生劳动教育,深化大学生对劳动的认识,落脚点是为了形成良好的劳动认知,培养大学生辛勤劳动、艰苦奋斗、淡泊名利、甘于奉献、勇于创新的道德品质和好的劳动习惯,全面提升大学生的就业素质,最终促进大学生就业。

2. 加强意识引导融合

大学生自身应当重视个人劳动习惯的养成,注重在劳动实践中积累生产经验,增强劳动技能,锻炼坚强的意志品质,历练自我,学会用积极、乐观的心态对待劳动。在就业中,不断发展个性、发挥才能和特长,探索创造性劳动,激发劳动创新,大胆地自主创业,开辟更多新的就业途径。高校加强劳动教育,要重在端正学生的劳动科学认知,帮助他们自觉抵制以实现所谓的"财务自由"、房租度日等"不劳而获"的思想取向和有偏差的价值观。而在职业生涯教育和就业指导方面追求适合学生个人能力和兴趣的就业渠道

---

① 《马克思恩格斯全集》第46卷下册,人民出版社,1980,第225页.

## 第六章　新时代大学生劳动教育的有效实施

以外,理性认识岗位报酬也是职业就业教育的主要方面。因此,在开展劳动教育与职业教育过程中,不仅要请知名企业家、成功人士对学生做好成长激励,更要邀请劳动模范、普通劳动者站在理性角度讲解个人选择与社会需要之间的平衡。榜样的力量是无穷的,通过挖掘我们身边的先进事迹,让学生对于劳动的意义和价值拥有更直观和更真实的感受,从而带给他们更大的动力。习近平总书记十分重视优秀劳动者身上迸发出的高贵的精神品质,他曾在多个场合强调要在全社会大力宣传优秀劳动者的光辉事迹,弘扬他们在平凡的工作岗位通过自身的辛勤劳动,并且在劳动中敢于打破常规,努力创造不平凡的伟大品格,号召全体社会成员都要以他们为榜样,向优秀劳动者看齐,勤于劳动,勇于创新。劳动模范身上体现出的爱劳动、敢创新、精益求精等伟大的劳动精神,是推动国家发展和人民幸福的强大动力,他们是最美丽的人,值得我们每一个人尊重和学习。要把握专业教育、劳动教育、职业教育等思想政治教育的基本要求,以劳动者的榜样人物、劳动价值的崇高意义作为思想政治教育的组成内容,实现意识引导方面的充分融合。

3. 加强课程设计融合

课程教育是高校教育的核心形式,劳动教育与职业生涯规划、就业指导也不例外,在课程理论指导内容设计、教学实践方面充分融合,是提升劳动教育、职业生涯教育双赢效果的主要途径。首先在理论指导方面,职业生涯与就业指导课程应明确劳动价值观的科学意义,明确劳动教育在新时代的特殊价值和高度重要性,尤其是马克思主义关于教育与生产劳动相结合的理念以及关于人的全面发展的理论。科学的劳动哲学和劳动科学理论是劳动教育、职业生涯规划、就业指导教育的共同理论基础。因此在指导思想上,两项教育要更加明确社会主义的劳动观,明确人的价值、人的尊严,明确创造性劳动的重要性。其次在课程设计方面,要坚持以劳动教育统领职业生涯教育和就业指导的基本原则,例如在全校范围内面向所有学生开设"劳动通识教育"课程(劳动与职业生涯),要学生对社会职业分类、就业形势等总体概况性的知识有所了解,从而明白职业身份平等、尊重不同劳动分工体系下的差异,在此基础上培育科学、理性的职业选择理念,进而结合各专业的特色优势强项,打造入门性、通识性、必要性的职业生涯教育与就业指导的必修部分课程,这种课程设计,有益于高校学生正确认知职业分工,更能帮助他们摆脱劳动异化,找到忙碌工作中的个人价值,避免螺丝钉般的人生困境。

最后在教学实践方面,劳动教育与职业生涯教育相结合主要在于加强专业实践的普适性和经常性,让学生能够经常在具体实践中检验知识、锻炼能力。

4. 加强能力提升融合

劳动教育内容丰富,自然要求形式多样,更要求参与主体多元化。高校职业生涯教育与就业指导对接劳动教育,可以在条件允许的情况下鼓励学生参与真正的劳动实践。一般而言,劳动实践教育主要包括自我服务劳动、社会公益劳动、生产技术劳动三种形式。[①] 自我服务劳动主要针对日常生活范围当中个人的起居、家务劳动和学校义务劳动建立相应的规范要求。通过这种形式的劳动,培养学生自我服务的能力,增强就业过程当中的适应能力。社会公益劳动,主要是参加公益性的义务劳动,帮助学生加深了解社会,参与服务社会,培养学生社会公德意识,增强社会责任感。生产技术劳动教育主要是组织学生参与社会生产性劳动,帮助学生掌握一定的生产技能,积累一定的生产经验。结合高校职业生涯教育和就业指导,组织内容丰富、形式多样的教育活动,能够帮助学生体验劳动过程的全部艰辛和欢乐,增强劳动责任感。例如,大学四年内利用寒暑假或者学期内的实践周组织学生下基层参与生产劳动、参观实训基地,这不单是体力劳动,更是融合了家庭教育、成人教育、社区教育、传媒教育等社会教育。采取不同方式关注、支持、鼓励学生参与劳动教育实践,在此基础上分享交流感受,这对塑造劳动品格是十分有意义的。

劳动教育不仅是从理论高度重新定义劳动的概念、意义与价值,更是倡导在实际行动上身体力行。高校要充分结合办学特色和专业设置特点,科学合理安排专业实习和社会实践。例如文化传媒专业,可以组织学生亲身参与劳动者文化的传播与宣传,讲述劳动的故事、宣扬劳动精神,在信息产业、文化产业等新兴的劳动领域中,打造对学生成长成才有益的劳动教育平台。再例如,法学专业可以劳动法普及教育为特色,组织举办劳动法知识竞赛、普法宣传进社区进企业进社区等活动。这些学生积极踊跃参与的专业实践活动,立足第一课堂专业知识的实践运用,检验掌握专业知识、运用专业知识能力的同时,帮助他们培养正确的道德观念、职业理念、创业意识,鼓励学生利用专业知识为基层劳动者服务。社会实践是劳动的一种预备形式,也是就业选择的一种可能,在实习实训中建立的劳动观念、锻炼的劳动能力,将对未来学生职业选择产生直接影响。

---

① 《教师百科辞典》编委会.《教师百科辞典》,社会科学文献出版社,1987,第317页.

## 第六章 新时代大学生劳动教育的有效实施

高校加强劳动教育,既能引导新时代大学生努力学习科学文化知识,练就过硬本领,又能教育大学生坚定理想信念、培育劳动情怀。高校在开展职业生涯教育和就业指导过程中,有意识地融入劳动教育的基本内容,通过专业实践、志愿服务、工学结合、毕业实习等多种途径让学生感受劳动带来的快乐与成长,帮助他们端正劳动观念、树立职业意识,培育创业品质,为实现高等教育人才培养的目标服务。

## 九、新时代高校劳动教育与校园文化相结合

高校校园文化是在高校校园内部长期的教育、学习和生活中所形成的一种价值观念、精神支柱、学校传统、行为准则、道德规范的总和,包括高校的物质文化、精神文化、制度文化三部分。可以说,高校校园文化是时代精神在高校的客观反映,是社会主义办学方向和指导思想在高校的集中体现。

校园文化像和煦春风一样,飘散在校园的各个角落,渗透在教师、学生、员工的观念、言行、举止中,渗透在他们的教学、科研、学习、做事的态度和情感中。实现劳动教育与校园文化相结合,将劳动观、劳动精神融入师生员工的学习、工作和生活,是高校加强劳动教育的有效途径。

### (一)让高校精神载体成为劳动教育的思想引领

高校精神载体主要包括校史、校训、校歌等。

任何一所高校在长期的办学历史中,都经历了一代又一代开拓者、建设者、改革者的不懈努力。在开展劳动教育的过程中,着重挖掘校史中关于开拓创新、奋力拼搏、自强不息的典型人物和故事,并用图片、话剧、视频等手段还原历史,让师生员工深刻领会劳动创造历史、劳动开创未来的道理。如中国新型高等教育开拓者吴玉章为创建中国人民大学,以逾古稀之年,殚精竭虑、历尽艰辛,在短时期内顺利完成学校筹备工作,并在治校17年间为新中国教育事业做出了不可磨灭的重大贡献。在中国人民大学建校80周年时,该校话剧团创作了话剧《吴玉章》,在全校师生中引起了强烈反响。

校训短小精悍、言简意赅、便于记忆,是高校教育理念、人文精神、历史文化积淀的高度凝练,在高校开展劳动教育的过程中具有灵魂和航标的作用。在入选一流大学建设的36所高校中,共有16所高校在校训中体现了劳动教育的内容,其中,重庆大学直接把"耐苦劳"写入校训,北京理工大学

等5所高校将"勤奋"写入校训;南京大学和西北工业大学在校训中都以"诚"字提出了"诚实劳动"的要求;浙江大学等9所高校在校训中突出"创新",是"创造性劳动的直接体现。

校歌以情感人,易于传唱,一直是广大校友情之所系,每次吟唱,总能忆起校史中那些难忘岁月,也见证了一代代校园人拼搏奋斗的美好时光。北京大学校歌气势恢宏,激励人心,体现了代代北大人拼搏奋斗的精神;南开大学校歌则歌颂了智勇真纯、日新月异的南开精神;中山大学校歌体现了代代师生的奋斗历程和雄伟壮志。融入劳动思想、弘扬劳动精神的校歌,在传唱中自然于无形中加强了劳动教育。

## (二)让高校教职员工成为劳动教育的先锋示范

高校是人才培养的摇篮,教师是人才的培养者。高校教师不仅要"传道、授业、解惑",还要做到"行为世范",通过自己的言传身教,引导学生树立正确的价值观。吉林大学教授黄大年与时间赛跑,带领团队创造了多项"中国第一",为深地资源探测和国防安全建设做出了不朽贡献,是优秀教师,是时代楷模,是劳动模范,更是学生辛勤劳动、诚实劳动、创造性劳动的最好示范。高校要在加强师德师风建设上下功夫,将劳模精神、劳动精神、工匠精神纳入师德师风的内涵,将师德师风建设同思想政治工作、教学科研工作同研究、同部署、同落实;在深化新时代教育体制改革、建立科学的教育评价导向上下功夫,用劳动教育的内涵丰富高等教育理念,着力建设一支为人师表、治学严谨、认真负责、耐心细致、开拓进取的高水平教师队伍和热爱劳动科学,具有劳动精神、工匠精神的科研队伍;在宣传引导上下功夫,重视模范教师的选树工作,广泛宣传优秀教师崇尚劳动、勤于劳动、以身作则、率先垂范的先进事迹,以教师高尚的人格魅力和模范的言行举止为学生做示范。

## (三)让高校身边榜样成为劳动教育的时尚表率

任何时候,高校校园都不乏向上向善的动人故事,总有艰苦奋斗的励志传奇,还有刻苦努力的勤奋典范。这些榜样就在大学生中间。成立身边榜样事迹采编队伍,开展身边榜样选树活动,挖掘普通学生中勤奋刻苦、诚实守信、勇于创新的点滴,整理学生党员中信念坚定、攻坚克难、默默奉献、奋力拼搏的典型,采访各届校友中自强不息、勤于钻研、苦干实干、创新创业的故事,并以他们的成长经历引导大学生正确认识劳动,积极参与劳动。北京大学自2016年起举办"学生年度人物"评选活动,每年

## 第六章　新时代大学生劳动教育的有效实施

评选10位优秀学生,其中有成绩斐然的学习之星、向珠峰进发的科研达人、勤于实践的全能女生、英姿飒爽的军中玫瑰、热心志愿服务的学霸等。东南大学校友会的网站上,自2007年以来,共展示了港珠澳大桥岛隧工程项目总工程师林鸣、江苏设计大师杨涛、华为无线通信首席科学家童文等192位各行各业优秀校友的风采。这些身边榜样正是引领校园时尚的明星,是行走的劳动精神。

大国工匠和劳动模范在劳动教育中具有引领效应,应将大国工匠、劳动模范请进校园,让他们从电视屏幕上、橱窗展板上走下来,走进教室、走上讲台、走到大学生身边,让大学生近距离感受劳模精神、劳动精神和工匠精神。中国劳动关系学院自2015年起,充分利用"劳动模范在校园,大国工匠在身边"的优势,共聘请4位校内外大国工匠和劳动模范担任大学生德育导师、6位劳模学员担任兼职辅导员,让他们与大学生一起开展班级活动,共同参加社会实践,在深入交流的过程中,潜移默化地用劳模品质引领青年大学生,用劳模精神感染青年大学生,取得了很好的效果。

### (四)让高校文化活动成为劳动教育的有力抓手

采取丰富多彩的教育形式和喜闻乐见的活动方式,打造以"弘扬劳动精神、培养劳动情怀"为主题的"劳动教育"系列活动,让形式多样的校园文化活动有组织导向,让积极参与其中的大学生有努力方向。在新生入学教育中融入劳动教育内容,让大学生在知校爱校的同时,深刻领会劳动和劳动精神的内涵;在毕业生离校时,选拔学校形象代言人,鼓励毕业生用"干劲、闯劲、钻劲"在各自工作岗位上为实现个人梦想、为国家创新发展不懈努力;开展创新创业系列讲座、创新创业作品设计大赛,开辟大学生创新创业园区,鼓励大学生积极参与创新创业,在劳动中成就未来;以"探寻劳模成长历程"为主题组织社会实践活动,带领大学生深入劳模工作单位,感受一线劳动的魅力;引领学生参与志愿服务,在服务他人的同时,收获劳动的快乐。同时,充分发挥高校的科研优势,引导师生申请劳动教育研究课题、举办劳动精神专题论坛,邀请专家学者、劳模代表、优秀校友进行主题讲座,为开展劳动教育、传播劳动精神提供智力支持和理论支撑。

### (五)让高校新媒体平台成为劳动教育的重要阵地

要在用好橱窗、海报、标语、报纸等传统媒体的同时,抢占新媒体阵地,充分运用网络、微信、微博等新媒体平台的优势,进行全媒体传播,制作推广更多轻量化的、可视性高、互动性强的新媒体宣传作品,实现更好的传播效果;把握网络传播的特点,根据"网络原住民"的媒体接触习惯,用平视的角度、平和的态度、平等的互动实现有效传播、推动劳动教育。打造"身边劳模""我身边的最美劳动者""青年劳动之声"等师生喜闻乐见的多媒体产品,提升劳动教育的丰富性;开设"人物志""榜样的力量"等栏目,增强劳动教育的吸引力和感染力;通过微直播、微寄语等板块,鼓励师生参与劳动教育话题,分享劳动教育感悟,提出劳动教育建议,增强劳动教育的互动性。这些方式让劳动教育"活起来""实起来""酷起来",增强劳模精神的时代感和感染力,提升劳动教育的实际效果。

### (六)让高校物质制度环境成为劳动教育的肥沃土壤

打造劳动教育文化墙,在文化广场、运动场等人员较为集中的地区,集中展示劳动理念、劳动标语、劳动模范、劳模事迹等劳动教育内容,增强师生员工的思想认同感。重视校园楼宇文化建设,在教学楼、办公楼、图书馆、宿舍、食堂等师生工作、学习、生活的主要场所,以图片、实物、文字、视频等多种形式展示我国各行各业劳动模范和大国工匠的成长故事、非凡业绩,使劳模精神融入师生日常学习生活,生动自然地传播劳模精神、工匠精神,引导大学生摒弃精致利己主义思想,树立"崇尚一技之长,不唯学历凭能力"的新时代劳动价值观。建立劳动教育课程标准审核和教案评价制度,健全师资队伍劳动教育考核机制,制订劳动教育相关奖学金和荣誉评选实施细则。努力让这些不会"说话"的物质、制度环境,形成浓厚的劳动教育氛围,激发师生员工开拓进取精神,涵养深厚劳动情怀。

## 本章小结

本章系统阐述了新时代高校劳动教育的实施体系,具体包括新时代高校劳动教育的课程建设以及高校劳动教育与思想政治教育、专业教育、实习实训、社会实践和社会服务、创新创业教育、产教研融合、职业生涯教育与就业指导、校园文化建设等八个方面的结合,可概括为一门课程和八个"结合",并针对这一门课程和八个"结合"对新时代大学生劳动教育的实施路径分析。

第六章　新时代大学生劳动教育的有效实施

**拓展阅读**

### "产教结合、校企一体"的办学模式[①]

"产教结合、校企一体"的办学模式,是当前职业学校开辟的一条新的发展之路,但这刚刚是起步,而且由于各个学校的实际情况不同,各专业的特点不同,所以具体做法也不尽相同。但我们只要坚定思想,坚持探索,认真把握好市场信息,依靠科技进步,职业教育的发展明天一定能走上健康发展的道路。

**意义**

(1)有利于激发学生的创造力、创新力,并为学生工读结合、勤工俭学创造条件。职业学校兴办专业产业,并使之与教学相结合,这为学生提供了必要的实习条件和难得的锻炼机会。在生产实践和管理实践中,学生会在老师的带领、指导下,把学到的书本知识运用到实践之中,从而加深对知识的理解,增强应用知识和解决实际问题的能力。不仅如此,产教结合还会激发学生的创造、创新的愿望和热情,激励他们在实践中不断探索,不断创新,而这种创新意识、创新能力、创新人才的培养正是我们职业教育的办学方向。学校兴办专业产业,让学生参与生产或经营,取得一定的报酬,这客观上也为学生工读结合、勤工俭学创造了条件。

(2)有利于提高教师的业务水平。现在,职业学校的老师大多是从高校直接分配的,他们专业水平高,理论知识丰富,但缺点是知识应用能力不强,实际操作水平不高,这也极大地影响了职校教学质量的提高。学校创设实习基地,兴办专业产业,为广大教师,特别是专业课教师参加实践、提高实际工作的能力提供了条件和机会,而且在实际工作中,教师把理论知识与生产实践相结合,把教学与科研相结合,这有利于提高自身业务素质,提高教学的质量,对职业学校建立一支过硬的师资队伍有着十分重要的意义。

(3)有利于促进地方经济繁荣发展。职业教育是最直接为当地经济建设服务的,它与当地经济建设关系密切、联系广泛,职业学校设置的专业都与当地经济建设密切相关。由于学校教师专业知识丰富,头脑灵活,他们依靠科技兴办产业,因而在当地具有一定的示范性,同时,职业学校培养了一

---

① 产教结合、校企一体办学模式[EB/OL].豆丁网,https://www.docin.com/p-2185716417.html.

大批懂技术、会管理的人才,他们走上社会,必然会成为该领域的行家里手,这有利于带动当地经济结构的调整,促进地方经济的繁荣和发展。

(4)有利于促进职业教育的健康发展。职业教育是以就业为导向的教育,培养的是生产、建设、管理和服务第一线需要的高技能人才。这类人才具有鲜明的职业性、技能性、实用性等岗位特征。简单地说就是工作在第一线,懂技术、会操作、能管理的技术员,因此应按岗位群对人才的知识,能力,素质的需求作为最高原则来设置专业,制订教学计划。"产教结合,校企一体"的培养思路正是这种需求的集中体现,应大力推广和提倡。同时,学校也应针对企业所需的产品与技术进行开发,以实现学校培养人才、研发产品和技术服务三大功能。为使企业需求与学校教学无缝衔接,与技术发展方向合拍,就必须依靠和吸收企业技术骨干、学者专家参与培养目标的研讨、教学计划的制订。

**实施**

产教结合的基础是"产",即必须以真实的产品生产为前提,在这样的基础和氛围中进行专业实践教学,学生才能学到真本领,教师才能教出真水平。这样的"产"不能是单纯的工厂生产,必须与教学紧密结合,其目的是为了"教",在产教结合比较成熟的情况下,再逐步向"产、学、研"发展。学校真正形成了"产、学、研"的能力,职业学校适应了市场的需要,形成发展能力就落到了实处,做强做优也就有了基础。思路逐渐清晰,愿景更加美好。

(1)坚持"双赢"原则,实施责任共担。根据现有条件和管理状况,比较有可能性的办法是:引入社会上管理和技术较为先进的企业,愿意加盟校企合作,通过利用该校的设备,进行产品生产,在生产过程中引入教学内容,校企共同制订产教结合的实施性教学生产计划,让教师学到技术,让学生加入生产,让生产产生效益,校企双赢,共生共荣。

具体实施办法如下。

以学校现有的专业实习工厂和主要机加工设备为载体,引入企业加盟,学校出厂房、出设备;企业带工人、带产品,双方结合,进行产品生产、人才培养。在生产中结合教学需要,让教师和学生参与生产,在生产中学习技术。

企业安排生产工人、技术人员、管理人员作为兼职教学人员,根据产教结合教学计划,实施生产中的教学工作。学校安排有关教师跟班参加生产兼指导、辅导学生学习生产技术。

校企合作前,双方考察选择。对企业可考察产品生产、法人代表(或出资人情况)、注册资金、设备情况、管理情况等。学校应向企业提供必需的资料和考察情况。

# 第六章　新时代大学生劳动教育的有效实施

（2）突破"结合"难点，完善育人体系。在实施产教结合的过程中有三大难点：一是企业的生产与学生实训之间的矛盾。企业希望自主生产的时间越多越好，而学校当然希望学生上机操作的时间越多越好；二是企业希望生产过程中，合格率越高越好，而学生都是生手，上机操作，易出次品；三是学生的人数与设备数量之间的矛盾。妥善解决好这三个矛盾是保证企业加工好产品，学生训练时间充足的关键。突破难点的关键还是要"解放思想"，要不断深化人才培养模式改革、课程改革，要创新课程体系，要在实践中不断完善育人体系。

产教结合的根本目的是人才培养，生产是基础，但必须服务于教学，这是处理产教结合过程中各种问题的基本原则。我们认为产教结合的实施，在现行教育管理体制状况下，不能外包给校外，专用于产品生产，不管"教"，成为变相的校办厂；也不能由校内人承包，更不能完全以学校名义来组织。那样，企业优势进不来，还将是原来的学校实习工厂。因此，还是要在"结合"上深入研究，探索机制。企业追求经济效应，我们追求成才效应，两者"结合"的完善程度，决定着产教结合的总体水平。

## 问题思考

1. 高校劳动教育课程化的基本要求有哪些？
2. 新时代高校劳动教育与思想政治教育相结合应该从哪几方面入手？
3. 怎样做到将新时代高校劳动教育与社会实践和志愿服务相结合？
4. 新时代高校劳动教育与产教融合相结合需要怎样做？
5. 怎样强化劳动教育与就业工作融合的协同性？

# 第七章　新时代大学生劳动教育实务

进行劳动教育就必须真正经历劳动，只有这样，才是真正的劳动教育。由此，各学段、各学校必须构建包括家庭劳动、学校劳动和社会劳动在内的实际劳动课程。

## 第一节　新时代大学生家庭劳动实务

**榜样故事**

### 学生化身父母的帮手

手工制作、营养烹饪、农业劳动、社区志愿服务、防疫知识宣讲……在延迟开学期间，安庆师范大学的同学们在线上学习之余，纷纷化身居家劳动能手，成为父母的帮手。

**做厨房能手**

该校舞蹈表演专业学生唐卉妮平时喜欢研究美食，疫情期间她几乎包揽了家中的早饭和午饭。"学院开展的居家劳动活动，让我有机会帮妈妈分担家务，也让我能够向同学们展示厨艺，同时也督促大家用行动去孝顺爸妈。"唐卉妮说。

嫩藕切片、猪肉切丝、葱蒜炒好……该校自动化专业学生张宣在家做"作业"的架势也有模有样。做完一桌饭菜后，她在朋友圈写下一段感悟："我之前常想，父母为何将生活过得这样索然无味，现在觉得，当我独自面对生活中的这些'命题'时，也许解得并不比他们好。"

**各种家务样样行**

假期在家，不少学生承担了各种家务和农活。该校英语专业学生董洁就是其中之一，她常常在闲暇时帮外公外婆做家务和农活。"陪外婆去河边洗衣服,陪外公种果树,插苗、浇水、育肥,这些事情我都感觉很有意义。外公外婆年纪大了,能陪他们干活我很开心。"董洁说。

该校广播电视学专业学生赵维俊在家除了上网课,每天还多了一些"任务",即扫地、做饭等家务。"我们都长大了,有义务为家里人分担家务劳动,而且做家务劳动也能锻炼自己的耐心和细心。"赵维俊说。

"一屋不扫,何以扫天下?"只有从一根线、一粒米的小事情做起,由近及远,由小及大,成长的基石才能一层层夯实,人生的扣子才能一粒粒被扣紧。

# 一、衣

千里之行,始于足下。"不会""我有更重要的事情做"不该是我们拒绝家务劳动的借口,而应是我们学习、践行家务劳动的动力。我们应该从洗衣、熨烫、针线活、收纳等方面学起,在日常生活中养成好的劳动习惯,做到"衣之有形"。

## (一)洗衣必备常识

1. 洗衣分类

洗衣服时,不仅要按颜色分类,还要看衣服的材质、种类。衣物按颜色可分为纯白色,浅色(包括带白色条纹的衣物),深色(黑、蓝、褐等),艳色(红、黄、橙)四类进行清洗;材质方面,一定要将毛绒多的衣物(毛巾、毛衣、灯芯绒衣物等)和容易起球的衣服分开洗,避免把衣服洗坏;贴身衣物,如内裤、秋衣裤等,要单独洗涤。

2. 水温适宜

通常来说,水的温度越高,去污效果越好。但要注意,并不是所有衣服都适合用热水洗,我们洗衣服的时候要先看下衣服上面的标签再洗。一般情况下,内衣、床单等要用60℃以上的热水洗,丝质、羊毛织物等物品应用冷水洗。

3. 先放洗衣液,后放衣服

洗衣服时,应先放水和洗衣液,并进行搅动,待洗衣液充分溶解后再放入衣物。这样洗衣服,不仅能让洗衣液更好地发挥作用,还能避免衣物上留下洗衣液的印记。

4. 洗衣液用量适度

在使用洗衣液前,应先阅读洗衣液的使用说明,明确洗衣液与水的比例。洗衣液的用量过少,将无法达到去污效果;洗衣液的用量过高,不但会浪费资源,还会产生残留。一般来说,洗衣液的用量稍低于说明书的推荐值即可。

5. 洗衣机不能塞太满

有人喜欢凑一堆脏衣服,把洗衣机填满再洗,以为可以省水省电,殊不知,这样不但容易洗不干净,还会缩短洗衣机的使用寿命。衣物体积最多只占洗衣机滚筒体积的 2/3。

(二)熨烫实用技巧

1. 熨烫步骤

(1)熨烫机内注水。注水时应往熨烫机内灌注冷开水,以减少水垢的产生,避免喷气孔堵塞。

(2)选择温度。熨烫机上一般会有调节温度的旋钮,使用时可根据衣物的材质选用不同的温度,也可根据衣物上的熨烫标识选用合适的温度。常见的熨烫标识及其代表的含义如图 7-1 所示。

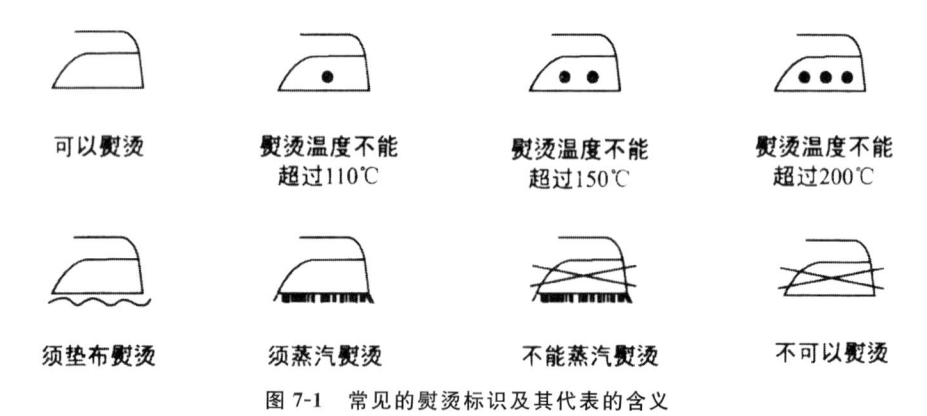

图 7-1 常见的熨烫标识及其代表的含义

(3)熨烫。熨烫过程中应保持衣物平整,以免熨烫过后衣物再次留下褶皱。同时,应在水温达到所调温度后再开始熨烫,因为在温度条件不够时,无法形成水蒸气。

(4)熨烫完的衣服不要马上挂入衣柜,而应先挂在通风处,待衣服完全干透之后再挂进衣柜,以免衣物发霉。

2. 不同布料衣物的熨烫方法

(1)棉麻衣物的熨烫方法。

熨烫温度:160~200℃。

熨烫手法:①动作敏捷,但不能过快;②往返不宜过多;③用力不宜过猛;④熨烫淡色棉麻织品时应保持匀速,以免衣料发黄。

(2)丝质衣物的熨烫方法。

熨烫温度:110~120℃。丝质衣物需低温熨烫,过高的温度容易导致衣物褪色、收缩、软化、变形,严重时还会损坏衣物。

熨烫手法:①垫布熨烫,或熨烫衣物反面;②熨烫时熨烫机要不断移动位置,不能在一个地方停留时间过久,以免产生烙印水渍,影响衣物的美观。

(3)皮衣的熨烫方法。

熨烫温度:80℃以下。

熨烫手法:①垫干燥的薄棉布进行熨烫;②熨烫时用力要轻,以防烫损皮革。

(4)毛织衣物的熨烫方法。

熨烫温度:薄款150℃以下,厚款200℃以下。

熨烫手法:①先将湿布盖在布料上,再熨烫;②熨烫时,熨烫机应平稳地在衣服上移动,不宜移动过快。

(5)合成纤维衣物的熨烫方法。

合成纤维种类繁多,不同的合成纤维衣物的耐热程度也各不相同。初次熨烫前可先找衣物里面不明显的部位试熨,在掌握了适合的熨烫温度后再进行大面积熨烫。

## (三)针线活

做好针线活的前提是要学会常用的针法。缝制衣物常用的针法有平针法、锁边缝、藏针法、包边缝、扣眼缝、缩缝法等。

(1)平针法(图7-2)是最基础的针法,也是最常用的针法。这种针法主要用于拼接布料和缝制布料的轮廓。缝制时要注意针脚间隔均匀,间隔一般为3mm左右,也可根据实际情况调整。

(2)锁边缝(图7-3)一般用于缝制织物的毛边,以防织物的毛边散开。

(3)藏针法(图7-4)一般用于两块布料的缝合。这是一种很实用的针法,能够有效隐匿线迹,常用于衣服上不易在反面缝合的区域。

图 7-2 平针法　　　　　　图 7-3 锁边缝

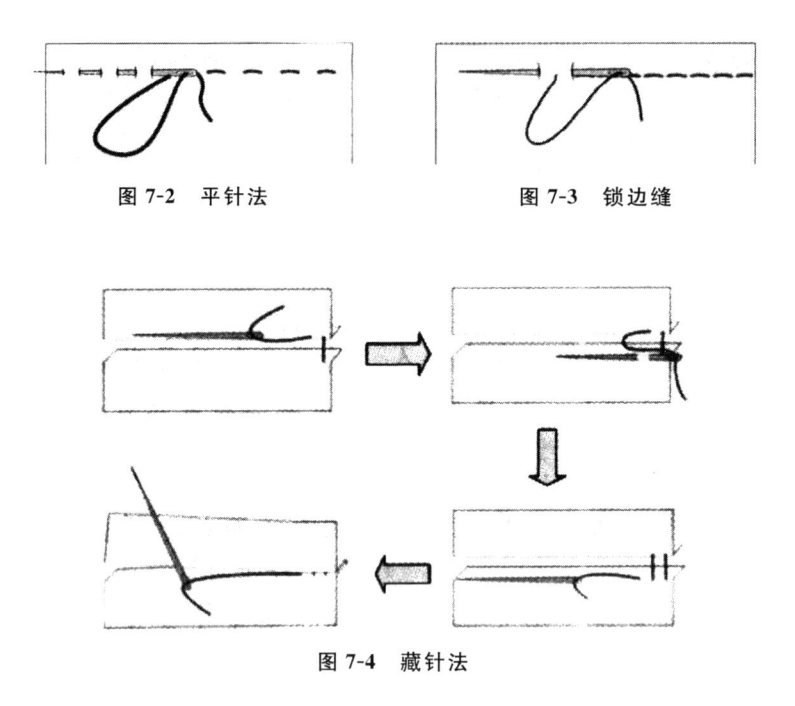

图 7-4 藏针法

(4) 包边缝(图 7-5)、扣眼缝(图 7-6)与锁边缝的用途相同,但前两者的装饰性和实用性更强。

(5) 缩缝法(图 7-7)可以在缝制过程中拉出松紧度,一般用于缝制缩口。

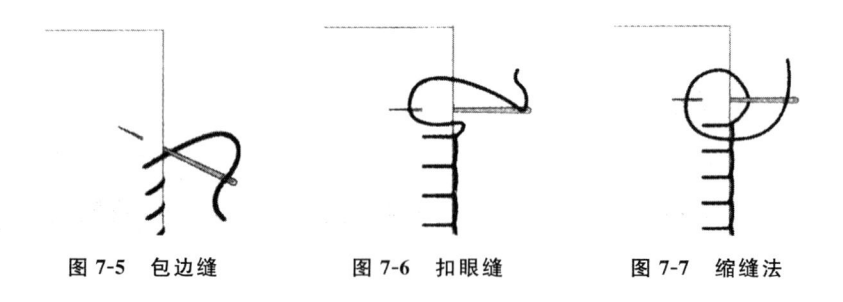

图 7-5 包边缝　　　图 7-6 扣眼缝　　　图 7-7 缩缝法

## (四)收纳操作指南

各式各样的衣服随意堆放在衣柜里,既不美观也不便于拿取。那么,应如何合理使用衣柜空间收纳衣服呢?

首先,应将衣物按照样式进行分类,如分为裤子、裙子、衬衫、短袖、毛衣、外套、内衣、内裤、袜子等类别。

## 第七章　新时代大学生劳动教育实务

其次,将分类好的衣服一一折叠,折叠方法如图 7-8 所示。

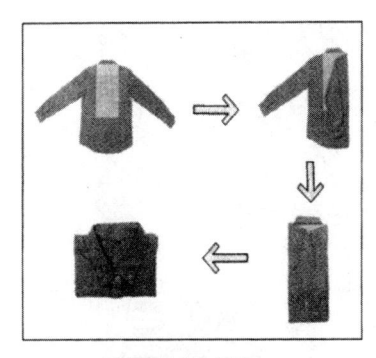

衬衫的折叠方法 　　　　　短袖的折叠方法

裤子的折叠方法 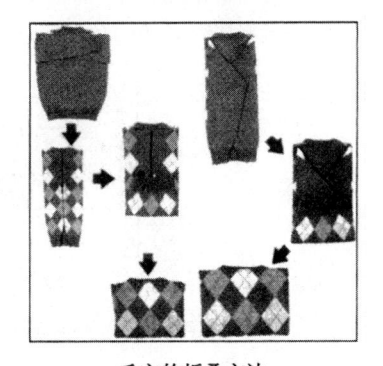　　　　　毛衣的折叠方法

图 7-8　各种类型衣服的折叠方法

最后,将折叠好的衣服按季节进行分类。属于当季的衣服,可放于衣柜中易于拿取的位置;属于其他季节的衣服,可放于衣柜顶层或收纳盒、收纳袋中。另外,内衣裤、袜子等小衣物可放于抽屉中收纳,其具体折叠及收纳方法可参照图 7-9。

## 二、食

做饭这样的"小事",对于即将迈入社会的大学生,常常也是考验独立生活能力的"大事"。从"家常菜"到"营养均衡、色味俱佳的佳肴",做饭不仅是一项生活技能,更能让我们享受烹饪的乐趣,用美食调剂生活。

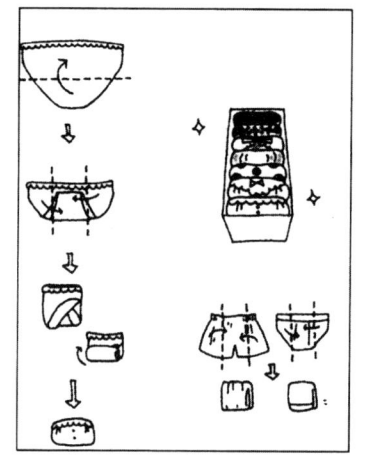

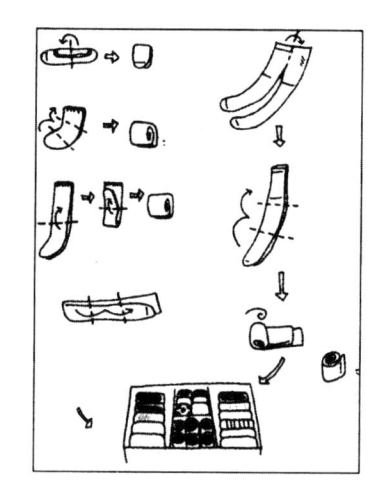

内裤的折叠及收纳方法　　　袜子的折叠及收纳方法

内衣的收纳方法

图 7-9　内衣裤和袜子的折叠及收纳方法

## (一)中国饮食文化

学做饭,首先要了解我国源远流长的饮食文化。我国地大物博,在饮食上总体呈现出风味多样、讲究美感、食医结合等特点。

1. 风味多样

我国幅员辽阔,物产丰富,各地区由于气候、物产、习俗、生活环境等的不同,发展出了各式各样、具有地方风味和特色的菜系,其中最著名的有川菜、鲁菜、粤菜、闽菜、苏菜、浙菜、湘菜和徽菜八大菜系。各个菜系在原料选用、烹调技艺、口味等方面特点鲜明。

2. 讲究美感

我国菜系众多、菜品多样,但无论哪种菜系,都追求色、香、味俱全。"色"即菜的色彩、卖相,在食物不再仅仅是饱腹之物时,运用各种食材、配料和烹调方法,调配好一道菜肴的色彩,是一种让食物赏心悦目的艺术。

3. 食医结合

我国烹饪讲究食医结合,认为食物与医疗保健有着密切的联系,在几千年前就有"医食同源""药膳同功"的说法。许多食物原料都具有药用价值,利用这些原料做成的美味佳肴,不仅美味,还能达到防治疾病的目的。例如,绿豆具有清热解暑、止渴利尿的功效,苦瓜具有清热解暑、明目解毒的功效,胡萝卜具有补肝明目、清热解毒的功效,梨具有清热镇静、化痰止咳的功效,等等。

## (二)营养与健康

烹饪不仅应关注美味,更应该做到营养均衡。均衡的膳食、合理的营养搭配不仅可以保证人体正常生理功能的需要,还可以提高机体的抵抗力和免疫力,有利于预防和控制某些疾病的发生与发展。

根据中国营养学会编制的《中国居民膳食指南(2016)》,一般人群的膳食可遵循以下六个原则:①食物多样,谷类为主;②吃动平衡,健康体重;③多吃蔬果、奶类、大豆;④适量吃鱼、禽、蛋、瘦肉;⑤少盐少油,控糖限酒;⑥杜绝浪费,兴新食尚。

图 7-10 为中国居民平衡膳食宝塔(2016)。

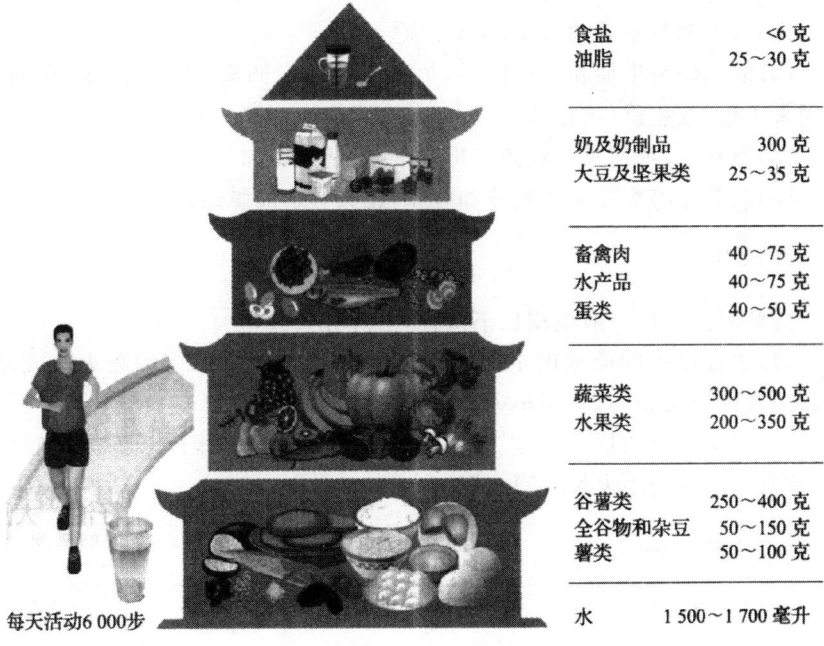

|  |  |
|---|---|
| 食盐 | <6 克 |
| 油脂 | 25～30 克 |
| 奶及奶制品 | 300 克 |
| 大豆及坚果类 | 25～35 克 |
| 畜禽肉 | 40～75 克 |
| 水产品 | 40～75 克 |
| 蛋类 | 40～50 克 |
| 蔬菜类 | 300～500 克 |
| 水果类 | 200～350 克 |
| 谷薯类 | 250～400 克 |
| 全谷物和杂豆 | 50～150 克 |
| 薯类 | 50～100 克 |
| 水 | 1 500～1 700 毫升 |

每天活动6 000步

图 7-10　中国居民平衡膳食宝塔(2016)

## (三)烹饪基础

1. 原料

烹饪的原材料可分为蔬菜、水产品、畜禽、粮食作物和果品五类。
(1)蔬菜是人体维生素、矿物质和膳食纤维的主要来源。
(2)水产品富含蛋白质、脂肪、矿物质和维生素。
(3)畜禽是人体优质蛋白、脂类、脂溶性维生素和B族维生素的主要来源。
(4)粮食作物是对谷类作物、薯类作物和豆类作物的总称。谷类作物主要为人体提供淀粉、植物蛋白、维生素等;薯类作物主要为人体提供淀粉、维生素等;豆类作物主要为人体提供蛋白质、脂肪等。
(5)果品主要为人体提供维生素、矿物质和人体所需的微量元素。

2. 调料

烹饪常用的调料有油、盐、酱油、醋、料酒等。
(1)油具有导热、增加菜肴色泽的作用,常见的有花生油、菜籽油、大豆油等。
(2)盐可调节菜肴的咸淡,不宜多吃。
(3)酱油分为生抽和老抽两种,生抽一般用来调味,味道鲜、咸;老抽一般用来上色,颜色重、味道咸。
(4)醋较酸,可使菜的味道变得丰富,吃起来更加爽口。
(5)料酒能够去除菜的膻味和腥味,还具有解油腻的作用。

3. 火候

烹饪时的火候一般根据以下两种方式确定。
(1)根据原料的质地确定。原料质地较软、嫩、脆的,多用旺火速成;原料质地较硬、老、韧的,多用小火长时间烹调。
(2)根据烹调的技法确定。炒、爆、烹、炸等技法多用旺火速成;烧、炖、煮、焖等技法多用小火长时间烹调。

## (四)烹饪安全

1. 用火安全

在利用燃气灶等明火烹饪食物时,应注意以下四点。

(1)烹饪过程中不要远离厨房,以防汤水溢出浇灭燃气灶火苗造成燃气泄漏事故。

(2)厨房内禁止存放酒精、汽油等易燃危险物品,以免引起意外失火。

(3)保持燃气灶周围空气流通。

(4)若闻到煤气味,怀疑燃气泄漏的话,应立即关闭燃气阀门和附近的火源,同时打开门窗进行通风,注意不要开关任何电器,包括手机。若煤气味强烈,则应立即外出打电话报警,并通知邻居疏散。

2. 用电安全

在用电饭煲、电磁炉等电器烹饪食物时,应注意以下两点。

(1)湿手不得接触电器及电器装置,以防触电。

(2)电器用完后应关掉开关并拔下插头,防止电器因长时间通电而损坏。

3. 烹饪工具使用安全

在使用烹饪工具的过程中,应注意以下三点。

(1)玻璃器皿、瓷器不能摆放在台面边缘,以免摔破伤人。

(2)在使用刀具前,应检查其是否存在裂纹、松柄、锈蚀等现象,避免在使用过程中发生意外。

(3)刀具在使用完后应插入刀套或刀架内,不得放在操作台边缘及过高处,以免坠落伤人。

4. 其他注意事项

除了上述注意事项外,在烹饪时,还应注意以下三点。

(1)烧制饭菜时,锅内的液体不宜过多,以免溢出引发意外。

(2)在拿刚蒸好或烤好的食物时,应戴隔热手套。没有隔热手套的,可用干毛巾代替。

(3)为减少烹饪过程中高温油飞溅,应提前滤干食材的水分。

## 三、起居

作息规律,在日常生活中养成做家务的习惯,保持屋舍整洁,物品井然有序,过一种"有序"的生活,能让我们容光焕发、心情舒畅,对我们的学习和工作有很大的促进作用。

## (一)作息规律

研究表明,科学、合理、规律的作息能提高人体的免疫力,降低疾病发生的概率。在安排作息时间时,可参考表7-1。

表7-1 作息时间表

| 时间段 | 作息安排 |
| --- | --- |
| 6:30~7:30 | 起床伸展腰肢,呼吸新鲜空气,喝杯温水,为一天的工作做好准备 |
| 7:30~9:00 | 吃早餐。这个时候时间再紧也要吃早餐,因为它可以帮助我们维持血糖水平的稳定,为上午的工作补充能量 |
| 9:00~11:00 | 这个时间段是工作和学习的第一个黄金时期。大部分人在这两个小时内头脑最清醒、思路最清晰,因此可以开展工作和学习中较困难的部分 |
| 11:00~12:00 | 吃点水果。在经过一上午的工作和学习后,我们的血糖会有一些下降,可能导致无法专心工作。此时可以吃点水果,及时补充血糖 |
| 12:00~13:00 | 吃午餐。丰富的午餐能为身体增添能量,以保证身体的能量所需 |
| 13:00~14:00 | 午休。每天保证30分钟的午休会使人精力充沛,还能起到保护心脏的作用 |
| 15:00~17:00 | 这个时间段是工作和学习的第二个黄金时期。此时身体和大脑都处于一天的巅峰状态,应该做细致而密集的工作 |
| 18:00~19:00 | 吃晚餐。晚餐应该多吃蔬菜,少吃富含卡路里和蛋白质的食物。同时要注意,晚餐应少吃,吃太多会引起血糖升高,并增加消化系统的负担,影响睡眠 |
| 19:00~21:00 | 可根据个人需求进行体育锻炼,这样既可以消耗晚餐热量,也能轻松瘦身 |
| 20:00~22:00 | 看书或休息 |
| 22:30 | 上床睡觉。每天应尽量保证8个小时的充足睡眠 |

## (二)设施清洁

### 1. 扫地技巧

(1)清扫室内地面宜用按扫的方式,即扫地时扫帚尽量不离地面;挥动扫把时,可稍用力向下压,这样既能把灰尘、垃圾扫净,又能防止灰尘扬起;清扫时一般采用从狭窄处扫向宽广处、从边角处扫向中央处、从屋里扫向门口的清扫顺序。

(2)地上头发多时,可将废弃的旧丝袜套在扫把上扫地。由于丝袜会和地面产生静电效应,很容易就能吸附起地上的毛发和灰尘。如果没有丝袜,塑料袋也可以起到同样的效果。

(3)清扫楼梯时,可以站在下一阶,将垃圾从左右两端扫至中央再往下扫。这样能有效防止垃圾、灰尘从楼梯旁掉下去。

(4)清扫室外区域时,应顺着风向扫,以免扫好的区域被再次刮脏。

### 2. 拖地技巧

(1)巧用食盐。用温水加上食盐拖地,不仅能加快地上水分的蒸发速度,还不留水渍。另外,用盐水拖地还能杀菌、抑菌。

(2)巧用洗洁精、醋和小苏打。在擦洗地板的水中加入少量洗洁精、醋或小苏打,擦洗地板时不仅能轻松除尘,还能有效去油污。

(3)巧用柠檬汁。柠檬汁中的烟酸和有机酸具有杀菌作用。拖地的时候,在水里加少量柠檬汁或柠檬精油,既能有效杀菌还能保持空气清新。

### 3. 门窗除垢

首先清洁门窗边框。清洁时,应先用废旧牙刷或专用的小刷子清理缝隙里的污渍,再整体擦拭门窗边框。

然后清洁玻璃。清洁玻璃时,第一遍用湿布擦拭,第二遍用干报纸擦拭。用干报纸擦拭不仅可以擦干玻璃上的水分,还能避免在玻璃上留下痕迹,让玻璃更加干净明亮。

对于有纱窗的窗户,可不定时用湿布擦拭纱窗,避免纱窗上堆积灰尘。

## (三)物品摆放井然有序

(1)按照使用频率分类收纳物品,即常用的物品放在显眼处,不常用的物品收纳在柜子内。例如,厨房内台面上放置油、盐、酱、醋等常用物品,备用油、盐等放在橱柜中;将每天使用的拖鞋置于易拿取处,换季的鞋子放在不易拿取处;将每天出门需要换的衣服、帽子等挂在随手可拿的地方,换季的衣服放在柜子里或收纳箱中。

(2)借助收纳盒。厨房的抽屉内,可配置大小合适的分餐盒,将筷子、勺子等分别置于其中;书桌的抽屉内,可以借助不同的小盒子划分区域,使小物件井然有序。

(3)垂直收纳,即利用家或寝室内空着的墙面收纳物品。例如,在书桌的上方放置两层或者三层的隔板架,在厨房墙面悬挂收纳篮,等等。

(4)利用好角落空间。沙发、餐厅、卧室等地的角落是很好的收纳空间,好好利用这些角落空间(如放置移动的收纳架),不仅不会使我们的住处显得拥挤,还会营造出一种特别的美感。

图 7-11 和图 7-12 分别为井然有序的厨房台面和书桌。

图 7-11 井然有序的厨房台面　　图 7-12 井然有序的书桌

## (四)其他起居常识

### 1. 冰箱清洁

在使用冰箱的过程中,应定期对冰箱进行清洁(每年至少两次)。清洁冰箱时要先切断电源,然后再用软布蘸上清水或洗洁精沿着冰箱内壁轻轻擦拭。为防止损坏冰箱涂层和塑料零件,请勿使用洗衣粉、去污粉、开水、刷子等清洗冰箱。

对于冰箱内可拆卸的部件,应拆下后用清水或洗洁精清洗。

清洗完冰箱主体和各种部件后,不要着急关闭冰箱门,应待冰箱内彻底干燥后,再关闭冰箱门,并插上电源。

2. 床上用品清洁

由于床上用品会与皮肤直接接触,平时要注意床上用品的清洁。一般来说,床上用品的清洗间隔应根据季节来判断。夏季建议一周清洗一次,冬季建议两周清洗一次。清洗时,最好挑一个晴朗的天气,以便让清洗完的床上用品能够接受紫外线的照射,从而有效清除细菌和螨虫。

## 四、家政

除了学习基础的家务劳动,我们还应该适当掌握一些家庭保健相关的知识和家居日常维修技能,以备不时之需。

### (一)家庭保健

1. 家庭常用消毒方法

在家庭生活中,我们可利用以下三种方法消毒杀菌,减少疾病的发生。

(1)天然消毒法。阳光中的紫外线和红外线具有一定的杀菌作用,把书籍、床垫、被褥、衣物等放在阳光下曝晒4～6小时即可起到很好的杀菌效果。

(2)物理消毒法。开水可以有效杀死细菌,可不定时地用开水烫一下杯子、碗筷等进行消毒杀菌。

(3)化学消毒法。利用消毒液、消毒剂等可杀灭大多数的细菌和病毒,但这种消毒方法不宜用于食物、碗筷等物品的消毒。

2. 家庭常备药品

药师介绍,根据家庭成员的构成,家庭药箱应主要覆盖内服药、外用药、特殊人群用药和辅助用品四大类别。

(1)内服药。常见的有感冒药、解热镇痛药、止咳化痰药、止泻药、通便药、抗过敏药、助消化药七大类,一般不推荐储备抗菌类药物。

感冒药:可备酚麻美敏片、维C银翘片。感冒是自限性疾病,一般不用药物治疗,但服药可缓解症状。需要留意的是,很多感冒药都含有相同成分,为避免重复用药,应严格按推荐的剂量和用法。

解热镇痛药:常见的有布洛芬混悬液、对乙酰氨基芬片。该类药物主要用于缓解感冒后发热、头痛、关节痛等症状。

止咳化痰药:可备氢溴酸右美沙芬片、蛇胆川贝枇杷膏;化痰药物可以选择盐酸氨溴索片、乙酰半胱氨酸颗粒等。

止泻药:可备口服补液盐散、蒙脱石散。前者能预防和纠正腹泻导致的脱水;后者是高效消化道黏膜保护剂,具有改善肠道的吸收和分泌功能。

通便药:可选乳果糖。它不被人体吸收,通过刺激结肠蠕动,缓解便秘,尤其适宜老年人、孕产妇、儿童及术后便秘者。

抗过敏药:如氯雷他定,属于抗组胺类抗过敏药,适用于皮肤过敏、食物及药物过敏等。氯雷他定除了有片剂外,还有儿童使用的糖浆剂和滴剂。

助消化药:如多酶片、健胃消食片等。

(2)外用药。主要有外用消毒药,如75%乙醇(酒精)、碘伏等;其他外用药如云南白药、风油精等。另外,创可贴、灭菌医用棉签、纱布、绷带等卫生材料也要备齐。

(3)特殊人群用药。根据家庭成员实际需求准备。

(4)辅助用品。主要包括小药箱、方便小药盒、定时药盒、切药器、研磨器等。

## (二)家居日常维修

家用电器、家具等常常会随着使用频率、使用时间的增加而出现这样那样的问题,对于其中的一些小问题,我们完全可以自行修理解决,不必找专门的维修工人上门维修。

1. 冰箱不制冷

冰箱出现不制冷的情况时,应首先检查冰箱的电源插头是否牢固,若电源插头没问题,则可能是由冰箱的内出水口堵塞或冰冻造成了冰箱不制冷。此时,我们可以使用一根有一定硬度的细棍疏通冷藏室的后壁出水口。

2. 实木家具出现裂缝

实木家具如因热胀冷缩出现裂缝,可采用以下补救措施:①将旧棉布或破麻袋烧成灰,然后与生桐油搅拌成糊状,嵌补到木器的裂缝中,阴干后即可补平裂缝;②将撕碎的报纸加些明矾和清水煮成稠糊状,冷却后涂于木器的裂缝中即可将其补平。

3. 家用燃气灶打不着火

家用燃气灶打不着火很可能是因火盖、火孔被堵塞,或燃气灶电池没电造成的。遇到燃气灶打不着火的情况时,可以先用牙签、抹布等清理火盖和火孔,清理完仍打不着火的情况下,可尝试更换燃气灶的电池。

## 第二节　新时代大学生学校劳动实务

### 榜样故事

#### 工科男花 300 元装饰寝室　被赞最美男寝

**男生寝室变成"天空之城"创意源于山城天气**

走进重庆大学 355 寝室,当灯光亮起,被蓝色覆盖的屋顶折射的光让整个房间变成蓝色,身在其中犹如置身海洋一般,大海之蓝,清澈夺目。屋顶上一颗颗黄色的五角星化作了夜空中最亮的星……

该寝室的主要设计者是吴康杰,来自浙江。从小住在临海地区的他,经常见到蓝色的大海。他说,他的设计灵感来源于重庆的天气。"来到重庆后,阴雨天气很多,蓝天白云很少见,夜空的星星几乎没见过,所以希望将蓝色的天空搬到寝室里来。"

除了对蓝天的渴望,吴康杰选择蓝色为寝室的主色调,还有一番用意。他解释道:"每个颜色都会带给人不一样的情绪反应。蓝色,带给人一种深邃、平静的力量,能帮助人在喧闹的生活中静下心来。"他认为,大学生在日常生活中都比较活泼,但寝室是供学生学习和休息的地方,因此希望借助大量的蓝色,帮助寝室同学回归平静安宁的心理状态。

这个寝室的设计主题为"天空之城"。吴康杰从小喜爱动漫电影,宫崎骏的《天空之城》是他最喜欢的一部动漫电影作品,所以用了这个名字。虽然寝室的具体装饰与电影没有多大关系,但整体风格和给人的舒适感觉与电影一样。

**4 人熬夜纯手工制作约 300 元打造梦幻寝室**

设计阶段完成后,寝室 4 个人开始动手,先从材料的购买和制作开始。

巨大的工作量难住了 4 位小伙子。"我们只买了几种颜色的海绵纸和卡纸,大多图案都打算自己动手剪,但后来发现工作量太大了。"寝室长王强说。压力之下他们本想放弃自己动手的想法,去网上购买成品粘贴,"但成品花费过高,后来我们开会商量,决定坚持一下,手工制作试试看,哪怕不成功也不留遗憾。"

寝室成员朱飞说,由于工作量太大,每周几乎天天满课的他们只能牺牲中午和晚上的休息时间,在一周之内完成了所有装饰,有时为了赶进度还熬到半夜两点多。寝室从设计到装扮完成,仅花费了约 300 元。

**获奖后陆续被围观女生称干净漂亮"胜过女寝"**

因为干净整洁和别具匠心的设计风格,松园一栋 355 寝室在重庆大学优秀学生之家的评选活动中摘得"五星级寝室"称号。

此后,不断有同一栋公寓楼里的其他同学到他们寝室参观。曾有一名女生因社团活动进了他们寝室,看到寝室的装饰后称赞说:"第一次看到男生寝室装饰得如此好看,比我们女生寝室还漂亮!"

此次装饰寝室,对吴康杰和他的室友来说,是一次加强沟通、促进情感交流的难得机会。"大一时我们的关系还挺好,后来慢慢变得有些冷淡,交流也变少了。趁着装饰寝室的机会,我们 4 个人的沟通比以前更多了,关系也更好了。"王强说道。

劳动教育是国民教育体系的重要内容,是学生成长的必要途径,具有树德、增智、强体、育美的综合育人价值。实施劳动教育重点是在系统的文化知识学习之外,开展校园劳动必修课,有目的、有计划地组织学生参加日常生活劳动、生产劳动和服务性劳动,让学生动手实践、出力流汗,接受锻炼、磨炼意志,培养学生正确劳动价值观和良好劳动品质。

# 一、做绿化环保践行者

生态环境保护是功在当代、利在千秋的事业。我们要清醒认识保护生态环境的紧迫性和艰巨性,清醒认识加强生态文明建设的重要性和必要性,做绿化环保的践行者。

## (一)绿水青山就是金山银山

习近平总书记指出:"我们既要绿水青山,也要金山银山。宁要绿水青山,不要金山银山,而且绿水青山就是金山银山。"这一论断深刻地体现了习近平总书记把保护生态放在首位的鲜明态度和坚定决心。

地球是人类唯一的家园,在茫茫的宇宙中,除了地球之外,目前尚未发现其他适合人类生存的星球。在这个家园里,除了人之外,还有各种各样人类所赖以生存的生命和物质:花草树木、虫鱼鸟兽、空气、水等。这些生命和物质与人类一起构成了这个和谐的地球。

地球给了所有生命一个适合生存的支持系统——水、空气、光、热以及各种能源等。如果这样的支持系统遭到破坏,不只是动植物的生存环境会受到破坏,包括人类在内,也会遭到不等程度的影响。所以,只有保护环境,保护我们赖以生存的地球,才能保护我们人类自己,才能使人类的文明发展得更远,让人类的生活环境更舒适。

党的十九大报告首次将"美丽"作为社会主义现代化强国的限定词之一,提出"为把我国建设成为富强民主文明和谐美丽的社会主义现代化强国而奋斗"。

建设生态文明是中华民族永续发展的千年大计。必须树立和践行"绿水青山就是金山银山"的理念,坚持节约资源和保护环境的基本国策,像对待生命一样对待生态环境,统筹山水林田湖草系统治理,实行最严格的生态环境保护制度,形成绿色发展方式和生活方式,坚定走生产发展、生活富裕、生态良好的文明发展道路,建设美丽中国,为人民创造良好生产生活环境,为全球生态安全做贡献。

## (二)绿化环保行动

保护环境,人人有责。让中华大地天更蓝、山更绿、水更清、环境更优美,需要动员全社会力量推进生态文明建设,需要我们把保护环境化为自觉行动。

### 1. 形成绿色价值取向

什么是绿色价值取向?习近平总书记关于"绿水青山"与"金山银山"关系的三个言简意赅的重要论断,对此做了生动阐释和系统说明。

"绿水青山就是金山银山",强调优美的生态环境就是生产力、就是社会财富,凸显了生态环境在经济社会发展中的重要价值。"既要金山银山,又要绿水青山",强调生态环境和经济社会发展相辅相成、不可偏废,要把生态优美和经济增长"双赢"作为科学发展的重要价值标准。"宁要绿水青山,不要金山银山",强调绿水青山是比金山银山更基础、更宝贵的财富,当生态环境保护与经济社会发展产生冲突时,必须把保护生态环境作为优先选择。

坚持绿色发展,需要我们形成绿色价值取向,正确处理经济发展同生态环境保护的关系,牢固树立保护生态环境就是保护生产力、改善生态环境就是发展生产力的理念,更加自觉地推动绿色发展、低碳发展、循环发展,绝不以牺牲生态环境为代价换取一时的经济增长。

### 2. 形成绿色生活方式

绿色生活方式与每个人的生活息息相关,体现了人们对绿色发展理念的认同度、践行力。形成绿色生活方式对绿色发展和生态文明的最终实现具有基础意义、关键作用。

保护环境,人人有责;绿色发展,人人应为。这个"应为",就是倡导和践行勤俭节约、绿色低碳、文明健康的生活方式与消费模式。

推动形成绿色生活方式,需要我们坚持节约优先,强化集约意识,在衣、食、住、行、游等方面形成节约集约的行动自觉;倡导环境友好型消费,推广绿色服装、提倡绿色饮食、鼓励绿色居住、普及绿色出行、发展绿色旅游,抵制和反对各种形式的奢侈浪费、不合理消费。

促进生活方式绿色化,时时可做、处处可为。大到购买节能与新能源汽车、高能效家电、节水型器具等节能环保产品,小到减少塑料购物袋、餐盒等一次性用品的使用,乃至随手关灯、拧紧水龙头,都是在践行绿色生活方式和消费理念,都是在为绿色发展做贡献。

绿色发展是理念,更是实践;需要坐而谋,更需起而行。只要我们坚持知行合一、从我做起,坚持步步为营、久久为功,就一定能换来蓝天常在、青山常在、绿水常在,就一定能开创社会主义生态文明新时代、赢得中华民族永续发展的美好未来。

### (三)低碳校园生活

工业革命以来,人类经济发展的相关活动及在日常生活中排放的二氧化碳,大大超出了地球对二氧化碳的自然负荷能力。这导致全球气候发生显著变化,对全球自然生态系统产生了严重的有害影响。于是,人类开始反思自己的行为,"低碳"概念应运而生。

所谓"低碳",就是倡导人们在生活、生产中,尽量减少二氧化碳排放,以减缓全球变暖的趋势。低碳生活则是人们为减少二氧化碳排放,主动、自发养成的一种新型生活方式。在减少二氧化碳排放的过程中,个人的努力具有"聚沙成塔"的意义。

作为大学生,我们应如何为节能减排作出自己的贡献?

首先,要树立绿色低碳意识,认识到节能减排的紧迫感和使命感,牢固树立绿色低碳理念,人人争做绿色低碳标兵,处处体现绿色低碳文化,时时参与绿色低碳行动。

其次,要养成绿色低碳习惯,从小事做起,节约用电、节约用水、节约用纸、节约粮食,爱护树木、不践踏草坪,讲究卫生、不乱丢杂物,绿色出行、少乘机动车,不用一次性用品、少用塑料袋、不买不必要的物品,废旧物品再利用及废电池单独分类处理,等等。

最后,要主动宣传绿色低碳生活方式,散播绿色低碳的"种子",带动周围的人形成绿色低碳的生活态度,以实际行动参与低碳校园的建设。

除此之外,大学生还应通过发现日常节能减排行动中的难题,发明一些节能减排的作品,利用科技创新更好地解决实际问题。例如,学生通过科技创新,制作了如新型节能开关电源、厨余堆肥机等的小发明。还有一些作品紧跟"节能减排"领域的学术研究前沿,有效提高了大学生科技创新能力和社会实践水平,完美诠释了"节能减排,全民行动"的低碳宣言。

## 二、倡导垃圾分类

今天,"垃圾围城"成为困扰全球大城市的难题,具体现象包括填埋场侵占土地、垃圾造成长期污染、垃圾焚烧厂被周边居民抵制等。解决垃圾围城问题,离不开垃圾分类。

### (一)垃圾分类新时尚

"垃圾是放错了地方的资源。"垃圾分类就是将垃圾分门别类地投放,并通过分类清运和回收使之重新变成资源。习近平总书记在上海市考察时指出"垃圾分类工作就是新时尚",并勉励大家把这项工作抓实办好。全民参与垃圾分类,具有以下几方面的意义。

1. 减少环境污染

我国现有的垃圾处理方式包括填埋和焚烧。对垃圾进行填埋处理,即使是在远离生活的场所并采用相应的隔离技术,也难以杜绝有害物质渗透。这些有害物质会随着地球的循环而进入整个生态圈,污染水源和土地,通过植物或动物,最终影响人们的身体健康。另外,垃圾焚烧也会产生大量危害人体健康的有毒气体和灰尘。

其实,有很大一部分垃圾是不需要填埋,也不需要焚烧的。如果我们能够做好垃圾分类,就能减少垃圾的填埋和焚烧,从而减少环境污染。

2. 节省土地资源

填埋和堆放等垃圾处理方式占用土地资源,且垃圾填埋场属于不可复场所,即填埋场不能够重新作为生活小区使用。此外,生活垃圾中有些物质不易降解,填埋后将使土地受到严重侵蚀。据统计,垃圾分类可以使人均生活垃圾产生量减少三分之二,从而节省大量土地资源。

3. 促进资源的循环利用

垃圾的产生源于人们没有利用好资源,将自己不用的资源当成垃圾抛弃,这种废弃资源的行为对于整个生态系统的损失都是不可以估计的。通过垃圾分类,回收可利用的垃圾,就可以将垃圾变废为宝,促进资源的循环利用,从而保护我们的生态系统。

此外,垃圾分类有利于改善垃圾品质,使焚烧(或填埋)得以更好地无害化处理。例如,分类焚烧可起到减量(减少垃圾处理量)、减排(减少污染排放量)、提质(改善燃烧工况)、提效(提高发电效率)等作用。

4. 提高民众的环保意识

垃圾分类是处理垃圾公害的最佳解决方法和最佳出路。垃圾分类能够让民众学会节约资源、利用资源,养成良好的生活习惯,提高个人的素质素养。一个人如果能够养成良好的垃圾分类习惯,那么他就会关注环境保护问题,在生活中注意资源的珍贵性,养成节约资源的习惯。

## (二)垃圾分类标准

2019年11月15日,新版《生活垃圾分类标志》标准发布,同年12月1日起正式实施。与2008版标准相比,新标准将生活垃圾类别调整为可回收物、有害垃圾、厨余垃圾和其他垃圾四大类,其对应标志如图7-13所示。

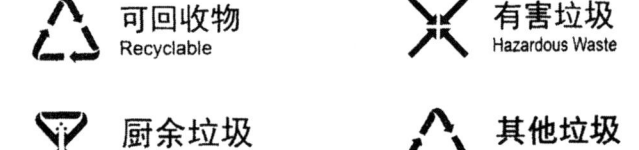

图 7-13 四大类生活垃圾标志

新版《生活垃圾分类标志》分别由4大类标志和11个小类标志组成,具体如表7-2所示。其中,厨余垃圾和其他垃圾又可称为湿垃圾和干垃圾。

**表 7-2 标志的类别构成**

| 序号 | 大类 | 小类 |
| --- | --- | --- |
| 1 | 可回收物 | 纸类 |
| 2 | | 塑料 |
| 3 | | 金属 |
| 4 | | 玻璃 |
| 5 | | 织物 |

续表

| 序号 | 大类 | 小类 |
|---|---|---|
| 6 | 有害垃圾 | 灯管 |
| 7 | | 家用化学品 |
| 8 | | 电池 |
| 9 | 厨余垃圾<br>(也可称为"湿垃圾") | 家庭厨余垃圾 |
| 10 | | 餐厨垃圾 |
| 11 | | 其他厨余垃圾 |
| 12 | 其他垃圾<br>(也可称为"干垃圾") | |

注:除上述四大类外,家具、家用电器等大件垃圾和装修垃圾应单独分类。

## (三)垃圾分类操作

### 1. 分类原则

进行垃圾分类,关键要掌握分类原则:可回收物记材质,玻、金、塑、纸、衣;有害垃圾非常少,主要是废电池、废灯管、废药品、废油漆及其容器;厨余垃圾看是不是很容易腐烂,是不是容易粉碎;剩余的就都是其他垃圾了。当发现有混淆模糊、不能准确判断类别的垃圾时,也可以把它归为其他垃圾。

### 2. 投放要求

(1)可回收物(图 7-14),指适宜回收可循环利用的生活废弃物。
投放要求:
第一,应尽量保持清洁干燥,避免污染。
第二,立体包装物应清空内容物,清洁后压扁投放。
第三,易破损或有裹尖锐边角的应包裹后投放。
(2)有害垃圾(图 7-15),指生活垃圾中对人体健康或自然环境造成直接或潜在危害的物质,必须单独收集、运输、存贮,由环保部门认可的专业机构进行特殊安全处理。
投放要求:
第一,投放时应注意轻放。
第二,易破碎的及废弃药品应连带包装或包裹后投放。
第三,压力罐装容器应排空内容物后投放。

图 7-14 可回收物

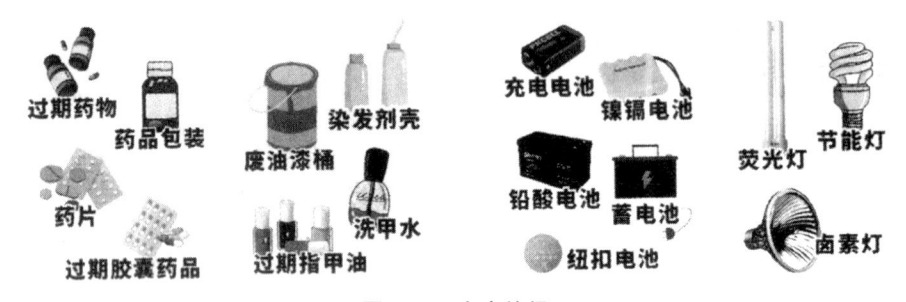

图 7-15 有害垃圾

另外，公共场所产生有害垃圾且未发现对应收集容器时，应携带至有害垃圾投放点妥善投放。

(3)厨余垃圾(图 7-16)，指食材废料、剩菜剩饭、过期食品、瓜皮果核、花卉绿植、中药药渣等易腐的生活废弃物。

投放要求：

第一，厨余垃圾应从产生时就与其他品种垃圾分开收集。

第二，投放前尽量沥干水分，有外包装的应去除外包装投放。

另外，公共场所产生厨余垃圾且未发现对应收集容器时，应携带至有厨余垃圾投放点妥善投放。

图 7-16　厨余垃圾

（4）其他垃圾（图 7-17），指除可回收物、有害垃圾、厨余垃圾外的其他生活垃圾，即现环卫体系主要收集和处理的垃圾。

投放要求：投入其他垃圾收集容器，并保持周边环境整洁。

图 7-17　干垃圾

（5）大件垃圾（图 7-18），如沙发、床垫、床、桌子等，可以预约可回收物回收经营者或者大件垃圾收集运输单位上门回收，或者投放至管理责任人指定的场所。

图 7-18　大件垃圾

大型电器电子产品也属于大件垃圾，如空调、电冰箱、洗衣机、电视机等，处理此类垃圾时可联系规范的电子废弃物回收企业预约回收，或按大件垃圾管理要求投放。

需要注意的是，小型电器电子产品包括微电脑、手机、电饭煲等，可按照可回收物的投放要求进行投放。

(6)装修垃圾(图 7-19),如碎马桶、碎石块、碎砖块、废砂浆及废料等。装修垃圾和生活垃圾应分别收集,并将装修垃圾装袋后投放到指定的场所。

图 7-19　装修垃圾

## 三、争做文明寝室

### (一)文明寝室建设要求

寝室是我们学习、生活、休息的重要场所,寝室文明环境建设直接体现我们的精神面貌和个人素质,直接关系我们的身心健康。我们应将维护整洁文明寝室环境内化为自觉追求,外化为自觉行动,达到以下要求。

(1)文明寝室的环境总体应达到"六净""六无""六整齐"的目标。

六净:地面干净、墙面干净、门窗干净、玻璃干净、桌椅橱干净、其他物品整洁干净。

六无:无杂物、无烟蒂、无乱挂现象、无蛛网、无酒瓶、无异味。

六整齐:桌椅摆放整齐,被褥折叠整齐,毛巾挂放整齐,书籍叠放整齐,鞋子摆放整齐,用具置放整齐。

(2)每天应自觉做到"六个一"、自觉遵守"六个不",维护寝室良好生活环境。

六个一:叠一叠被子、扫一扫地面、擦一擦台面、整一整柜子、理一理书架、倒一倒垃圾。

六个不:异性宿舍不进出,外人来访不留宿,危险物品不能留,违规电器不使用,公共设施不损坏,果皮、纸屑不乱扔。

(3)在宿舍应杜绝不文明行为,不养宠物、不在宿舍楼内抽烟、不在门口丢放垃圾、不乱用公用洗衣机等。

### (二)特色寝室建设

特色寝室宣扬的是一种文化,是一种相互影响、彼此照应、和谐共进的良好氛围,对我们的文化修养、综合素质等各方面的提高有着很大的促进作用。

要建设特色寝室,首先要考虑寝室大部分人的个性、喜好、价值观等,然后再以此为方向营造别具一格的"特色"文化。如果寝室大多数人都喜欢学习,便可以考虑建设学习型寝室;如果寝室大多数人喜欢运动,便可以考虑建设运动型寝室;如果寝室大多数人都对环保有一定兴趣,便可以考虑建设环保型寝室。与此类似的还有创业型寝室、自强型寝室、友爱型寝室、逐梦寝室、音乐寝室等。

例如,某高校的"最牛男生宿舍"就是典型的学习型寝室。全寝室 12 名男生,有 10 人获得哥伦比亚大学等国外知名大学硕士研究生录取书;另外两人一个被中国移动集团公司录取,另一个赢得国家电网、IBM、华为等多个知名企业的"橄榄枝"。

在建设特色寝室时,可参考以下标准。

(1)全体寝室成员共同参与特色寝室建设,共同商议并确定特色建设方向。

(2)按照主题特色布置寝室,呈现出的效果要符合指定特色,传递寝室文化,简单、大方、美观、别具匠心、新颖独特、让人眼前一亮。

(3)有与寝室文化对应的"行为习惯养成计划""寝室团建活动安排"等。

### (三)寝室美化设计与创意

**1. 美化原则**

(1)简单、大方。寝室通常面积不大,没有必要摆放过多装饰品,否则会显得杂乱。

(2)温馨、舒适。寝室是放松休憩的地方,在美化时要考虑烘托一种温馨、舒适的氛围,让寝室充满家的温暖气息。

(3)营造学习氛围。寝室除了是放松休憩的地方,也是学习的场所,在美化时,要从色彩、风格上考虑这个因素,营造一个安静、适宜学习的空间。

**2. 创意要点**

(1)彰显寝室文化。每个寝室都有不同的文化,在美化时要充分考虑自己的寝室文化,做出别出心裁的美化设计。

(2)用材节约,变废为宝(图 7-20)。低碳、绿色不仅是当下流行的概念,更应是我们践行的生活方式。在美化寝室时充分利用易拉罐、雪糕棍、牛奶盒、饮料瓶、废纸箱等被忽略的生活垃圾和旧物,做成各种实用的生活用品,不仅创意十足,更向周围的人传递了一种绿色的生活态度。

易拉罐盆栽　　　　　　雪糕棍笔筒

图 7-20　变废为宝

(3)彰显个性。寝室由多个小空间组成,每个小空间都是使用者的"家"。在美化时,每个人应在兼顾整体风格统一的基础上,充分考虑自己的使用需求和审美偏好,打造属于自己的"私密空间",彰显自己的个性。

## 四、维护公共区域环境

### (一)呵护校园环境

校园由物质环境和精神环境构成,不仅为我们提供了舒适的学习环境,还是校园文化的重要表现形式,需要我们每个人合力维护。

1. 物质环境

校园物质环境主要是指经过人们组织、改造而形成的校容校貌和校园学习环境,具体包括校容、校貌、自然物、建筑物及各种设施等。保持校园物质环境的干净、整洁,不仅能为全校师生营造一个舒适的学习环境,还有利于学生形成良好的卫生习惯。

2. 精神环境

校园精神环境是校园的灵魂,是学校师生认同的价值观和个性的反映,具体体现在师生的精神面貌、校风、学风、校园精神、学校形象等方面。积极参与校园精神环境建设有助于改善校园学习风气,并形成一种积极向上的精神文化,影响身处其中的每个人。

## 第七章 新时代大学生劳动教育实务

### (二)共建无烟校园

大量的科学研究表明,吸烟对人体健康的危害十分广泛。世界前八位致死疾病中,便有六种疾病与吸烟有关,即缺血性心脏病、脑血管病、下呼吸道感染、慢性阻塞性肺疾病、结核病和肺癌。

据世界卫生组织调查显示,烟草每年使 800 多万人失去生命,其中有 700 多万人缘于直接使用烟草,有大约 120 万人属于接触二手烟雾的非吸烟者。

那么我们应该如何预防香烟的危害,共建无烟校园呢?

(1)为了自己和他人的生命健康,也为了保护环境,我们应该约束自己,做到不抽烟。

(2)多了解有关吸烟危害的知识,增强自制力,自觉抵制诱惑。

(3)养成良好的习惯,早睡早起不熬夜,保持身体的健康状态。

(4)交友谨慎,远离那些有不良嗜好的朋友,选择一个良好的交友圈。

(5)积极参加控烟健康宣传活动,增强控烟意识,约束吸烟行为。

### (三)维护校园环境秩序

为维护良好的校园秩序,营造一个文明、整洁、健康、高雅的校园环境,建设平安校园、和谐校园,根据《高等学校校园秩序管理若干规定》〔国家教育委员会令第 13 号〕,我们应遵循以下校园文明行为规范。

(1)着装整洁得体,仪容端庄。

(2)行为举止高雅,谈吐文明。

(3)爱护学校花草树木,节约用水。

(4)乘坐电梯遵守秩序,先下后上,相互礼让。

(5)遵守学校环境卫生的有关规定,保持学校环境卫生,不随地吐痰、不乱扔杂物。

(6)文明如厕,保持卫生间清洁,爱护其设施。

(7)上课时遵守课堂纪律,候课时不得在楼道内大声喧哗。

(8)爱护教室设施,合理使用教学设备,保持干净整洁的教学环境。

(9)汽车、电动车、自行车停车入位,摆放有序。

(10)严禁在教学楼内的教室、办公室、楼道楼梯、卫生间及公共场所吸烟。

(11)观看教学展演展示、视听公共课讲座、参加会议等活动时,主动服从现场管理,遵守秩序,爱护礼堂、会议室等设施。

（12）进行教学和汇报演出活动时，要合理使用场地及设施设备，降低环境噪音分贝，防止影响学校周围单位和居民正常工作和生活。

（13）自觉遵守学校的各项规章制度，尊师爱友、团结和睦，共同营造绿色健康的学习氛围和积极向上的工作环境。

（14）参加学校在本市组织的和赴外省、市教学汇报演出、比赛或游学活动时，保障安全、遵守纪律；尊重当地风俗习惯、文化传统；爱护文物古迹、风景名胜、旅游设施。

（15）如遇突发事件发生时，应当服从学校统一指挥，配合应急处置。

（16）遵守网络信息管理的法律法规和有关规定，维护微信群安全和秩序，自觉抵制不良信息，不传播网络谣言。

## 第三节　新时代大学生社会劳动实务

**榜样故事**

**大学生志愿者送科技下乡　助力脱贫攻坚**

2020年5月3日，在五四青年节来临之际，伟人之乡小平故里广安市武胜县胜利镇吊井龙村这个贫困村，一大早迎来了一群"红马甲"——大学生志愿者。他们将新时代火热的爱国情怀投入到伟大的脱贫攻坚事业中，为贫困户送去家禽饲养技术、蔬菜种子及其栽培技术，为疫情后贫困户复耕复产、脱贫增收增强信心。

在贫困户刘双桂家，来自西安理工大学电气学院的志愿者梁馨月第三次来到她家行脱贫攻坚回头看、回头帮。在庭院养鸡场，志愿者把《庭院养鸡病害防治技术》送到刘双桂手中，并给她详细讲解如何防治禽流感等养鸡技术知识。志愿者们集思广益，为她家增添巩固脱贫帮扶措施，细算经济账，还专门把珍珠鸡养殖技术填写在她家《扶贫手册》上，以助其发展庭院规模经济，养经济效益好的高产肉鸡增收稳脱贫。

在贫困户舒正光家，毕业于西安理工大学水电学院的志愿者毛朝轩为养殖能手脱贫致富女儿舒东梅指导了家禽防病养殖知识和养鹅技术。在同组脱贫致富带头人陈杰明的养鸭场，志愿者们还给他讲授稻田规模养鸭技术，并送去《高效养鸭新技术》等7本专业养鸭防病高产技术书籍。陈杰明高兴地说："大学生志愿者送科技到田间地头，大大增强了我带头引领全村脱贫致富的信心和决心。"

在贫困户陈联才的蔬菜地里,志愿者们现场演示蔬菜种植技术、花椒高产防倒扶技术,并送上高产四季莴笋、香菜、茄子、冬瓜、西红柿等种子。

## 一、假期实习

实习是大学生积累社会经验的重要途径,它能够提高大学生的沟通能力、适应能力及解决问题的能力等。大学生应充分把握在校期间的实习机会,大胆尝试,广泛地接触社会,积累实践经验,以增强自己未来求职的竞争力。

### (一)假期实习指南

实习是学习与就业之间的一个重要环节,好的实习经历能为在校的学习交出一份满意的答卷,同时也可为将来的就业热身,打好"预备战"。

1. 获取实习信息

我们可以从以下渠道获取实习信息。

(1)学校公示栏。学校附近的企业或者公司通常会把招聘信息以纸质文稿的形式张贴在学校公示栏。希望在学校附近找实习单位的学生可在学校公示栏中获取实习信息,筛选出合适的实习单位。

(2)各地方劳动局。各地的劳动局每年都会有相应的政策支持大学生假期实习。劳动局提供的用人实习单位不仅类别丰富,而且十分正规。

(3)各大企业官网。一般来说,各大企业会在寒暑假期间,在其官网上发布大学生实习招聘公告。有意向的学生可以多留意各大企业的官网,寻找适合自己的假期实习。

2. 结合自身专业或兴趣选择实习岗位

在选择实习岗位时应尽量选择与自己专业相匹配或者自己感兴趣的岗位,这样不仅可以学以致用,还可以挖掘自身蕴藏的潜力,为将来就业做好铺垫。

在具体做选择时,我们要摆正心态,客观分析自己的专业知识、沟通技能、思维能力及自身性格、兴趣等,分析实习机会是否能够提高自身能力和素质,进而选择适合自己的实习岗位。

**3. 在实习中探索个人职业定位**

实习是我们探索个人职业定位的好机会。在实习过程中,除了认真完成分配给自己的任务,我们还要主动总结对应岗位的核心能力要求、特性等,观察对应职位的上升空间,以及所处行业的发展前景,并以此为参照分析自己是否适合该岗位或行业,判断是否需要调整自己的职业定位。

**4. 在实习中提高自身的综合能力**

进入企业实习后,要尽快完成从学生到工作者的身份转变和思路转变,不断提高自己的综合能力。

首先,要清楚工作都是结果导向的。客户需要的是成果,工作评估的也是成果,过程中无论做了多少事,只要没有达成目标、交付成果都不算完成工作。如果没有产出成果,必须主动协调资源,推动问题解决。

其次,要分清事情的轻重缓急,对时间进行合理安排。不清楚手里的工作孰轻孰重时,要及时向上级领导反映或请示。

再次,对于工作内容切勿眼高手低,要以积极主动的态度认真对待接到的每一个任务,在规定的时间内保质保量完成工作。

最后,还要注意如何进行有效沟通、与同事和谐相处等问题。

## (二)假期实习任务

**1. 实习初期**

(1)熟悉环境,不做局外人。实习开始后,尽快熟悉环境,除了自己部门的业务内容,还要大致了解其他部门情况。学习使用打印机、扫描仪等办公设备。

(2)搞清业务关键词。对领导、同事提及的专业名词,做到心中不留疑,第一时间请教他人或查阅相关资料,明白其所指。

(3)多听、多想、多自学。凡事多留心,多问为什么,同时还要学会自学,特别是通过看报告、旁听会议等各种渠道尽快了解工作内容及业务流程。

**2. 实习中期**

(1)以正式员工的标准要求自己。要把自己当成一个有工作责任感的职场人,积极尝试承担新工作。

(2)做事靠谱、有章法。搞清工作任务,及时汇报工作进度,遇问题先想解决办法再寻求帮助,按时保质保量完成工作。

(3)多总结,多反思。要学会回顾工作、总结经验、思考不足。认真思考这项工作的重点环节是什么,如何避免出错,如何改进,如何更好地应对突发状况等。

3. 实习结束

(1)请实习单位提供一份鉴定,并签字盖章。《实习鉴定》应写明实习岗位、岗位描述、实习过程中完成的工作或项目、工作评价等。

(2)总结实习,并更新自己的简历。总结实习中的问题和收获,反思自己在哪些方面仍需要提升。及时更新简历,为毕业求职做好准备。

(3)保持联络,获取有效信息。如果有意毕业后到实习单位求职,可根据自身情况申请适当延长实习时间。离开实习单位后,继续保持与单位同事的联络,及时了解业务发展,第一时间获得相关招聘信息。

## 二、假期兼职

### (一)假期兼职陷阱

寒暑假期间,多数大学生都会做兼职。假期兼职可以在锻炼自己、增加生活体验的同时挣一些生活费,是一种常见的社会实践形式。在假期兼职时,我们应擦亮眼睛,谨防落入各种"陷阱"。

1. 传销陷阱

目前,不少传销组织打着"连锁销售""特许经营""直销"等幌子,或以"国家搞试点""响应西部大开发号召"等名义诱骗大学生参与传销活动。在形式上,传销组织也由此前的发展"下线"改为"网上营销"方式,打着"电子商务""网络直销"等旗号利用互联网进行传销,其违法活动更加隐蔽,传播范围也更为广泛。

2. 培训陷阱

一些骗子公司通常会和一些培训机构联手,招聘时以"先培训,拿证后上岗"为由骗取求职者培训费、考试费、证书费等各种费用。实际情况往往是,经过一段时间的培训、参加完考试后,公司便不知去向,或被告知"很遗憾,考试未通过,不能上岗"。

3. 押金陷阱

一些用人单位声称为了方便管理,向应聘者收取一定数额的押金或保证金,并承诺工作结束后退还,然而工作结束时学生只能领到工资,保证金却不见了踪影。更有甚者,在学生交过钱后说职位暂时已满,或者说暂时没有工作可做,要学生回去等消息,接下来便再也没有消息了。

国家人事和劳动部门明文规定,用人单位不得以任何名义向应聘者收取报名费、考试费等,对于员工的培训费用,应当从企业成本中支出。很多学生求职时不了解相关规定,又求职心切,往往会落入陷阱。

4."黑中介"陷阱

一些黑中介,抓住大学生缺少社会经验且找工作心切的心理,收取高额中介费后,却不履行承诺,不及时为大学生找到合适的工作。

黑中介的套路往往是不停地拖延,让学生耐心等待,最后不了了之。更有一些中介"打一枪换一个地方",骗取一定中介费后,就消失得无影无踪。

## (二)兼职劳动关系

以前,对于劳动者的兼职行为,一些司法审判机关会以劳务关系对待,以至于一些劳动者在从事兼职活动时,无法享受社会保险、节假日、最低工资标准等应有的劳动保障待遇。

2008年《劳动合同法》《劳动争议调解仲裁法》施行以后,若兼职者与用人单位签订了合同,则认为该兼职属于劳动关系;若双方当事人未签订合同也未达成口头协议,那么,则认为该兼职属于劳务关系。

因此,学生在从事兼职活动时,应仔细了解自己与兼职单位之间的各项权利义务,注重保护自己的合法权益。对于双方之间的法律关系以及权利义务,最好能通过书面合同的形式予以确认。

# 三、"三下乡"社会实践

"纸上得来终觉浅,绝知此事要躬行。"从书本上得来的知识终究是浅薄的,只有通过社会实践才能更了解社会,而"三下乡"暑期社会实践活动给生活在象牙塔的大学生提供了广泛接触社会、了解社会的机会。

## (一)"三下乡"社会实践概述

1996年12月,中央宣传部、国家科委、农业部(现为"农业农村部")、文

## 第七章　新时代大学生劳动教育实务

化部(现为"文化和旅游部")等十部委联合下发《关于开展文化科技卫生"三下乡"活动的通知》。1997年,"三下乡"活动在全国正式开展。

大学生"三下乡"是指"文化、科技、卫生"下乡,是各高校在暑期开展的一项意在提高大学生综合素质的社会实践活动。活动主要内容是大学生将城市的科技、文化和卫生知识带到发展相对落后的偏远地区,向当地人传授知识。

文化下乡的内容包括图书、报刊下乡,开展群众性文化活动;科技下乡的内容包括科技人员下乡,科技信息下乡,开展科普活动;卫生下乡的内容包括医务人员下乡,扶持乡村卫生组织,培训农村卫生人员,参与和推动当地合作医疗事业发展。

如今,大学生"三下乡"社会实践逐渐演化出走访、慰问、调研等多种形式。

开展"三下乡"社会实践活动既能促进先进生产力的发展,又能帮助和引导大学生按先进生产力发展要求成长成才;既能传播先进文化,又能帮助和引导大学生接受先进文化的哺育;既服务了人民群众的根本利益,又服务了大学生的全面发展。

### (二)"三下乡"社会实践方案策划

1. 活动形式

大学生的"三下乡"社会实践活动涉及面广,内容丰富,形式多样。活动可以是单人形式,也可以是小组形式,一般来说小组形式更有利于实践活动的展开,也更容易取得成功。各大高校的暑期"三下乡"社会实践活动基本以支教和调查为主。

随着社会发展,"三下乡"的形式也应有所创新和发展。例如,充分利用互联网创新活动形式,结合社会热点设计活动,等等。

2. 活动流程

(1)确定主题。拟定实践主题对社会实践活动非常重要,它是整个实践活动的指导思想。好的实践主题必须联系实际,切忌空谈和夸张。

(2)拟定策划。确定实践主题后必须根据主题思想拟定详细的活动策划方案,以书面或电子文档形式呈现。活动策划包括活动的具体内容、活动形式及各种注意事项,其优劣直接关系到整个活动的成败。

(3)提出申请。向所在学校或学院提出书面申请,同时上交活动策划并领取"三下乡"社会实践表格。

(4)活动进行过程。

(5)撰写总结。实践结束后,成员需要就实践活动做出总结,撰写实践总结报告并上交。实践总结报告应包括实践者对整个实践活动的基本描述、心得体会及自我评价。

### (三)"三下乡"社会实践安全注意事项

1. 实践活动中可能出现的问题

(1)活动过程中,个别同学因对当地气候和地区环境的不适应而导致晕厥,发疾病,或者因被蛇、虫叮咬等原因导致的伤害。
(2)在活动期间不慎被盗被抢,以及可能遭受人身伤害。
(3)实践成员遭遇交通事故。
(4)活动时接近危险设施或到危险地段。
(5)实践成员与社会人员发生纠纷,身体受伤。
(6)因种种原因,无法与实践成员取得联系。
(7)参与大型社会活动时,人群发生拥挤、踩踏并可能由此产生伤害。
(8)活动中发生火灾等突发事件。

2. 应对措施

(1)外出活动时,实践成员应掌握基本的生理卫生常识和相应的急救知识,随身携带常用应急药物;在遭遇此类非人为性的突发事件时,保持冷静并进行适当的处理,如果情况严重及时送往医院诊治。另外在实践期间,注意搞好个人卫生。

(2)增强实践成员的安全自卫意识,保持一定的警惕心理,保管好个人贵重财物;同时在实践中减少单独活动和夜间活动,尽量采取小组活动的形式,活动行程应及时向团队报告,不单独到陌生或者荒僻的地方。遭遇偷窃、抢劫以及其他意外伤害时,应保持冷静,灵活应对,以保证自身安全,并及时报案。

(3)加强实践成员的交通安全意识,交通事故发生后应尽快将伤者送往医院,并注意保护现场,及时向相关部门报告。

(4)活动期间尽量远离危险设施或避开危险地段,如果需要接触时,必须有专业人士陪同,并做好安全防范措施。

(5)在公共场合注意自身言行举止的得体,尽量避免与人争执,采取克制忍让的态度。如与社会人员发生争吵甚至斗殴,现场同学应及时制止,防止事态恶化;如不听劝阻,应迅速联系公安部门共同处理。

(6)与所在学院或校团委实践部保持信息沟通渠道的通畅。

(7)尽量避免到人群拥挤的地方,在公共场所或参加大型活动时保持秩序,注意自我保护,有成员在踩踏事故中受伤后应及时将其送往医院。

(8)掌握基本安全常识,不到有安全隐患的场所。如发生火灾等灾害,一切以保障人员安全为第一位,及时组织人员疏散逃生,同时通知相关部门。

3. 团队责任

各实践团队必须严格遵照以下说明。

(1)出发前,应再次与实践地联系,确保所有安排(如食宿交通)都已妥当。

(2)出发前,应办理好在实践地活动所需的必要证件和证明。

(3)出发之前充分考虑到可能出现的安全情况,组织学习基本安全问题的预防措施以及应对技巧,熟悉当地习俗和地理等情况,并根据自身的具体情况做出相应的应急准备。

(4)实践过程中,强调组织纪律性,成员要听从领队老师或者负责人的指挥,负责人应与每名队员随时保持联系。

(5)整个活动过程中,队员们应互相关心,互相帮助。遇到突发事件,应该沉着冷静,共同解决。

## 本章小结

本章从家庭教育、学校劳动、社会实践三方面阐述了新时代大学生劳动教育的培养。其中,家庭教育从衣、食、起居、家政等方面展开;学校劳动从绿化环保、倡导垃圾分类、争做文明寝室、维护公共区域环境等方面展开;社会实践从假期实习、假期兼职、"三下乡"社会实践三方面展开。

## 拓展阅读

### 传销[1]

传销是指组织者发展人员,通过对被发展人员以其直接或者间接发展的人员数量或者业绩为依据计算和给付报酬,或者要求被发展人员以交纳

---

[1] 引自360百科.传销[EB/OL].https://baike.so.com/doc/22034-22935.html.

一定费用为条件取得加入资格等方式获得财富的违法行为。传销的本质是"庞氏骗局",即以后来者的钱发前面人的收益。

新型传销:不限制人身自由,不收身份证手机,不集体上大课,而是以资本运作为旗号拉人骗钱,利用开豪车,穿金戴银等,用金钱吸引,让你亲朋好友加入,最后让你达到血本无归的地步。

1998年4月21日,中国政府宣布全面禁止传销《关于禁止传销经营活动的通知》全国公安机关坚持对传销违法犯罪活动"零容忍"态度,继续以重点案件、重点领域、重点地区为抓手,紧盯传销犯罪新手法、新动向、新趋势,持续不断对传销违法犯罪活动开展严厉打击。

2017年8月,教育部、公安部等四部门印发通知,要求严厉打击、依法取缔传销组织,通知强调,对打着"创业、就业"的幌子,以"招聘""介绍工作"为名,诱骗求职人员参加的各类传销组织,坚决铲除。

**发展形成**

传销产生于二战后期的美国,成型于战后的日本,发展于中国。传销培训教材不仅极富煽动性和欺骗性,而且具有很多心理学的要素,极易诱人上当。在国外传销和直销是一个意思,也就是说国外只有传销这一个概念,国外传销的主要概念是:以顾客使用产品产生的口碑作为动力,让顾客来帮助经销商来宣传产品后分享一部分利润,也就是客户传播式销售。这跟国内的传销是两个概念。

中国式传销是虚假的公司,虚构的产品,什么都是空的,就只是让你拉人头,从入会费或者加盟费中提取少量提成。或者控制人身自由,没收财物,让你无法与外界联系,天天学习那些传销培训教材,让你学会怎么骗人,然后列名单、电话或书信邀约、摊牌、跟进直至以各种方式交齐入会费或者加盟费。

现在的中国式传销是建立在精神控制的基础上,即让你通过他们的传销培训洗脑后自发的去组织进行传销;另外一些会控制你的人身自由,没收所有物品,并且通过暴力使你认可这些谎言。

**客体要件**

本罪侵犯的客体为复杂客体,既侵犯了公民的财产所有权,又侵犯了市场经济秩序和社会管理秩序。本罪的犯罪对象是公民个人财产,通常是货币。

本罪在客观方面表现为违反国家规定,组织、从事传销活动,扰乱市场秩序,情节严重的行为。但不是所有的传销行为都构成犯罪,情节一般的,属于一般违法行为,由工商行政管理部门予以行政处罚;只有行为人实施传销行为情节严重才构成犯罪,依法追究刑事责任。另外,要区分传销罪与直销活动中的违规行为。若在直销行为中出现夸大直销员收入、产品功效等欺骗、误导行为,应由直销监管部门处以行政处罚,而不应视为传销罪。

情节严重的认定应结合传销涉案金额、传销发展人员数量、传销中使用的手段、传销造成的影响等多方面因素综合衡量。

**主体要件**

本罪主体是一般主体,凡达到法定刑事责任年龄、具有刑事责任能力的自然人均能构成本罪。本罪追究的主要是传销的组织策划者。多次介绍、诱骗、胁迫他人加入传销组织的积极参与者。对一般参加者,则不予追究。

根据最高人民法院于1999年6月18日《关于审理单位犯罪案件具体应用法律有关问题的解释》第2条规定:"个人为进行违法犯罪活动而设立的公司、企业、事业单位实施犯罪的,或者公司、企业、事业单位设立后,以实施犯罪为主要活动的,不以单位犯罪论处。"故对专门从事传销行为的公司,依照司法解释的规定,不以单位犯罪论处,而对其组织者和主要参与人以自然人犯罪定罪处罚。

**主观要件**

本罪在主观方面表现为直接故意,具有非法牟利的目的。即行为人明知自己实施传销行为,为国家法规所禁止,但为达到非法牟利的目的,仍然实施这种行为。且对危害结果的发生持希望和积极追求的态度。

简而言之,传销罪属于经济犯罪中的扰乱市场经济秩序犯罪,是牟利性犯罪,也是故意犯罪的一种行为犯罪。

**非法传销**:是与传销几乎同时产生的一种违法行为,最初表现为组织者假借"特许加盟经营""自愿连锁经营""网络资本运作""市场营销""连锁销售""纯资本运作""民间互助理财""人际网络""原始股基金""网络营销"等名义从事传销的行为,逐步演变为借用传销组织体系形式和计酬方式,不销售商品或以销售商品、提供服务为幌子,从事集资诈骗等违法犯罪的商业欺诈行为,本质是一种有组织诈骗活动,以非法占有他人财产为目的。

尽管各种变相传销的名字表述不同,但其行为却如同一辙。

(1)参加者通过缴纳"人头费"或"资格费"或者以认购商品(含服务)等形式变相缴纳"人头费"或"资格费"取得加入、介绍他人加入的资格。

(2)通过介绍他人参加发展下线人员,并由此建立具有上下层级内部财富再分配关系的组织体系。

(3)组织者利用参加者交付的部分费用支付先参加者的报酬维持运作;参加者的收益由其加入的先后顺序及其发展人员数量决定。

传销是多层次直销中的一种,主要区别是传销收取高额入会费,而多层次直销一般不收入会费或少收入会费。(从这里可以看出,传销收取高额入会费,是一种赤裸裸的诈骗,其危害人们已广为认识。)

### 行为方式

### 定制目标

传销组织通过长期的欺骗实践,总结出了列名单的技法,就是盘算哪些人是可以骗来的对象。传销人员的笔记中这样写道:"在这里面包括这样几类对象,亲戚类:兄弟姐妹;朋友类:五同——同学、同事、同乡、同宗、同好;邻居类:前后左右邻居;其他认识的人,如师徒、战友等等。"总之,那些急于改变现状的人,是传销组织网罗的主要人选。当然,传销组织对这些人的心理作了充分的分析。比如对退伍军人分析说:受军人的熏陶,观念有很大改变,回到家乡后,大多不安于现状,想干一番大事业或者想急于找一份合适的工作。分析农民说:焦点在于脱贫致富,指望种粮发家不现实,养殖渠道又不畅通,做生意缺乏本钱,他们渴望找到一条门路,能够发家致富,在左邻右舍中扬眉吐气,风风光光。下岗干部认为:昔日春风得意、众人瞩目,一旦下岗门庭冷落,有一种严重的失落感。还有就是对打工者的引诱,深知打工不容易,赚钱太慢,又急于求成的心理。对网罗对象心理的揣度,反映出传销组织者乘人之危、落井下石的阴暗心理和罪恶本质。

### 巧设骗局

第二步——邀约。通过写信或打电话等方式,邀请别人加入。因名声太坏,在教材中就规定了打电话时的"三不谈",即不谈公司、不谈理念、不谈制度。总之,不谈传销的真相。只是根据对方的心态、特长、背景等特点,给出一个甜蜜的诱惑。为了提高骗人的成功率,教材上连打电话时的语气都规定好了。教材上面这样写道:谈话的时候兴奋度要高,语调要高,比平常要高八度。语速要快,但语言要清晰,语气肯定不含糊,给对方以信任的感觉。说出的话具有一种神秘感,让对方无据可查。不正面回答对方的提问,不具体解释自己的话题等。

而且由于传销组织已经成了过街老鼠,所以传销公司在骗人加入时,变换了很多时髦的说法,比如网络直销、加盟连锁、人际网络、网络销售、框架营销、连锁销售、1040阳光工程、纯资本运作、人力资源连锁业、资本运作、网络营销等等。

在上述种种游说和谎言的欺骗下,如果对方被说动了心,愿意加入,下一步就是接站。

传销组织对接站的整个程序乃至神态和衣着也有明确规定。广西北海市工商局副局长陆玉宝揭露说:传销组织接站人一进车站与对方见面的时候,应该是热情地跑上去几步,要先握手。同时,一定要衣着光鲜,比如打着领带的时候,人家就会感觉到你肯定是有一定的社会地位。或者直接叫与

# 第七章 新时代大学生劳动教育实务

你联系的亲戚朋友去接你,经过漫长的车程一下车能看到亲戚朋友,自然会倍感亲切。

引导来者上车的时候,首先告诉他们说先洗洗尘,然后,到酒店里边或者他们的"家"里边吃点便饭,然后仅只花一点点时间带你参观新城市,使新来乍到的人觉得这个朋友真好,先入为主给一个很温暖的感觉。

**魔鬼辞典**

为了鼓动别人加入,传销教材中往往充斥着许多逻辑怪异、但具有很强诱惑力和煽动性的言辞,从某种角度讲,无异于一本"魔鬼辞典"。

比如,以暴利相诱惑时说:传销可以缩短你成功的历程,可以使你一两年内,挣到你几十年挣不到的钱。你说你没钱,怎么回答你呢?因为你没钱,所以才让你想办法赚。再有一个推托,你说你没时间,正是因为你没有时间,所以才让你在很短时间里面赚到钱,然后浓缩你的生命,拥有更多的时间。

对于欺骗亲友的血汗钱这种罪恶行径,传销教材竟抛出这样的怪论来开脱:这些钱毕竟是自己的亲友掏出来的,那么这个钱该不该赚呢?我看是该赚。因为钱本来就是叫人赚的,具体谁赚本是无多大区别。如果钱印出来都埋入地下,不让人赚,岂不都成了废纸。

传销教材甚至为谎言这样辩护:谎言并不一定就是坏的,有时候我们甚至应该说:这个世界因为谎言而美丽。

**摊牌翻脸**

不管前面说得如何天花乱坠,美丽的谎言总要被揭穿,传销组织把这叫"摊牌"。

教材上把摊牌的时间规定为听课前的5分钟。这时候,对方已无法脱身。摊牌后,就有两种情况了,如果对方去听了课,迷迷糊糊,将信将疑时,传销组织就进入了第3个阶段——跟进。跟进的具体方式是把你围在屋子里,一大帮人围着你讲他们怎么发了财。

北海市工商局副局长陆玉宝说:"住在一块的时候,他不讲别的,没有电视没有报纸,即使有电视要么没时间看,要么看的都是些与打击传销不相关的,跟外界可以说是隔绝的,所以他们讲来讲去,就是说我们每个月要发展多少人,发展到上线后可以有多少奖金,时间长了思想会像入了魔似的。"

如果给对方进行了听课、跟进这种传销组织主要的洗脑思想工作后,对方头脑仍然清楚,看穿骗局,那么传销组织就会变了一副面孔:进行威胁或跟踪。

有关人士揭露说:对方如果不愿加入,传销组织就一直跟着他,上厕所跟着,上街也跟着,而且威胁说,不交钱的话,那么可能出不了这个房子。所以这种手段是很卑鄙的。在这种情况下,受骗上当的人走投无路,就投入传销再欺骗,这样,下一个恶性循环就又开始了。

**跟进骗局**

并说国家要对直销立法,马上要合法化或是国家暗中支持已经合法化,没有学历的人就不让做了,要想成功马上行动加入进来。还说什么"能吃苦的人吃一时苦、不能吃苦的人吃一辈子苦"!灌输"新朋友"少量的金钱投入和吃苦受罪、是对美好未来的基础投资,激起"新朋友"对金钱和成功追求的强烈欲望,以至于加入传销组织。

之后还有所谓的"成功者"来解答新朋友的疑惑,在下午还要有一到两个老朋友带着"新朋友"到不同的家庭去"转工作",或者让一两个成功朋友到"家"里来串门,这是通过问答形式,主要消除"新朋友"对"行业"一些问题,解决各种思想障碍,主要教你要学会"逆向思维",透过"现象"看"本质"。比如说:他们会给你解释谎言有三种,一种是黑色谎言(坑蒙拐骗,欺诈属于这类),第二种是白色谎言(医生对癌症病人说你没事,多运动,多吃清淡的食物属于这类),而他们的这种是红色的谎言,是给你一个机会来赚自己的钱,谎言只是一个工具而已。他们会告诉你,你身处的这个地方是一个像当年深圳一样,是政府给了很多特殊政策的地方,利用这个所谓的"项目"来吸引外来人口来投资,发展当地经济。他们里边有"生活经营二十条"用来规范里面人的行为,让他们像一个有修养、有素质的合法公民,警察就没有理由、没有证据去捉他们,而他们会对新人说警察是在保护他们更好的从事这个"项目"。

随着国家的打击力度增大,传销打着国家、政府的旗号变着法地来欺骗老百姓,大家要小心!

## 问题思考

1. 倡导垃圾分类从哪几方面做起?
2. 大学生从假期实习中可以提高自身哪些方面技能?
3. 假期兼职需要预防哪些陷阱?
4. "三下乡"社会实践中安全注意事项有哪些?

# 第八章 新时代大学生劳动教育的实践安全与保障体系

21世纪需要培养自立、创新的人才。对于培养未来人才的全面素质来说,劳动技能素质是必不可缺少的。劳动教育是我国基础教育的优秀传统,是素质教育中一个极其重要的方面,对培养学生劳动观念、磨炼意志品质、树立艰苦创业的精神以及促进学生多方面的发展具有重要作用。

## 第一节 新时代大学生劳动教育的实践安全

如何在新形势下对学生进行切合实际的劳动安全教育,培养他们良好的劳动习惯,增强在劳动教育与实践中的安全意识,更是值得好好探讨的问题。

### 一、做好劳动安全教育,增强劳动安全意识

在当前社会不断发展过程中,劳动安全教育是高职院校教育教学的重点内容,同时也是大学生知识体系不可缺少的组成之一。积极对大学生进行劳动安全教育,能够促进其健康心理的形成。对大学生发展也有着十分重要的意义。

高职院校教育担负着培养人才的重任,也肩负着培养学生安全自卫、自救的特殊使命。大学生劳动安全问题心系千家万户,同时也关系着社会的和谐发展,与国家未来发展有着十分密切的联系。目前我国各大高校频繁发生各种触动人心的劳动安全事故,直接反映了对大学生进行劳动安全教育的迫切性。因为当前教学体系和教学方式存在的弊端。大学生普遍存在劳动安全意识较弱的问题,所以,高职院校需要积极开展劳动安全教育工作。

## (一)学校应高度重视劳动教育课安全

大学生群体思想积极向上,充满热情和朝气,乐于助人,是兼具危机感与使命感的特殊群体。但是由于地域、家庭、社会等环境差异,高职院校学生有着以下几点特征。

### 1. 文化课基础薄弱,学习兴趣较低

高职学生文化课程基础普遍较为薄弱,对基础课程学习兴趣较低,使得很多学生不愿参加基础课程学习,进而影响学习积极性和学习效果。基于高职院校专业特征,报考此类院校的学生通常都对技能型专业课程学习感兴趣,对技能型课程自我学习和探索能力以及课堂表现都高于基础课程。

### 2. 集体观念薄弱,组织纪律性较差

在高校中,00后大学生个性普遍较强且喜欢自由,对新鲜事物的接受能力、好奇心都十分强烈,但是这一阶段的学生不够独立,很多时候都以自我为中心,不重视他人感受。他们对自己喜欢的事物会积极探索和研究,对不感兴趣的事情都呈现出消极态度,缺乏主动性。另外,他们对集体活动和公益活动都缺少参与热情,旷课、违反纪律的问题经常发生,院校虽然也做出了相应处理,但是他们通常都是不以为然。

### 3. 情绪控制力较弱,应变能力差

当前大部分00后都是家里的独生子,长期娇生惯养,在遇到问题和困难时,都是家里父母出面解决,他们独立面对问题、分析问题、解决问题的能力较弱。因此,他们在遇到问题之后的自我判断能力和分析处理问题能力都较低。大学生社会经验相对较少,遇事激动,自我情绪管控较弱,容易相信别人,这是为其自身安全带来隐患的重要因素。

## (二)劳动安全是开设劳动教育课的重要保障

### 1. 设立全员参与的联动机制

院校劳动安全教育是一项系统性工程,在过程中需要学校、家庭以及社会共同合作完成,各自担负相应职责。学校在其中有着重要作用,明确院领导、保卫人员、心理咨询教师、辅导员以及班主任等的工作职责和任务,还需要承担起建立学校、家庭以及社会联动工作机制。通过细心观察和交流等

## 第八章　新时代大学生劳动教育的实践安全与保障体系

方式了解学生们的想法和动态,经常向家长反馈学生在校表现,如果出现劳动安全风险或已经发生劳动安全事故,需要积极做好心理辅导和相关善后工作,及时与学生家长和相关部门进行联系,共同面对危机。

2. 构建安全信息快速反馈体系

将劳动安全事故控制在萌芽状态,或者为已经发生的劳动安全事故赢得黄金处理时间,在这一过程中,构建畅通的信息快速反馈体系十分重要。首先需要重视校园劳动安全这一问题,不断加大安全投入,建设多重联防机制,从人防、物防以及技防等多方面着手,将传统防卫体系与现代化防卫体系相互融合,借助信息技术与大数据技术构建校园劳动安全管理机制,进而保障大学生们的人身安全。其次构建校际突发事件应急协作体系,及时开展突发事件的应急处理,使得大学生们在不良行为发生时快速获取信息,快速了解事态情况,以便及时得到教育和援助。

3. 树立学生们的劳动安全意识

当前高校大学生劳动安全问题频频发生,与自身劳动安全意识薄弱有着极大的关系。由于年龄、文化程度以及家庭背景等多重影响,高职院校学生劳动安全意识薄弱的主要表现为自控能力弱、缺乏责任意识等多个方面。想要有效减少院校劳动安全事故的发生率,就需要学生通过感知和思维以及想象等对劳动安全建立准确的认识,对外在安全事物状态进行科学判断,同时对自己的行为进行控制,避免自己受到伤害。另外,高职院校辅导员与班主任还可以从学生做人、做事等细节方面开展劳动安全教育,从不同角度加强学生们的自我防范能力和自我保护能力。劳动安全是所有参与者重要责任。在做人方面,要教育学生理性分析自己的为人做事,不贪图便宜,要踏踏实实。在做事方面,要认真分析哪些事情可以做,哪些事情不可以做,加强学生们的法律意识,让其学会用法律武器保护自己,以免受到不必要的伤害。如果发生劳动安全事故,也要学会冷静,及时寻找有效的解决对策或寻求帮助,尽量将事故损失降到最低。

## (三)保证劳动安全是所有参与者的重要责任

劳动教育课对于学生来讲,虽然只有为期一周的学习实践时间,但是这期间的劳动安全教育也很重要。

1. 学校是学生劳动安全的责任人

根据部育部《学生伤害事故处理办法》第十一条"学校安排学生参加活

动,因提供场地、设备、交通工具、食品及其他消费与服务的经营者,或者学校以外的活动组织者的过错造成的学生伤害事故,有过错的当事人应当依法承担相应的责任。"劳动安全课是学校安排的一项教学活动,学校是提供场地及设备者,学校应对实习学生承担一定的管理和保护的义务,如果学校没有尽到相应的义务而导致学生出现安全事故,造成学生的人身损害,学校应在其过错范围内承担相应的责任。

2. 学生也是劳动期间的责任人

学生在劳动期间也要对自己的劳动安全负有一定责任,要特别重视劳动技术知识的学习。任何一种稍繁杂的劳动,都有个方法、技巧问题,学生在劳动中要学得一定的技术、技巧,发现各种劳动活动中的独特规律,从而长知识,增本领。要严格遵守学校的劳动纪律及操作规范,尽量规避各种风险。

## 二、严密组织劳动实践,落实劳动安全责任

### (一)组织劳动教育安全理论课

劳动教育课课程为大学生一年级思想品德公共必修课,由劳动教育理论教学和劳动实践(周)两部分组成。采用理论教学和劳动实践为主的方法,组织教学与实践活动。每位学生必须修完全部课程,并经理论考试及格以上和劳动实践考核评定合格以上,获得课程成绩60分及以上计2个学分方能毕业。

劳动安全教育在理论授课时,教师要因势利导地多讲解一些典型案例以及与学生身心安全密切相关的案例,利用学校多媒体投影设备进行生动直观的教学,使课堂教学效果得到加深。

### (二)劳动实践中的安全注意事项

劳动实践是这门课的侧重点,约占总学时的90%。学生在劳动过程中通常会有一些抵触心理,怎样调动这些学生的劳动积极性是指导教师需要解决的一道难题。通过一段时间的教学实践,在组织校园劳动时,教师要做到以下五点。

1. 分工明确,责任到人

在安排劳动量的时候,要能够使每个学生有具体的事干,不至于学生稀

## 第八章　新时代大学生劳动教育的实践安全与保障体系

里糊涂,老师也得过且过,最后完不成劳动任务,也找不到负责人,致使实践环节不了了之。

2. 妥当布置,知人善任

在布置任务时要对具体人安排适当的活干,避免使劲小的学生做重活,小马拉大车。对每一名学生要做到心中有数,给予他们乐于去做的事做,充分调动其劳动的积极性和创造性,吸引那些逃避劳动的人自觉参加劳动。

3. 勤巡回检查,遇到问题及时纠正

要求指导教师及时深入学生劳动实践中检查任务完成情况,对没有达标的工作,责其返工,并检查返工的结果,直到合格为止,以达到端正学生劳动敷衍了事态度的教育目的。

4. 奖罚分明,劳动竞赛,充分调动其积极性

大学生有争强好胜的自尊心理,还有较为深刻的思考能力,抓住这些心理开展劳动竞赛,掌握尺度,实施明确的加分和奖、罚分制度,对其有很大的激励作用。

5. 劳动中的安全教育

这是劳动实践的重点,学生在劳动时要注意使用工具的安全,注意工间休息的人身安全,注意劳动保护和相互配合。

## 三、完善劳动安全预案,确保劳动安全有序

### (一)熟悉预案

要熟悉劳动课安全预案。安全工作是重中之重,应放在首位,千万马虎不得,在加强日常安全教育与督查的基础上,应做好事故应急的准备,一旦发生事故,应果断地采取有效措施,尽量把事故产生的危害降低到最低程度。具体方案如下所述。

1. 事故发生时的应急措施

(1)快速行动,果断处理。当参加劳动实践学生突然出现安全事故时,作为辅导员或班主任一旦接到信息,就应立即行动。如伤者还在事故现场,马上在第一时间赶到事故现场,根据事故性质的大小、伤者的伤势情况采取

果断措施,伤者严重的要马上送医院救治;如伤者已在医院,辅导员或班主任接到消息后,要马上赶往医院,看望伤者,同时做好安慰学生、家长的工作,尽量取得学生与家长的谅解。

(2)及时汇报。接到安全事故信息时,应尽快向学校汇报,快速采取对策,为学校在以后事故处理时争取主动地位。

(3)在事故基本得到控制后,及时向保险公司报案。报告学生安全事故的发生经过,记录报案时间和报案编码。

2. 事故发生后分析事故原因

(1)辅导员或班主任亲临现场,详细了解事故发生的经过。

(2)根据事故的性质,学校派出相关人员对现象进行拍照,采访知情者,并作详细记录。

(3)分析事故发生的原因是人为原因,还是其他客观原因;是意外突发事故,还是由于学生自己操作不规范或其他安全隐患所引起的。

(4)辅导员或班主任写好事故分析报告,及时上交学校,并提出合理化建议。

(5)认真总结事故教训,加强安全防范。

3. 稳妥处理事故的善后工作

(1)受伤学生住院期间,校领导要常去看望伤者,帮助学生解决各方面的困难,避免学生家长对学校产生不满的情绪。

(2)根据事故的大小,有必要的向学校申请派出专门的事故处理小组,与有关部门一起协调处理善后工作。

(3)积极帮助受害学生办理人身保险的报销工作。

(4)如学生确实比较困难,应主动做好给患者捐资的组织工作。

## (二)必要时及时启动预案

当今社会不断发展,各种危机频发、高发,加强危机管理,是摆在学校面前的一项重要的任务。危机虽然不可避免,但是可以管理的,师生具备危机意识和自救互救能力,可以减少危机的发生,积极的危机应对则可将危机造成的损失降到最低。

1. 应急预案和应急演练一定要突出实用

(1)预案编制和修订要简明实用。突发事件应急预案是应对突发事件和开展应急管理工作的重要指导文件,关系着突发事件应急处置的成败。

## 第八章　新时代大学生劳动教育的实践安全与保障体系

一方面,突发事件应急预案编制和修订的重点要放在"简明实用"这个定位上,编制简明实用手册。另一方面,各级领导干部、部门工作人员要认真学习、熟悉掌握应急预案,特别是与自己有关的应急预案,把预案的主要内容装在脑子里,确保一旦发生突发事件能快速有效地应对。

(2)"平战结合",狠抓应急演练,通过演练提升应急实战能力。应急演练是检验应急预案是否管用和提升突发事件应对能力的重要保证。所以,要加大日常的突发事件应急预案演练力度,通过经常演练来熟悉应对突发事件的各项处置流程,及时发现问题和不足,致力于改进和完善预案,确保一旦出事时,能够拉得出、用得上、打得赢。

2. 务必加强应急值守和信息报送

(1)建立健全应急值守值班体系,做到岗责一体、有急能应。在具体建设上,要建立健全应急值守值班制度,做到领导带班,专人值守,平战结合,反应灵敏;要完善值守值班工作流程,确保有急能应,万无一失;要建立健全延伸到基层人员的应急值守值班体系,确保一旦发生突发事件,能够第一时间作出反应,成为应对突发事件的第一信号站。

(2)狠抓应急信息报送工作,做到主动上报、及时上报。突发事件具有突发性、紧迫性、破坏性,报送要突出"快"和"准",二者是一体两面,缺一不可。在紧急情况下,可以先电话报告,然后补文字材料,并做好续报工作。

(3)对突发事件的应急处置要做到及时、妥善、有力、有效。突发事件应急处置与救援,是应急管理工作的核心环节。在具体工作上,对以下八个环节要引起重视并切实抓好。

第一,必须及时报告信息。突发事件发生之后,要第一时间上报,为学校和领导应对处置赢得时间和主动。

第二,必须做好先期处置。突发事件发生后,遵循属地原则,事发地要不等不靠,及时做好上报信息工作,积极主动地进行先期处置,尽力防止事件扩大、蔓延或升级,等待和协助上级有关方面的驰援救助。

第三,及时启动应急预案。及时启动相应类别、级别的应急预案,组织、动员和协调一切力量和应急资源,迅速展开处置与救援行动。

第四,相关领导要及时到场。领导到现场,对于受伤学生是一种精神安慰。负责处置事件的领导、相关负责人要迅速赶到现场,负责现场的指挥调度、综合协调、组织管理、应急保障,有序、有力、有效地指挥处置,防止现场出现混乱。

第五,形成合力。各相关部门和有关方面必须各司其职、各负其责,服从调度指挥,做到既做好本职工作,又加强联合行动,形成工作合力,提高应急处置效率和救援效率。

第六,应急保障要有力、不惜代价。突发事件一旦发生,需要保障部门迅速到位,涉及的人、财、物、设施设备以及救援所需相关物资,一定要及时保障到位,调动一切可以调动的资源和力量,保证应急和救援的需要。

第七,充分听取意见建议。听取行业专家、应急救援与处置专家和一线专业人员的意见建议。

第八,善后处理要稳妥。统揽全局,坚持以人为本的原则,全方位考虑,切实维护和保障学生的根本利益,做好学生伤后生活救助、救抚、安置、补偿、理赔等后续工作。

# 第二节　新时代大学生劳动教育的保障体系

## 一、师资队伍

2018年5月2日,习近平总书记在同北京大学师生座谈时强调,人才培养关键在教师,教师队伍素质直接决定着大学办学能力和水平,要建设政治素质过硬、业务能力精湛、育人水平高超的高素质教师队伍。新时代高校加强劳动教育,需要多渠道建设一支执着于教书育人、有热爱教育定力、带干劲闯劲钻劲的高水平劳动教育师资队伍。

### (一)以服务国家战略需求为导向,多措并举推进高校劳动教育师资队伍多元化

当前,我国经济发展正处在由高速度发展向高质量发展转型的关键时期,高校肩负着培养德智体美劳全面发展的社会主义建设者和接班人的重大任务,培养的人才应该有着正确的世界观、人生观、价值观、事业观、审美观和劳动观,建设一支综合素质过硬、教学水平高超的高校劳动教育师资队伍是关键一环。

1. 着力培养一支劳动教育专业师资队伍

劳动教育作为一门课程,需要配备专业从事劳动教育的教师。教师的培养需要构建科学的劳动教育理论体系和学科体系。目前,国家师范类人

## 第八章　新时代大学生劳动教育的实践安全与保障体系

才培养尚未对从事劳动教育教学的师资队伍建设制订专门的人才培养方案,很少有高校开设专门的劳动教育专业课程。新时代培养一批劳动教育专业教师队伍,要从建立并完善中国特色劳动科学理论体系和学科体系着手,切实加强劳动哲学、劳动文化学、劳动经济学、劳动管理学、劳动法学、劳动关系、人力资源管理、劳动与社会保障、社会工作、劳动安全工程、职工卫生等一系列与劳动问题高度关联的学科建设,强化擅长劳动教育专业的师范类人才培养,为劳动教育专业化奠定基础,逐步形成"劳动学科建设—劳动师范人才培养—劳动教育专业师资队伍建设"的良性循环,为劳动教育的开展持续输送专业教师。

2. 着力打造一支劳动教育复合型师资队伍

劳动教育可以与高校专业课、思政课等德育、智育、体育、美育课程有机结合,充分拓展劳育对其他教育的促进作用。为此,高校要在培养劳动教育复合型教师上下功夫,鼓励支持教师积极参加基层实践,使理论知识与生产实践紧密结合,及时总结心得和经验,将劳动的元素融入各类教材的编写,将劳动的精髓融入各类人才培养方案,潜移默化强化劳动教育对教育教学各个环节的影响,着力守好一段渠、种好责任田,营造各类课程都讲劳动教育的浓厚氛围。比如,教授法学课程的教师可以给学生讲述怎样克服困难"送法下乡",服务村民;教授市场营销的教师可以给学生讲述怎样深入一线调研,获得客户消费偏好资料;等等。

3. 着力构建一支双师型师资队伍

与传统高校教师不同,双师型教师不仅具有一般教师的特质,能够传道授业解惑,还具备对学生进行实践技能培养的能力。双师型教师在传授大学生专业技能的同时,还强化对其具体劳动实践的指导,通过理论与实践的结合,增强他们对劳动的责任感、使命感和荣誉感,切身感悟劳动带来的尊严感、崇高感和幸福感,为引导其树立正确的劳动价值观奠定基础。高校可以通过挂职、进修等方式鼓励教师参加与其专业研究领域相关的基层社会实践,提升实践技能,不断壮大双师型教师队伍。

4. 着力凝聚一支社会型劳动教育师资队伍

教育的价值体现于其培养的人才能够为推动社会发展贡献力量。高校可以充分利用社会资源,聘请优秀社会人士,比如,科学家、劳动模范、大国工匠等成为劳动教育的传道者。他们讲述创新故事、劳模故事,展示精湛匠艺,分享工匠情怀,让劳模精神、劳动精神、工匠精神入脑入心,切实增强劳动教育的感染力。高校还可以利用家长对大学生劳动教育的影响,强化正确的家庭劳动教育对大学生劳动习惯的影响力。

### (二)以师德师风建设为根本,强化理想信念的思想引领作用

评价教师队伍素质的第一标准是师德师风。新时代高校加强劳动教育师资队伍建设是劳动教育取得实效的根本保障。要把师德师风建设与劳动教育师资队伍建设有机结合,根据劳动教育师资多元化情况,把握特点,分类施策。强化师德师风制度建设,将师德师风建设纳入高校劳动教育师资队伍考核评价体系,建立正确的教育评价导向和反馈机制,对师德师风实行"一票否决";强化正向引领,选树一批劳动教育教师楷模,分享他们的劳动教育成果,形成一批可复制可推广的劳动教育经验,着力建设一支有理想信念、有道德情操、有扎实学识、有仁爱之心的高校劳动教育师资队伍。

### (三)以创新体制机制为抓手,强化高校劳动教育师资队伍的科学规范化

劳动教育是内涵式教育。劳动教育的目标是引导大学生树立正确的劳动价值观,使其在走上社会后能够勤奋劳动、诚实劳动、创造性劳动。高校加强劳动教育师资队伍建设不能好高骛远,要结合自身实际,以现有平台为基础,坚持目标导向,充分发掘影响新时代高校劳动教育师资队伍建设的短板,深入分析问题产生的体制机制原因。加强对国家宏观劳动教育形势的研判,精准分析高校自身发展定位,遵循教师成长发展规律,在创新体制机制上下功夫,打破固有的编制束缚和薪酬约束,运用科学的人事管理方法,管活管好多元化的劳动教育师资队伍。建立劳动教育师资激励机制,鼓励更多教师有志于成为劳动教育的专业教师,让更多教师把劳动教育的理念带进课堂,使更多优秀教师成长为双师型教师,让更多社会精英走进校园传播劳动故事。

## 二、条件保障

### (一)组织保障

习近平总书记在全国教育大会上深刻指出,教育必须把培养社会主义建设者和接班人作为根本任务,强调加强党对教育工作的全面领导,是办好教育的根本保证。把全面从严治党要求落实到每个高校工作人员,把党的

## 第八章　新时代大学生劳动教育的实践安全与保障体系

政治建设摆在首位,用习近平新时代中国特色社会主义思想武装头脑,充分发挥党对教育事业的监督管理和宣传引导凝聚师生的战斗堡垒作用。

除了党对劳动教育的重视,各高校也需要贯彻党和国家的方针,做好劳动教育工作,制订符合校情的中长期发展规划,确立短期、中长期发展目标及具体实施步骤,把劳动教育列入年度工作计划当中。成立专门的学科建设、管理小组,把劳动教育的建设发展摆到整个学院发展的突出位置,结合学科发展建设、专业建设和现有人员的具体情况,制订符合劳动教育发展的学科、科研、师资队伍建设规划,并组织重点实施。另外,为劳动教育发展提供坚实的组织保障也不仅仅来自高校内部建设,同时要发挥业界、学界的学术团体、行业协会的优势,组建学术委员会,建立有效的评估机制,定期对学校劳动教学的组织、实施进行有效的评估,不断完善与优化学科发展和育人体系。

### (二)投入保障

提升软硬件水平是保障劳动教育发展的根本保障,高校应该加大对劳动教育的投入比重,努力完善劳动教育发展的投入保障措施。就目前我国高校劳动教育开展的实际情况来看,投入保障主要包括三个部分,即人、财、物的保障。

首先,师资队伍的投入是劳动教育发展的核心保障。通过"走出去,请进来"的方式打造一支"双师型"的高精尖的师资队伍。一是在校内遴选具有一定背景的教师担任劳动教育课程教师;二是加大对教师队伍教学能力的培训;三是聘请具有一定实践经验和职业素养较高的劳模、企业家、杰出校友等,建立学校劳动教育的专家库,以提高人才培养质量。

其次,经费是开展劳动教育的基础保障,为此,高校应加大对劳动教育的资金投入,做到资金的合理高效使用。将劳动教育相关的活动列入每年的经费预算当中,设立专门的教学科研经费和专项经费,确保劳动教育的有效开展。同时,应积极拓宽教育资金的筹措渠道,比如联合政府、行业企业、知名校友等组织,要吸引企业社会团体的捐赠,建立持续投入和经费单列的运行机制,为劳动教学设施设备的日常更新保养和维护提供保障。

最后,物质保障也是劳动教育发展的重要保障。包括为学科发展提供相应的教学设施、器材、设备、场地;为教师、学生等提供充足的相关书籍资料和音像资料;为教师提供相应的短期培训以及劳动教育科学研究支持等内容。

## (三)时间保障

开展教育的过程就是一个学习的过程,以时间和空间为纽带,实现师生之间的教学相长。发展劳动教育,面临的首要问题就是时间问题。在过去的发展中,我们不难发现,劳动教育作为一门特色教育,很多学校对于其发展的重视远远不够,从时间保障上来看,存在课程安排总量较少,课程时间较短,时间的有效利用率不高等问题。

开展劳动特色教育,必须在有限的时间中实现课程创新发展。一方面,学校要加强对劳动教育的学科体系建设,从课程安排和课程设计上与其他专业课同向同行,规划相应课时与学分,保障每学期教师有32课时以上的授课时间,就每周的授课安排来说,搭建线上学习交流平台,确保教师和学生有一定的时间可以了解关注劳动教育内容。另一方面,在尽量保障课程时间的同时,将劳动教育充分纳入通识课体系的建设当中,开展劳动教育第二课堂,把通识课内容和第二课堂教育纳入教师教学工作量的统计范围中,把劳动相关课程纳入学生期末的综合考评中。此外,充分发挥学校劳动教育的顶层设计、规划、指导作用,鼓励教师利用寒暑假时间开展劳动教育的特色小学期和劳动特色实践学习,开展多样化教学,引导学生主动参与讨论和实践,创造复合时间价值,将课堂从教师单向度地传授知识转变为学生多向度地主动获取知识。

## (四)空间保障

高校要贯彻落实新时代德智体美劳全面发展的教育方针,就要根据高等教育人才培养的特点,努力构建更加全面的人才培养体系。要探索更加有效的途径方式,就要实现教育空间的不断升级与拓展。

在信息化背景下,多功能、信息化教室开始出现,学生学习的场所也不再局限于课堂,教学的空间已经从教室内延伸到教室外、从实体空间延伸到虚拟空间。具体到劳动教育上,其空间保障主要包括学习办公场所保障、实践教学平台与学习基地建设、网络平台的延伸、交流空间的拓展。

首先,在校内建立劳动教育研究基地,为专题调研、历史研究、开展研讨提供保障。其次,鼓励劳动教育走出校园,大力推动学校与行业部门、企业、社会共建育人基地,为教师提供实践教学平台、实验教学中心,为学生提供实习基地、实践基地。再次,劳动教育是一门抽象化的学科教育,将教学空间延伸至网络空间,有助于教师通过情景模拟的方式吸引学生的关注度,进而激发学生的学习兴趣。最后,拓宽交流空间,每年选定一批优秀教师和学生代表到国内外高校进行访学交流,为教师、学生的发展从物质空间和精神空间上提高层次和保障,实现产学研合作教育和嵌入式协同育人。

(五)技术保障

技术保障是开展劳动教育的一个重要组成部分,旨在为促进劳动教育现代化,为教学和科研提供技术支撑,因此,做好技术保障工作对于学科发展有着极其重要的作用。当前劳动教育技术保障内容主要包括建设劳动教育师资资源库、数字化教学资源建设、网络教学环境的建设、多媒体设备管理等。

一方面,运用现代信息技术,创建区域性高校共享型劳动教育教师资源库,构筑开放式资源环境,搭建开放型、共享型公共服务平台,整合区域院校劳动教育教师资源以及各种社会人才资源,为教师更新知识结构、丰富教学经验、增强业务能力提供有力支撑。另一方面,无论是数字化教学资源还是网络教学环境的建设,都需要依托成熟的网络平台,通过网络技术解决当前教育发展中面临的诸多问题,比如实现教学资源共享化、实现师生在线一对一或者一对多互动、实现学生个性化学习、延伸课堂内容等。保障多媒体设备的正常运行也是技术保障的重要内容之一。

上述五个方面基本涵盖了劳动教育发展所需要的基本内容。劳动教育发展的三大使命是立足于问题研究、着眼于学科发展、致力于实践服务。当前我们的劳动教育也需要适应时代发展的要求,着眼于不同学校劳动教育发展的具体情况,具体问题具体分析,为劳动教育的开展提供长效保障机制。

## 三、评价体系

习近平总书记在全国教育大会上指出,"要努力构建德智体美劳全面培养的教育体系,形成更高水平的人才培养体系"。高校劳动教育承载着培养社会主义事业建设者和接班人的重要使命,怎样对高校开展劳动教育的情况进行评价,提出反馈意见,及时采取有效措施,纠正劳动教育实际与既定目标之间的偏差,构建科学的高校劳动教育监测评价体系成为破题的关键。

(一)科学研判形势,细化制定目标

高校要充分把握高等教育发展规律,明确自身所处的发展阶段,深入分析开展劳动教育面临的内、外部环境,结合自身发展规划和战略目标,充分把握机遇、直面挑战,制订切实可行的劳动教育规划,并将其纳入学校发展总体规划之中。要紧紧围绕劳动教育规划,着力分阶段多维度构建各领域的劳动教育各项目标。比如,在阶段划分上,可以以 5 年为一个总体目标,分别设定 5 年内每一年度的目标;在维度上可以从劳动教育培养目标与培养效果的达成度、劳动教育定位和人才培养目标与国家和地方经济社会发展需求的适应度、劳动教育教师与教学资源条件的保障度、劳动教育教学和质量保障体系运行的有效度、学生在劳动方面的表现与社会用人单位的满意度五个方面分别设定目标。

### (二)围绕既定目标,准确设计指标

高校根据已制定的劳动教育规划和各阶段各维度的具体目标,设定各阶段目标的考核指标。为方便后续监测,评价指标的设定要在质化明确描述的基础上,以量化为主。比如,在劳动教育教师和教学资源条件保障度方面,质化指标可以表述为劳动教育教师队伍不断壮大,量化指标可以设定为劳动教育专业教师人数比上一年度增加 2 人;在学生和社会用人单位的满意度评价指标设定方面,质化指标可以表述为用人单位对毕业生在劳动方面的表现满意度逐年上升,量化指标可以设定为在收回的用人单位对毕业生工作中劳动表现的问卷中,用人单位满意度持续保持在 90% 以上等。各项评价指标不是一成不变的,要与学校整体发展规划相匹配,定期进行更新。

### (三)持续跟踪评价,及时发现偏差

高校要将劳动教育实施情况的跟踪评价纳入学校教学质量评价体系,确保有专门的机构、专业的教育管理人员对劳动教育具体实施情况进行跟踪监测,及时发现实施过程中偏离具体目标的情况,综合分析问题产生的原因。同时,不断丰富跟踪评价方法,通过与教师深入座谈,了解劳动教育目标实施过程中存在的实际困难;运用现代化智能手段,通过手机 APP 发放问卷等方式,第一时间收集大学生对劳动教育实施的意见等,全方位多渠道挖掘劳动教育实施过程中可能导致偏离既定目标的情况。

### (四)有效进行反馈,确保落实举措

高校不仅要重视劳动教育实施过程中存在的问题,更要根据问题本身,深入探究导致问题产生的体制机制原因,从根本上提出解决问题的办法。要建立健全劳动教育实施监测过程中发现问题的解决机制。相关部门要通

第八章　新时代大学生劳动教育的实践安全与保障体系

过正常渠道将发现的问题及时反馈给负责劳动教育实施的责任归口部门，对常规性的问题提出解决建议，并督促有关部门具体落实；对重大问题，向学校决策机构进行反馈，待明确举措后，推动落实。高校要将劳动教育实施问题清单和问题解决举措一一对标，在不断发现问题、不断解决问题中确保劳动教育各项目标和劳动教育规划的实现。

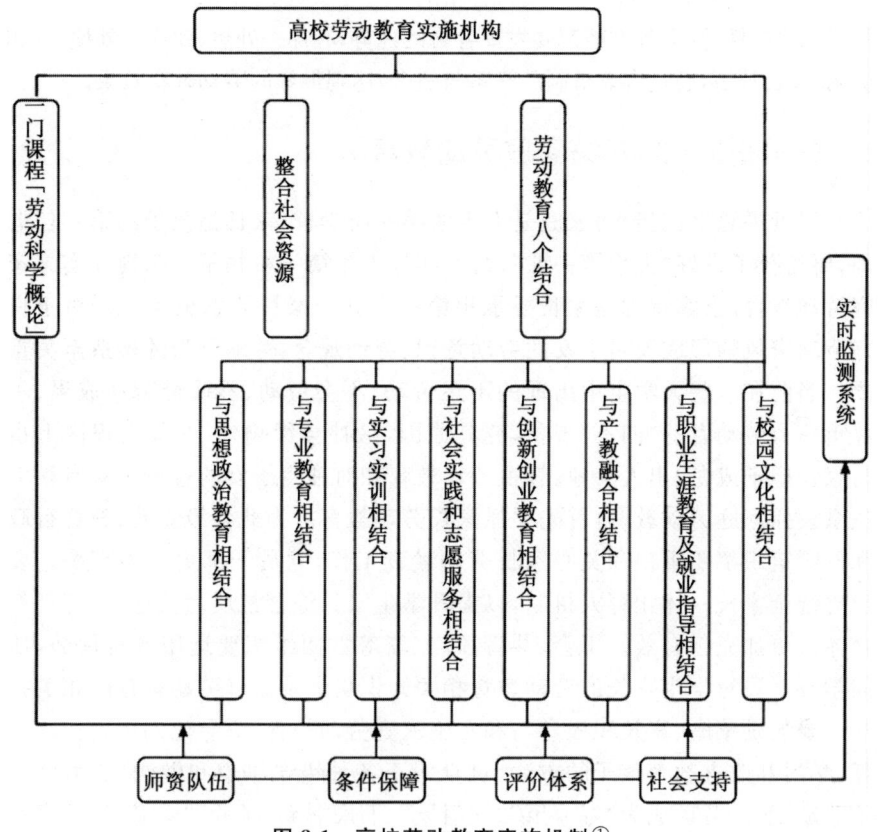

图 8-1　高校劳动教育实施机制①

## 四、社会支持

劳动教育是协同教育。劳动教育活动不外乎来自四个方面，即受教育主体的自我劳动教育、家庭劳动教育、学校劳动教育和社会劳动教育，与此相对应，也形成四个劳动教育系统，即自我劳动教育系统、家庭劳动教育系

---

① 刘向兵：《新时代高校劳动教育论纲》，社会科学文献出版社，2019．

统、学校劳动教育系统和社会劳动教育系统。这四大教育系统各具不同的教育功能,释放不同的作用,同时又交叉影响,共同构成劳动教育协同化、社会化的基本格局。劳动教育协同化、社会化的落地措施就是要打造全社会共同关心、支持劳动教育的新格局。正如习近平总书记所指出,家庭、学校、政府、社会都要负起责任。这首先要明确共同点和一致性,就是要加强对高校大学生的劳动教育,使他们成为合格的社会主义建设者和接班人;其次就是要着力协同性,社会各方面要发挥各自的优势,心往一处想、劲往一处使,互相协调、取长补短,通过有效机制的联系与整合,达到最好的劳动教育效果。

### (一)重视和实施好家庭劳动教育

习近平总书记指出,家庭是人生的第一所学校,家长是孩子的第一任老师,要给孩子讲好"人生第一课",帮助扣好人生第一粒扣子。重视和实施家庭劳动教育,家庭特别是家长要承担第一责任。家长的思想和言行对于良好劳动家风的形成及对子女的劳动意识、劳动观念、劳动行为的塑造至关重要。当前在一些大学生中出现的不想劳动、不会劳动、不珍惜劳动成果、不尊重体力劳动者的"四不"现象,究其原因,除社会影响外,在很大程度上也与家长望子成龙、出人头地、轻视劳动教育和对独生子女的过分溺爱有很大关系。抓家庭劳动教育,首先要抓家长劳动教育。为此各级党政、教育行政和群团组织都要重视和关心家长劳动教育工作,党员干部更应该带头。要建立健全家校一体化育人机制,以提升学生家长综合素质为目标,使劳动教育体系更加完善有效。工会、共青团、妇联等群团组织要运用各自优势,协同学校开展对学生家长的劳动教育相关知识培训及家庭劳动教育的相关指导。要鼓励家庭、家长积极参与和实施家庭劳动教育,引导他们主动担起责任,学习和改进教育孩子的方法,自觉纠正各种错误思想和做法,努力使尊重劳动、热爱劳动成为"好家风""好门风",彻底摒弃"拼爹""啃老"的不良社会风气。对实施劳动教育效果显著的家庭、家长要给予表彰。

### (二)加强党对劳动教育工作的领导

党对劳动教育工作的领导是支持学校、协同各方开展劳动教育的根本保障。各级党委都要提高政治站位,把劳动教育列入培养合格的党和国家未来建设者和接班人的大事来抓,高度重视、关心和支持劳动教育工作,把劳动教育纳入教育改革发展的重要内容。党政主要负责同志要熟悉劳动教育、关心劳动教育、研究劳动教育,切实为搞好劳动教育办实事、解难事。要积极推动家庭、学校、社会三大劳动教育系统的融合,建立健全联系和运作

## 第八章 新时代大学生劳动教育的实践安全与保障体系

机制,搭建交流互动协作平台。

要运用现代传媒手段,大力宣传劳动精神、劳模精神、工匠精神,树立先进典型,引导劳动最光荣、劳动最伟大、劳动最崇高、劳动最美丽在全社会蔚然成风,形成良好、强劲的有利于劳动教育的社会氛围和鲜明的劳动导向。要重视劳动教育立法和政策制定工作,使之有法有规可依,保障劳动教育行进在法治轨道。要在劳动就业、收入分配、职工福利、社会保障、人才培养等诸方面坚持公平原则和保障劳动者利益,提升劳动者的社会地位,使全社会,特别是大学生看到做劳动者的自豪。

### (三)发挥好工会、共青团、妇联等群团组织在推动实施劳动教育中的独特作用

工会是职工群众组织,它和劳动、劳动者联系最紧密,在协同实施劳动教育上有着丰富资源和独特优势。工会必须从全局高度,抓住契机,在推动全社会的劳动教育上发挥积极作用。工会要在教育领域强化劳动教育中发挥积极作用。要充分利用工会自身联系劳模、大国工匠和先进人物的优势,积极推进劳模、大国工匠和先进人物进校园,用现身说法的典型教育,弘扬劳动精神、劳模精神、工匠精神,力求对学校教职工和学生产生虹吸效应,形成强大氛围。要利用工会联系企业、社会广泛的优势,积极为学校教师、学生参加劳动生产实践打造适合的基地。要配合学校党政方面抓好教师队伍建设,实现教人者先受教。工会要在社会领域强化劳动教育中发挥积极作用。要按照习近平总书记关于"全社会都应该尊敬劳动模范、弘扬劳模精神,让诚实劳动、勤勉工作蔚然成风"的要求,积极推进全社会的劳动教育工作,其主要内容是:积极参与国家有关立法、修法和政策制定活动,提出有关劳动和劳动教育的建议,使劳动和劳动教育的法律依据更加坚实;利用新媒体等多种现代传播平台和手段,在全社会大力宣传劳动精神、劳模精神和工匠精神及有关先进典型事迹,积极营造先进劳动文化;敢于对社会上那种鄙视、轻视劳动和普通劳动者的错误倾向发出抵制和纠正之声,使之没有市场;教育引导职工搞好家庭劳动教育,形成爱劳动的良好家风,并以此为基础形成社区、社会热爱劳动的良好社会风气;积极创造、开拓社会公益劳动的新途径。

共青团是先进青年的群众性组织,是党的后备军。共青团具有和青年联系的天然优势,组织资源、阵地资源、活动资源丰富,教育青年既是责任更是传统。在新时代,共青团要充分利用这些优势,协同学校、家庭和有关方面,大力开展青年学生的劳动教育,要把它列入社会主义核心价值观教育的重要内容,积极开展适合青年特点的、多种形式的劳动教育;要把它列入

学校教育教学的内容,积极配合学校实施好劳动教育、组织好劳动和社会实践;要主动联系学生家庭,积极协助开展好家庭劳动教育;要组织学生开展有益于社会的各种公益活动。

妇联是妇女群众组织,在联系广大妇女方面优势独特。妇女在家庭和社会中都起着"半边天"的重要作用,尤其是在家庭教育和学生教育方面更具关键作用。妇女既要参加工作、服务社会,又要承担建设家庭、教育孩子的重任,十分辛苦。各级妇联要积极主动关心女职工、帮助女职工。在劳动教育方面,要通过多种方式进行女职工家长培训,使她们提升劳动教育意识、增加劳动教育知识、掌握劳动教育方法,以形成良好劳动家风为重点,搞好对家庭成员,特别是孩子的劳动教育,夯实学校和社会劳动教育的基础。

### (四)争取企事业单位的广泛参与

实施劳动教育,企事业单位要积极承担其社会责任。企事业单位中许多是企业和科研院所,它们是直接生产或科研的单位,是劳动的第一现场,也是青年学生校外的最好实践基地。企业和科研院所要利用自身优势和方便条件,积极开展产学研结合,创新创业结合,实习实训、职业生涯教育结合。要发挥资金优势,为劳动教育提供力所能及的资金支持;要发挥人才优势,充分利用科技人才、大国工匠、劳动模范、先进人物以及老工人、老干部、老科技工作者,搞好对青年学生的现身说法和传帮带;要发挥项目优势,通过一系列的生产、科研和工程项目优势,使大学生学到本领、受到锻炼、找到正确的职业生涯,树立起远大理想;要发挥企事业单位文化优势,使大学生通过进企事业单位参与科研和生产劳动,深刻感受到企事业单位浓厚的劳动文化氛围,通过劳动文化的熏陶,增强对劳动的热爱、对劳动人民的感情。总之,企事业单位要通过协同学校,为青年大学生提供丰富生动的现场劳动教育,使他们通过劳动现场的切身感受理解劳动和劳动者的意义和伟大,在敬佩中树立起正确的劳动价值观和幸福生活靠奋斗的牢固思想,为以后走向社会、成为合格乃至优秀的劳动者奠定坚实基础。

### (五)营造宣传劳动伟大的舆论氛围

对青少年的劳动教育离不开强有力的社会舆论氛围,这既是劳动教育的一种方式,也是劳动教育的重要内容,因此,理论宣传工作部门承担着重要的使命和责任。要根据党中央的要求、新时代社会变化的特点和青年学生的需求进一步加大劳动宣传的力度,在传播内容上,以弘扬新时代的劳动精神、劳模精神和工匠精神为核心,同时广泛传播劳动科学和劳动技能,培

#### 第八章 新时代大学生劳动教育的实践安全与保障体系

育广大青年的劳动观念、增长劳动才干、崇尚劳动英雄;在传播方式上,把传统宣传手段和现代传媒紧密结合起来,充分运用融媒体的优势和传播快、传播广、传播形式新颖的特点,以生动活泼、接地气的方式,讲好劳动、劳动者、劳模和工匠故事,以营造尊重劳动的良好社会氛围,深刻影响下一代;在传播体制机制上,形成宣传部门、教育部门、各大宣传媒体、工会等群团组织,以及社会各有关方面协同配合共同参与的劳动教育社会传播体制机制,把对劳动的宣传稳定化、持久化,以收到潜移默化的效果。

### (六)文艺界要唱响劳动者之歌

文艺界作为社会主义先进文化的创造者和传播者,在实施劳动教育、培育劳动教育社会氛围方面作用重大。文艺界要通过创作出更多更好的反映新时代劳动和劳动者崭新风貌的优秀作品,大力讴歌劳动精神、劳模精神和工匠精神,讴歌新时代的劳动者,并使之成为社会的主旋律。要通过这些优秀文艺作品引导青年学生懂得只有劳动才是真善美,好逸恶劳只能是堕落,没有前途。新时代对文艺界提出了新要求,文艺界应当以更多更好地反映劳动和劳动者精神风貌的优秀作品,把新时代的劳动号角吹得更加嘹亮,鼓舞青年学子们以辛勤劳动、诚实劳动和创造性劳动去创造更加美好的新生活。

**本章小结**

本章从做好劳动安全教育、增强劳动安全意识,严密组织劳动实践、落实劳动安全责任,完善劳动安全预案、确保劳动安全有序等方面阐述要加强新时代大学生劳动教育的实践安全;从师资队伍、条件保障、评价体系、社会支持四个方面介绍了新时代大学生劳动教育的保障体系的构建。

**拓展阅读**

#### 劳模精神 劳动精神 工匠精神[①]

劳模精神、劳动精神、工匠精神一直以来受到社会各界的广泛关注。中

---

① 乔东,萧新桥.深刻理解劳模精神、劳动精神、工匠精神的丰富内涵[EB/OL].人民网,http://theory.people.com.cn/n1/2019/0430/c40531-31059965.html.

共中央、国务院联合印发的《新时期产业工人队伍建设改革方案》强调,大力弘扬劳模精神、劳动精神、工匠精神,引导产业工人爱岗敬业、甘于奉献,培育健康文明、昂扬向上的职工文化。可见,新时代职工文化建设是弘扬劳模精神、劳动精神、工匠精神的有力抓手。

我们应该以习近平总书记关于劳模精神、劳动精神、工匠精神的系列重要讲话作为重要遵循,以党和国家的重要政策文件精神为指导,深刻领会科学内涵及其相互关系,通过大力弘扬劳模精神、劳动精神、工匠精神,建设知识型、技能型、创新型劳动者大军,从而推动实现中华民族伟大复兴的中国梦和建设社会主义现代化强国的新时代目标。

**深刻理解劳模精神、劳动精神、工匠精神的内涵**

劳模精神是劳模之所以成为劳模,而在平凡岗位上做出不平凡业绩所坚持坚守坚定的基本信念、价值追求、人生境界及其展现出的整体精神风貌。"劳动模范身上体现的'爱岗敬业、争创一流,艰苦奋斗、勇于创新,淡泊名利、甘于奉献'的劳模精神,是伟大时代精神的生动体现。"习近平总书记关于劳模精神的表述,为我们科学理解和大力弘扬劳模精神提供了正确的方向和指导。这需要我们一方面正确理解这一表述中六个词汇的各自含义,又要从整体上把握劳模精神的科学内涵。

总体上看,这一表述一方面道出了劳模之所以能在广大劳动者群体中脱颖的根本原因,另一方面也为广大劳动者群体提出了奋斗的目标和方向。六个词汇中,爱岗敬业是本分,争创一流是追求,艰苦奋斗是作风,勇于创新是使命,淡泊名利是境界,甘于奉献是修为。做一个守本分、有追求、讲作风、担使命、有境界、有修为的人,是每一位劳模的精神风范,更是每一位劳动者应该追求的目标。

劳动精神是每一位劳动者为创造美好生活而在劳动过程秉持的劳动态度、劳动理念及其展现出的劳动精神风貌。党的十八大以来,习近平总书记关于劳动和劳动精神的系列重要讲话是我们正确理解劳动精神的重要依据,也是大力弘扬劳动精神的重要指南。"我们要在全社会大力弘扬劳动精神,提倡通过诚实劳动来实现人生的梦想、改变自己的命运"。关于劳动,习近平总书记强调,劳动是财富的源泉,也是幸福的源泉。人世间的美好梦想,只有通过诚实劳动才能实现;发展中的各种难题,只有通过诚实劳动才能破解;生命里的一切辉煌,只有通过诚实劳动才能铸就。

劳动创造了中华民族,造就了中华民族的辉煌历史,也必将创造出中华民族的光明未来。习近平总书记关于劳动和劳动精神的思想为我们正确认识劳动精神的科学内涵指明了方向。全社会都要贯彻尊重劳动、尊重知识、尊重人才、尊重创造的重大方针,维护和发展劳动者的利益,保障劳动者的

## 第八章　新时代大学生劳动教育的实践安全与保障体系

权利。要坚持社会公平正义,排除阻碍劳动者参与发展、分享发展成果的障碍,努力让劳动者实现体面劳动、全面发展。全社会都要热爱劳动,以辛勤劳动为荣,以好逸恶劳为耻。

工匠精神是近年来我国社会的一个热点问题,也是学术界研究的一个重大课题。"弘扬劳模精神和工匠精神,营造劳动光荣的社会风尚和精益求精的敬业风气。"工匠精神这一概念,常被习近平总书记提及,也被写入了党的十九大报告之中。我们应该以习近平总书记关于工匠精神的系列重要讲话精神为指导,一方面理解工匠精神的科学内涵,另一方面认识到工匠精神与劳模精神、劳动精神相比所体现出的特色。

工匠精神是每一位不甘于平庸的劳动者在平凡的工作中不断对自己提出更高的要求,并不断自我超越、自我提升、自我完善,始终追求做更好的自己时所表现出的工作态度、工作境界、工作习惯以及整体工作精神面貌。笔者认为工匠精神可以概括为:坚守执着、精益求精、专业专注、追求极致、一丝不苟、自律自省。从工匠精神的角度看,坚守执着是一个人的本分,精益求精是一个人的追求,专业专注是一个人的作风,追求极致是一个人的使命,一丝不苟是一个人的境界,自律自省是一个人的修为。

## 问题思考

1. 为什么要加强大学生劳动安全教育?
2. 大学生劳动实践中的安全注意事项有哪些?
3. 新时代大学生劳动教育的保障体系中的条件保障有哪些?
4. 如何做好大学生劳动教育中的社会支持?

# 附　录

## 附录一

### 中共中央　国务院
### 关于全面加强新时代大中小学劳动教育的意见[①]

**（2020 年 3 月 20 日）**

为构建德智体美劳全面培养的教育体系，现就加强新时代大中小学劳动教育提出如下意见。

一、充分认识新时代培养社会主义建设者和接班人对加强劳动教育的新要求

（一）重大意义。劳动教育是中国特色社会主义教育制度的重要内容，直接决定社会主义建设者和接班人的劳动精神面貌、劳动价值取向和劳动技能水平。长期以来，各地区和学校坚持教育与生产劳动相结合，在实践育人方面取得了一定成效。同时也要看到，近年来一些青少年中出现了不珍惜劳动成果、不想劳动、不会劳动的现象，劳动的独特育人价值在一定程度上被忽视，劳动教育正被淡化、弱化。对此，全党全社会必须高度重视，采取有效措施切实加强劳动教育。

（二）指导思想。以习近平新时代中国特色社会主义思想为指导，全面贯彻党的教育方针，落实全国教育大会精神，坚持立德树人，坚持培育和践行社会主义核心价值观，把劳动教育纳入人才培养全过程，贯通大中小学各学段，贯穿家庭、学校、社会各方面，与德育、智育、体育、美育相融合，紧密结合经济社会发展变化和学生生活实际，积极探索具有中国特色的劳动教育模式，创新体制机制，注重教育实效，实现知行合一，促进学生形成正确的世界观、人生观、价值观。

---

[①]《中共中央 国务院关于全面加强新时代大中小学劳动教育的意见》，中国政府网，http://www.gov.cn/zhengce/2020-03/26/content_5495977.htm.

（三）基本原则。

——把握育人导向。坚持党的领导，围绕培养担当民族复兴大任的时代新人，着力提升学生综合素质，促进学生全面发展、健康成长。把准劳动教育价值取向，引导学生树立正确的劳动观，崇尚劳动、尊重劳动，增强对劳动人民的感情，报效国家，奉献社会。

——遵循教育规律。符合学生年龄特点，以体力劳动为主，注意手脑并用、安全适度，强化实践体验，让学生亲历劳动过程，提升育人实效性。

——体现时代特征。适应科技发展和产业变革，针对劳动新形态，注重新兴技术支撑和社会服务新变化。深化产教融合，改进劳动教育方式。强化诚实合法劳动意识，培养科学精神，提高创造性劳动能力。

——强化综合实施。加强政府统筹，拓宽劳动教育途径，整合家庭、学校、社会各方面力量。家庭劳动教育要日常化，学校劳动教育要规范化，社会劳动教育要多样化，形成协同育人格局。

——坚持因地制宜。根据各地区和学校实际，结合当地在自然、经济、文化等方面条件，充分挖掘行业企业、职业院校等可利用资源，宜工则工、宜农则农，采取多种方式开展劳动教育，避免"一刀切"。

## 二、全面构建体现时代特征的劳动教育体系

（四）把握劳动教育基本内涵。劳动教育是国民教育体系的重要内容，是学生成长的必要途径，具有树德、增智、强体、育美的综合育人价值。实施劳动教育重点是在系统的文化知识学习之外，有目的、有计划地组织学生参加日常生活劳动、生产劳动和服务性劳动，让学生动手实践、出力流汗，接受锻炼、磨炼意志，培养学生正确劳动价值观和良好劳动品质。

（五）明确劳动教育总体目标。通过劳动教育，使学生能够理解和形成马克思主义劳动观，牢固树立劳动最光荣、劳动最崇高、劳动最伟大、劳动最美丽的观念；体会劳动创造美好生活，劳动不分贵贱，热爱劳动，尊重普通劳动者，培养勤俭、奋斗、创新、奉献的劳动精神；具备满足生存发展需要的基本劳动能力，形成良好劳动习惯。

（六）设置劳动教育课程。整体优化学校课程设置，将劳动教育纳入中小学国家课程方案和职业院校、普通高等学校人才培养方案，形成具有综合性、实践性、开放性、针对性的劳动教育课程体系。

根据各学段特点，在大中小学设立劳动教育必修课程，系统加强劳动教育。中小学劳动教育课每周不少于1课时，学校要对学生每天课外校外劳动时间作出规定。职业院校以实习实训课为主要载体开展劳动教育，其中劳动精神、劳模精神、工匠精神专题教育不少于16学时。普通高等学校要明确劳动教育主要依托课程，其中本科阶段不少于32学时。除劳动教育必

修课程外,其他课程结合学科、专业特点,有机融入劳动教育内容。大中小学每学年设立劳动周,可在学年内或寒暑假自主安排,以集体劳动为主。高等学校也可安排劳动月,集中落实各学年劳动周要求。

根据需要编写劳动实践指导手册,明确教学目标、活动设计、工具使用、考核评价、安全保护等劳动教育要求。

(七)确定劳动教育内容要求。根据教育目标,针对不同学段、类型学生特点,以日常生活劳动、生产劳动和服务性劳动为主要内容开展劳动教育。结合产业新业态、劳动新形态,注重选择新型服务性劳动的内容。

小学低年级要注重围绕劳动意识的启蒙,让学生学习日常生活自理,感知劳动乐趣,知道人人都要劳动。小学中高年级要注重围绕卫生、劳动习惯养成,让学生做好个人清洁卫生,主动分担家务,适当参加校内外公益劳动,学会与他人合作劳动,体会到劳动光荣。初中要注重围绕增加劳动知识、技能,加强家政学习,开展社区服务,适当参加生产劳动,使学生初步养成认真负责、吃苦耐劳的品质和职业意识。普通高中要注重围绕丰富职业体验,开展服务性劳动、参加生产劳动,使学生熟练掌握一定劳动技能,理解劳动创造价值,具有劳动自立意识和主动服务他人、服务社会的情怀。中等职业学校重点是结合专业人才培养,增强学生职业荣誉感,提高职业技能水平,培育学生精益求精的工匠精神和爱岗敬业的劳动态度。高等学校要注重围绕创新创业,结合学科和专业积极开展实习实训、专业服务、社会实践、勤工助学等,重视新知识、新技术、新工艺、新方法应用,创造性地解决实际问题,使学生增强诚实劳动意识,积累职业经验,提升就业创业能力,树立正确择业观,具有到艰苦地区和行业工作的奋斗精神,懂得空谈误国、实干兴邦的深刻道理;注重培育公共服务意识,使学生具有面对重大疫情、灾害等危机主动作为的奉献精神。

(八)健全劳动素养评价制度。将劳动素养纳入学生综合素质评价体系,制定评价标准,建立激励机制,组织开展劳动技能和劳动成果展示、劳动竞赛等活动,全面客观记录课内外劳动过程和结果,加强实际劳动技能和价值体认情况的考核。建立公示、审核制度,确保记录真实可靠。把劳动素养评价结果作为衡量学生全面发展情况的重要内容,作为评优评先的重要参考和毕业依据,作为高一级学校录取的重要参考或依据。

**三、广泛开展劳动教育实践活动**

(九)家庭要发挥在劳动教育中的基础作用。注重抓住衣食住行等日常生活中的劳动实践机会,鼓励孩子自觉参与、自己动手,随时随地、坚持不懈进行劳动,掌握洗衣做饭等必要的家务劳动技能,每年有针对性地学会1至2项生活技能。鼓励学校(家委会)和社区等组织开展学生生活技能展示活动。学生参加家务劳动和掌握生活技能的情况要按年度记入学生综合素质档案。鼓励孩子利用节假日参加各种社会劳动。家庭要树立崇尚劳动的良好家风,家长要通过日常生活的言传身教、潜移默化,让孩子养成从小爱劳动的好习惯。

（十）学校要发挥在劳动教育中的主导作用。学校要切实承担劳动教育主体责任,明确实施机构和人员,开齐开足劳动教育课程,不得挤占、挪用劳动实践时间。明确学校劳动教育要求,着重引导学生形成马克思主义劳动观,系统学习掌握必要的劳动技能。根据学生身体发育情况,科学设计课内外劳动项目,采取灵活多样形式,激发学生劳动的内在需求和动力。统筹安排课内外时间,可采用集中与分散相结合的方式。组织实施好劳动周,小学低中年级以校园劳动为主,小学高年级和中学可适当走向社会、参与集中劳动,高等学校要组织学生走向社会、以校外劳动锻炼为主。

（十一）社会要发挥在劳动教育中的支持作用。充分利用社会各方面资源,为劳动教育提供必要保障。各级政府部门要积极协调和引导企业公司、工厂农场等组织履行社会责任,开放实践场所,支持学校组织学生参加力所能及的生产劳动、参与新型服务性劳动,使学生与普通劳动者一起经历劳动过程。鼓励高新企业为学生体验现代科技条件下劳动实践新形态、新方式提供支持。工会、共青团、妇联等群团组织以及各类公益基金会、社会福利组织要组织动员相关力量、搭建活动平台,共同支持学生深入城乡社区、福利院和公共场所等参加志愿服务,开展公益劳动,参与社区治理。

**四、着力提升劳动教育支撑保障能力**

（十二）多渠道拓展实践场所。大力拓展实践场所,满足各级各类学校多样化劳动实践需求。充分利用现有综合实践基地、青少年校外活动场所、职业院校和普通高等学校劳动实践场所,建立健全开放共享机制。农村地区可安排相应土地、山林、草场等作为学农实践基地,城镇地区可确认一批企事业单位和社会机构,作为学生参加生产劳动、服务性劳动的实践场所。建立以县为主、政府统筹规划配置中小学（含中等职业学校）劳动教育资源的机制。进一步完善学校建设标准,学校逐步建好配齐劳动实践教室、实训基地。高等学校要充分发挥自身专业优势和服务社会功能,建立相对稳定的实习和劳动实践基地。

（十三）多举措加强人才队伍建设。采取多种措施,建立专兼职相结合的劳动教育师资队伍。根据学校劳动教育需要,为学校配备必要的专任教师。高等学校要加强劳动教育师资培养,有条件的师范院校开设劳动教育相关专业。设立劳模工作室、技能大师工作室、荣誉教师岗位等,聘请相关行业专业人士担任劳动实践指导教师。把劳动教育纳入教师培训内容,开展全员培训,强化每位教师的劳动意识、劳动观念,提升实施劳动教育的自觉性,对承担劳动教育课程的教师进行专项培训,提高劳动教育专业化水平。建立健全劳动教育教师工作考核体系,分类完善评价标准。

(十四)健全经费投入机制。各地区要统筹中央补助资金和自有财力,多种形式筹措资金,加快建设校内劳动教育场所和校外劳动教育实践基地,加强学校劳动教育设施标准化建设,建立学校劳动教育器材、耗材补充机制。学校可按照规定统筹安排公用经费等资金开展劳动教育。可采取政府购买服务方式,吸引社会力量提供劳动教育服务。

(十五)多方面强化安全保障。各地区要建立政府负责、社会协同、有关部门共同参与的安全管控机制。建立政府、学校、家庭、社会共同参与的劳动教育风险分散机制,鼓励购买劳动教育相关保险,保障劳动教育正常开展。各学校要加强对师生的劳动安全教育,强化劳动风险意识,建立健全安全教育与管理并重的劳动安全保障体系。科学评估劳动实践活动的安全风险,认真排查、清除学生劳动实践中的各种隐患特别是辐射、疾病传染等,在场所设施选择、材料选用、工具设备和防护用品使用、活动流程等方面制定安全、科学的操作规范,强化对劳动过程每个岗位的管理,明确各方责任,防患于未然。制订劳动实践活动风险防控预案,完善应急与事故处理机制。

**五、切实加强劳动教育的组织实施**

(十六)加强组织领导。在党委统一领导下,各级政府要把劳动教育摆上重要议事日程,出台相关政策措施,切实解决劳动教育实施过程中的重大问题,做好督促落实。省级政府要加强劳动教育工作的统筹协调,明确市地级、县级政府及有关部门加强劳动教育的职责,推动建立全面实施劳动教育的长效机制。

(十七)强化督导检查。把劳动教育纳入教育督导体系,完善督导办法。对地方各级政府和有关部门保障劳动教育情况以及学校组织实施劳动教育情况进行督导,督导结果向社会公开,同时作为衡量区域教育质量和水平的重要指标,作为对被督导部门和学校及其主要负责人考核奖惩的依据。开展劳动教育质量监测,强化反馈和指导。

(十八)加强宣传引导。引导家长树立正确劳动观念,支持配合学校开展劳动教育。加强劳动教育科学研究,宣传推广劳动教育典型经验。积极宣传企事业单位和社会机构提供劳动教育服务的先进事迹。注重挖掘在抗疫救灾等重大事件中涌现出来的典型人物和事迹,大力宣传不畏艰难、百折不挠、敢于担当的高尚品格。鼓励和支持创作更多以歌颂普通劳动者为主题的优秀作品,大力宣传辛勤劳动、诚实劳动、创造性劳动的典型人物和事迹,弘扬劳动光荣、创造伟大的主旋律,旗帜鲜明地反对一切不劳而获、贪图享乐、崇尚暴富的错误观念,营造全社会关心和支持劳动教育的良好氛围。

## 附录二

### 大学生劳动价值观调查问卷[①]

亲爱的同学：

您好！

为了解当代大学生群体劳动价值观现状，引导大学生树立正确的劳动价值观，我们组织了此次问卷调查，非常荣幸地邀请您作为大学生代表填答问卷，也非常感谢您的配合。问卷采取不记名方式，答案无所谓对错，请您结合个人实际情况认真仔细填答，填答时间大约需要10分钟。

再次对您的配合表示衷心感谢！

大学生劳动价值观调查课题组<br>2018年9月

Q1. 您的大学学制是_____（单选）
(1) 四年
(2) 三年

Q2. 您所学专业：_____（单选）
(1) 社会工作　　　　　　(2) 工商管理　　　　　　(3) 劳动关系
(4) 人力资源管理　　　　(5) 经济学　　　　　　　(6) 财务管理
(7) 行政管理（企事业行政文化建设方向）
(8) 法学（劳动法与社会保障方向）
(9) 劳动与社会保障　　　　　　　　　　　　　　(10) 行政管理
(11) 政治学与行政学　　　　　　　　　　　　　　(12) 汉语言文学
(13) 新闻学　　　　　　　　　　　　　　　　　　(14) 戏剧影视文学
(15) 安全工程　　　　　　　　　　　　　　　　　(16) 酒店管理
(17) 旅游英语　　　　　　　　　　　　　　　　　(18) 旅游管理
(19) 工学结合项目　　　　　　　　　　　　　　　(20) 中外合作办学

Q3. 您对您自己的劳动价值观总体满意程度如何？请用1～10分评价，1分代表非常不满意，5分代表一般，10分代表非常满意。_____（单选）

---

① 李珂.《嬗变与审视》，社会科学文献出版社，2019.

| 1 | 2 | 3 | 4 | 5 | 6 | 7 | 8 | 9 | 10 |

温故而知新。让我们先温习一下与劳动相关的文化知识吧!

Q4. 请您对下列古代相关说法进行评价。_____（每行单选）

| 序号 | 与劳动相关的传统文化语句 | 非常认同 | 比较认同 | 一般 | 不大认同 | 非常不认同 |
|---|---|---|---|---|---|---|
| 1 | 一粥一饭当思来之不易,半丝半缕恒念物力维艰（节俭要从小事做起,每一样东西都来之不易） | 1 | 2 | 3 | 4 | 5 |
| 2 | 人生在勤,不索何获?（人生要勤奋努力,若不积极探索研究,哪会有成就?） | 1 | 2 | 3 | 4 | 5 |
| 3 | 庖丁解牛,技近乎道（功夫下得深了,技术自然而然就好了） | 1 | 2 | 3 | 4 | 5 |
| 4 | 学而优则仕 | 1 | 2 | 3 | 4 | 5 |
| 5 | 劳心者治人,劳力者治于人 | 1 | 2 | 3 | 4 | 5 |
| 6 | 万般皆下品,唯有读书高 | 1 | 2 | 3 | 4 | 5 |
| 7 | 宝剑锋从磨砺出,梅花香自苦寒来 | 1 | 2 | 3 | 4 | 5 |

Q5. 请您对当代劳动相关说法进行评价。_____（每行单选）

| 序号 | 语句描述 | 非常认同 | 比较认同 | 一般 | 不大认同 | 非常不认同 |
|---|---|---|---|---|---|---|
| 1 | 劳动是财富的源泉,也是幸福的源泉 | 1 | 2 | 3 | 4 | 5 |
| 2 | 劳动可以磨炼人的意志品德 | 1 | 2 | 3 | 4 | 5 |
| 3 | 劳动最美丽、最光荣、最伟大、最崇高 | 1 | 2 | 3 | 4 | 5 |
| 4 | 全社会应树立辛勤劳动、诚实劳动、创造性劳动的理念 | 1 | 2 | 3 | 4 | 5 |
| 5 | 新时代不需要弘扬艰苦奋斗精神了 | 1 | 2 | 3 | 4 | 5 |
| 6 | 有钱了就不用劳动了 | 1 | 2 | 3 | 4 | 5 |
| 7 | 劳动会耽误学习 | 1 | 2 | 3 | 4 | 5 |
| 8 | 家务活是家长的事,不需要孩子插手 | 1 | 2 | 3 | 4 | 5 |

大学校园承载着您最美好的青春记忆。让咱们再来聊聊大学生活中的点点滴滴。

Q6. 大学寒暑假,您在家平均每天做家务劳动的时长大约是_____。(主要包括洗衣做饭、打扫卫生、家庭采购、干农活等体力劳动)(单选)

(1)不做

(2)10分钟以内

(3)10分钟~半小时

(4)半小时~1小时

(5)1小时~2小时

(6)2小时以上

Q7. 大学在校期间,您常怎么处理脏衣服?_____(多选)

(1)自己手洗

(2)用校园的洗衣机洗

(3)到专门洗衣店洗

(4)请别人帮忙洗

(5)寄回家洗

(6)攒一起带回家洗

(7)从来不洗

(8)其他_____

Q8. 当您多次发现寝室里很乱,但又没轮到您值日时,您最经常的处理方式:_____(单选)

(1)发牢骚、抱怨

(2)视而不见

(3)提醒值日同学打扫

(4)邀请室友一起打扫

(5)自己主动打扫

(6)其他_____

Q9. 在学校食堂里,当看到有同学浪费食物,您最倾向于怎么处理:_____(单选)

(1)无所谓,没什么感觉

(2)这是别人的权利,我无权干涉

(3)我自己也有浪费现象发生,情有可原

(4)浪费食物可耻,在心中鄙视他/她

(5)上前提醒一下同学别浪费食物

(6)浪费严重时,向相关老师或管理人员反映

(7)其他_____

Q10. 大学期间,学习之余,您还参加了哪些社会实践活动?_____(多选)

(1)勤工俭学

(2)兼职打工

(3)社会调查

(4)志愿服务/公益性活动

(5)公司/单位实习

(6)生产劳动

(7)"三下乡"活动

(8)创业实践

(9)其他_____

Q11. 您认为在大学期间参加实践活动的主要意义是什么?_____(限选3～5项)

(1)能赚点生活费/零花钱

(2)丰富课余生活

(3)积累工作经验

(4)多一种生活体验

(5)实现个人价值

(6)能够学以致用

(7)培养吃苦耐劳精神

(8)扩大社交范围

(9)好玩,打发时间

(10)完成学校的学分或实习任务

(11)其他_____

Q12. 您认为,对您劳动价值观影响较大的影响因素是:_____(限选3项并排序)

(1)父母

(2)学校

(3)报纸杂志

(4)社会风气

(5)个人喜好

(6)同辈群体

(7)电视电影

(8)偶像

(9)微博微信

(10)书籍

(11)其他_____

Q13. 在您看来,对您个人发展意义重大的思想观念是:_____(限选3～5项)

(1)效率观念

(2)竞争观念

(3)实干观念

(4)精益求精观念

(5)诚信观念

(6)法治观念

(7)集体观念

(8)实事求是观念

(9)利己观念

(10)节俭观念

(11)创新观念

(12)感恩观念

(13)其他_____

Q14. 在您看来,目前您周围大多数大学生的思想追求倾向于:_____(限选3～5项)

(1)集体主义

(2)爱国主义

(3)拜金主义

(4)实用主义

(5)功利主义

(6)利己主义

(7)享乐主义

(8)消费主义

(9)悲观主义

(10)乐观主义

(11)其他_____

还记得这几句诗吧:"从明天起,做一个幸福的人,喂马,劈柴,周游世界。从明天起,关心粮食和蔬菜,我有一所房子,面朝大海,春暖花开。"那咱们再来聊聊您对未来职业、配偶及消费的愿景吧!

Q15. 您明年毕业后的选择是？_____（单选,选 1/3/4/5/均跳到 Q17）

(1)参加工作

(2)继续深造

(3)创业

(4)现在还比较迷茫,没有明确打算

(5)其他_____

Q16. 您明年毕业后继续深造的主要理由是：_____（多选）

(1)个人学业追求

(2)增加就业筹码

(3)就业压力太大

(4)父母的期望

(5)爱情的驱动

(6)换一个心仪的国内高校读书

(7)想到港澳台高校读书

(8)想到国外开阔眼界

(9)其他_____

Q17. 您最向往的职业类型是：_____（单选）

(1)自由型(时间和环境自由)

(2)技术型(工作与专业对口)

(3)合作型(重视团队合作)

(4)支配型/权力型(政府及企事业单位领导等)

(5)稳定型(职业稳定、风险小)

(6)自我实现型(发挥个性、特长)

(7)服务型(社会服务类工作)

(8)创业型(响应政策号召,成就个人梦想)

(9)享受型(无固定工作,开心就好)

(10)其他_____

Q18. 实际工作生活中,付出与收获的关系存在有四种情形。请根据您个人接受程度进行选择。_____（每行单选）

| 付出与收获 | 乐于接受 | 还能接受 | 无所谓 | 勉强接受 | 无法接受 |
|---|---|---|---|---|---|
| 1. 有付出,有收获 | 1 | 2 | 3 | 4 | 5 |
| 2. 没付出,有收获 | 1 | 2 | 3 | 4 | 5 |
| 3. 有付出,没收获 | 1 | 2 | 3 | 4 | 5 |
| 4. 没付出,没收获 | 1 | 2 | 3 | 4 | 5 |

Q19. 在您看来,对您的就业起到决定性影响的因素是:_____(限选3项并排序)

(1)家庭背景

(2)老师推荐

(3)个人实力

(4)学校名气

(5)机遇运气

(6)就业行情

(7)同学或朋友帮助

(8)专业背景

(9)其他_____

Q20. 影响您就业选择的主要因素是?_____(限选3项)

(1)劳动报酬(工资待遇)

(2)升职空间

(3)福利制度(是否有五险一金等)

(4)公司/单位实力

(5)公司/单位所在城市

(6)培训体系是否健全

(7)工作是否轻松(是否双休、加班等)

(8)是否符合个人兴趣或发挥专长

(9)是否体面、社会地位高

(10)能否解决北京户口

(11)其他_____

Q21. 您最理想的就业城市/地点是_____。(填空题,有重名的城市请注明省份)

Q22. 请您对以下就业方面的描述进行评价。_____(每行单选)

| 序号 | 描述 | 非常认同 | 比较认同 | 一般 | 不大认同 | 非常不认同 |
| --- | --- | --- | --- | --- | --- | --- |
| 1 | 大学几年的学习和生活对我未来的发展很有帮助 | 1 | 2 | 3 | 4 | 5 |
| 2 | 我一定能找到一份满意的工作 | 1 | 2 | 3 | 4 | 5 |
| 3 | 我对未来职业发展充满信心 | 1 | 2 | 3 | 4 | 5 |
| 4 | 我愿意去农村或偏远的基层工作 | 1 | 2 | 3 | 4 | 5 |

续表

| 序号 | 描述 | 非常认同 | 比较认同 | 一般 | 不大认同 | 非常不认同 |
|---|---|---|---|---|---|---|
| 5 | 毕业5年内我会创业 | 1 | 2 | 3 | 4 | 5 |
| 6 | 三百六十行,行行出状元 | 1 | 2 | 3 | 4 | 5 |
| 7 | 职业不分高低贵贱,无论是体力劳动还是脑力劳动,都值得尊重和鼓励 | 1 | 2 | 3 | 4 | 5 |
| 8 | 将来即使做不了精英,我也甘愿当普通人 | 1 | 2 | 3 | 4 | 5 |
| 9 | 大学生毕业后不工作,啃老可耻 | 1 | 2 | 3 | 4 | 5 |
| 10 | 在不久的未来(10~20年),我将从事的行业/职业会因为人工智能而出现大面积失业 | 1 | 2 | 3 | 4 | 5 |

Q23. 假如毕业时,暂时还没有找到理想工作,现在有一份以体力劳动为主、报酬一般的工作岗位,您也符合招录条件,您的态度是:_____（单选）

(1)乐于接受,踏踏实实地干

(2)勉强接受,先干着再找其他工作机会

(3)不能接受,继续找工作

(4)不能接受,不找工作了,创业或为创业做准备

(5)不能接受,不找工作了,准备考研/考公务员/考证等

(6)不能接受,不找工作了,在家陪父母

(7)其他_____

Q24. 您是否恋爱过?_____（单选）

(1)是

(2)否

Q25. 您对下列关于择偶方面的说法的认同情况是是_____。（每行单选）

| 序号 | 语句描述 | 非常认同 | 比较认同 | 一般 | 不大认同 | 非常不认同 |
|---|---|---|---|---|---|---|
| 1 | 我会选择双方人生观、价值观相似的配偶 | 1 | 2 | 3 | 4 | 5 |
| 2 | 我会选择双方社会经济地位相似的配偶 | 1 | 2 | 3 | 4 | 5 |
| 3 | 我愿意和配偶一起努力奋斗,同甘共苦 | 1 | 2 | 3 | 4 | 5 |

附 录

续表

| 序号 | 语句描述 | 非常认同 | 比较认同 | 一般 | 不大认同 | 非常不认同 |
|---|---|---|---|---|---|---|
| 4 | 宁在宝马车上哭,不愿在自行车上笑 | 1 | 2 | 3 | 4 | 5 |
| 5 | 遇到自己心仪的异性时,我不会主动追求对方 | 1 | 2 | 3 | 4 | 5 |
| 6 | 婚姻对我来说是不可缺少的 | 1 | 2 | 3 | 4 | 5 |

Q26. 您的择偶标准主要是。_____（限选3项并排序）

(1)相貌

(2)经济实力

(3)社会地位

(4)家庭背景

(5)发展潜力

(6)性格

(7)价值观

(8)学历

(9)感情基础

(10)忠诚度

(11)其他_____

Q27. 您最崇拜的偶像是谁？(可写多位,有重名请注明具体领域)

Q28. 在您眼中,最成功的人是谁？(请填写姓名,有重名的请注明成功理由)

生活中还有诗和远方,让咱们谈谈劳动模范、大国工匠及消费情况吧！

Q29. 请您写出您知道的劳模或大国工匠的名字？(可写多位)

Q30. 劳模精神的内涵是爱岗敬业、争创一流,艰苦奋斗、勇于创新,淡泊名利、甘于奉献。您觉得劳模精神距离自己的日常生活_____。(单选)

(1)就在身边

(2)不太遥远

(3)一般

(4)比较遥远

(5)非常遥远

Q31. 您对自己在日常学习生活中践行劳模精神的态度是_____。(单选)

(1)非常愿意

(2)比较愿意

(3)一般

(4)比较不愿意

(5)非常不愿意

Q32．中央电视台曾播出了五季《大国工匠》专题片,对这些大国工匠,您怎么看？_____（多选）

(1)非常了不起,是国家和民族的骄傲

(2)行业内的精英群体

(3)还行吧,那是他们的本职工作

(4)没有什么特别的感觉

(5)其他_____

Q33．工匠精神是一种追求极致、精益求精的精神。在您看来,工匠精神对您学习或工作的重要性是_____。（单选）

(1)非常重要

(2)比较重要

(3)一般

(4)比较不重要

(5)非常不重要

Q34．工匠精神是一种追求极致、精益求精的精神。在您看来,工匠精神对中国迈向制造强国的重要性是_____。（单选）

(1)非常重要

(2)比较重要

(3)一般

(4)比较不重要

(5)非常不重要

Q35．大学期间,您每个月的平均花费（含生活费、买衣服、往返家里、旅游、培训等所有花费）为_____。（单选）

(1)500元以下

(2)500～999元

(3)1000～1499元

(4)1500～1999元

(5)2000～2999元

(6)3000～4999元

(7)5000元及以上

## 附　录

Q36. 您认为您属于哪种消费观_____。（单选）

(1)奢侈型

(2)高消费型,喜欢品牌

(3)经济实惠型,质量一般就行

(4)实际型,看有多少钱

(5)节俭型,能不买就不买

(6)其他_____

Q37. 大学期间,如果当月生活费已经花完,还不到父母给下一个月生活费的期间,您常通过哪些途径度过_____。（多选）

(1)让父母再给钱

(2)向亲朋好友(同学)借钱

(3)信用卡透支消费

(4)校园贷等借贷类软件

(5)消费贷、分期付款

(6)兼职等赚钱

(7)其他_____

Q38. 请您对以下描述进行评价。_____（每行单选）

| 序号 | 语句描述 | 非常认同 | 比较认同 | 一般 | 不大认同 | 非常不认同 |
| --- | --- | --- | --- | --- | --- | --- |
| 1 | 我适度消费,不超前过度消费 | 1 | 2 | 3 | 4 | 5 |
| 2 | 过生日时即使我钱不够,我也会借钱请客 | 1 | 2 | 3 | 4 | 5 |
| 3 | 我崇尚每日光盘行动,节约粮食 | 1 | 2 | 3 | 4 | 5 |
| 4 | 日常学习生活或工作中,我努力做到极致、精益求精 | 1 | 2 | 3 | 4 | 5 |
| 5 | 学校宿舍、教室、食堂水龙头坏了,水哗哗往外流,我会及时报告/寻找相关人员修理 | 1 | 2 | 3 | 4 | 5 |
| 6 | 我经常参加力所能及的公益活动(扶贫济困、保护生态环境、帮助弱势群体、支教等) | 1 | 2 | 3 | 4 | 5 |

Q39. 基于您的经历和认知,您认为当代大学生在劳动价值观方面有哪些突出问题。_____（限选3～5项）

(1)看不上体力劳动

(2)好逸恶劳,缺乏积极的劳动态度

(3)没有良好的劳动习惯

(4)存在铺张浪费的现象

(5)不尊重他人劳动成果

(6)缺乏艰苦奋斗精神

(7)生活自理能力较差

(8)太看重物质报酬

(9)存在投机取巧心理,渴望不劳而获

(10)做事情马马虎虎,不精益求精

(11)奋斗目标不明确,荒废时光

(12)独生子女娇生惯养,抗挫折能力差

(13)其他_____

Q40. 在您看来,家庭在劳动价值观教育方面存在的主要问题是_____。(限选3项)

(1)在家长眼里,学习是天职,成绩是第一位的,干不干家务无所谓

(2)家长缺乏正确的劳动教育理念

(3)家长没有起到榜样示范作用

(4)家长对我的成长干预过多,甚至是包办

(5)家长很忙,没时间、没精力教育我

(6)从小没有与父母一起生活,没人有效引导我

(7)家庭结构不完善(父母离婚等),没有良好的成长环境

(8)其他_____

Q41. 在您看来,学校在劳动价值观教育方面存在的主要问题是_____。(限选3项)

(1)学校不重视劳动教育

(2)关于劳动教育方面的实践课程太少

(3)老师在劳动教育方面的引导和示范不够

(4)有的学生靠投机取巧实现了不劳而获

(5)有的学生违反了劳动纪律并没有受到惩罚

(6)有的学生靠家长等关系得到更多机会

(7)校园文化中缺乏劳动教育的相关内容

(8)其他_____

Q42. 在您看来,社会在劳动价值观教育方面存在的主要问题是_____。(限选3项)

(1)影视作品、娱乐综艺节目的价值导向存在偏差

(2)媒体关于科学家、大国工匠、劳动模范的宣传有限

(3)经常能在社会中看到不尊重体力劳动者的现象

(4)社会氛围急功近利,追求"短平快"

(5)职业教育不受重视

(6)空谈误国、实干兴邦未落到实处

(7)高房价/房租时代,年轻人努力也看不到希望

(8)其他_____

Q43. 在您看来,您更愿意接受下列哪种形式的劳动教育。_____(限选3～5项)

(1)向家长学习,从小参加家务劳动等,养成良好劳动习惯

(2)中小学时期能有机会多参加劳动教育课程(主题讲座、手工课、志愿服务、参与校园劳动、社会参观等)

(3)向身边的同学朋友学习

(4)自己主动参加各类义务劳动、体验劳动价值

(5)向自己喜欢的影视剧中的人物学习

(6)向自己崇拜的成功人士学习

(7)大学期间多一些实验实践类课程

(8)大学期间多一些勤工俭学的机会

(9)大学老师在课堂上的讲授更切合实际

(10)社会舆论的正确引导

(11)与大国工匠、劳动模范近距离接触,感受他们的魅力

(12)有更多机会到与专业相关的单位实习

(13)多惩罚一些投机取巧、不劳而获的人

(14)其他_____

Q44. 关于"如何帮助大学生树立正确的劳动价值观",您的看法或者建议是:(请填写)

_____

坚持一下,最后几个问题啦!

Q45. 您的性别是_____。(单选)

(1)男

(2)女

Q46. 您是不是中共党员(含预备党员)_____。(单选)

(1)是

(2)否

Q47. 您在大学几年当学生干部的情况？_____（多选）

(1)未当学生干部

(2)班级干部

(3)院/系学生会干部

(4)社团干部

(5)校学生会干部

(6)其他_____

Q48. 您是否为独生子女_____。（单选）

(1)是

(2)否

Q49. 过去的一年,您父母的家庭月平均总收入（包括工资、各种奖金、资本性收入以及其他固定及临时性收入）是_____。（单选）

(1)2000 元以下

(2)2001～5000 元

(3)5001～7000 元

(4)7001～10000 元

(5)10001～15000 元

(6)15001～20000 元

(7)20000 元以上

Q50. 您父亲的职业是_____。（单选）选项同 Q51

Q51. 您母亲的职业是_____。（单选）

| 教师 | 1 | 产业工人 | 9 |
| --- | --- | --- | --- |
| 医生、护士 | 2 | 农业劳动者 | 10 |
| 民企、私企员工 | 3 | 无业、失业或半失业 | 11 |
| 政府、事业单位、国企员工 | 4 | 自由职业 | 12 |
| 专业技术人员(科研人员/律师/金融从业人员等) | 5 | 离退休 | 13 |
| 私营企业主 | 6 | 家庭主妇 | 14 |
| 个体工商户 | 7 | 其他 | 15 |
| 商业、服务业员工 | 8 | | |

Q52. 您的家乡在_____。
(1)城市
(2)县城
(3)乡镇
(4)农村

Q53. 您的家乡在哪个省(自治区/直辖市)哪个城市？请填写_____
例：北京海淀、河北石家庄

问卷调查结束,再次感谢您的大力支持和配合！

## 附录三

## 高等学校学生勤工助学管理办法

（2018年修订）

### 第一章　总则

**第一条**　为规范管理高等学校学生勤工助学工作，促进勤工助学活动健康、有序开展，保障学生合法权益，帮助学生顺利完成学业，发挥勤工助学育人功能，培养学生自立自强、创新创业精神，增强学生社会实践能力，特制定本办法。

**第二条**　本办法所称高等学校是指根据国家有关规定批准设立、实施高等学历教育的全日制普通本科高等学校、高等职业学校和高等专科学校（以下简称学校）。

**第三条**　本办法所称学生是指学校招收的本专科生和研究生。

**第四条**　本办法所称勤工助学活动是指学生在学校的组织下利用课余时间，通过劳动取得合法报酬，用于改善学习和生活条件的实践活动。

**第五条**　勤工助学是学校学生资助工作的重要组成部分，是提高学生综合素质和资助家庭经济困难学生的有效途径，是实现全程育人、全方位育人的有效平台。勤工助学活动应坚持"立足校园、服务社会"的宗旨，按照学有余力、自愿申请、信息公开、扶困优先、竞争上岗、遵纪守法的原则，由学校在不影响正常教学秩序和学生正常学习的前提下有组织地开展。

**第六条**　勤工助学活动由学校统一组织和管理。学生私自在校外兼职的行为，不在本办法规定之列。

### 第二章　组织机构

**第七条**　学校学生资助工作领导小组全面领导勤工助学工作，负责协调学校的宣传、学工、研工、财务、人事、教务、科研、后勤、团委等部门配合学生资助管理机构开展相关工作。

**第八条**　学校学生资助管理机构下设专门的勤工助学管理服务组织，具体负责勤工助学的日常管理工作。

### 第三章　学校职责

**第九条**　组织开展勤工助学活动是学校学生工作的重要内容。学校要加强领导，认真组织，积极宣传，校内有关职能部门要充分发挥作用，在工作安排、人员配备、资金落实、办公场地、活动场所及助学岗位设置等方面给予大力支持，为学生勤工助学活动提供指导、服务和保障。

**第十条** 加强对勤工助学学生的思想教育，培养学生热爱劳动、自强不息、创新创业的奋斗精神，增强学生综合素质，充分发挥勤工助学育人功能。

**第十一条** 对在勤工助学活动中表现突出的学生予以表彰和奖励；对违反勤工助学相关规定的学生，可按照规定停止其勤工助学活动。对在勤工助学活动中违反校纪校规的，按照校纪校规进行教育和处理。

**第十二条** 根据本办法规定，结合学校实际情况，制定完善本校学生勤工助学活动的实施办法。

**第十三条** 根据国家有关规定，筹措经费，设立勤工助学专项资金，并制定资金使用与管理办法。

## 第四章 勤工助学管理服务组织职责

**第十四条** 确定校内勤工助学岗位。引导和组织学生积极参加勤工助学活动，指导和监督学生的勤工助学活动。

**第十五条** 开发校外勤工助学资源。积极收集校外勤工助学信息，开拓校外勤工助学渠道，并纳入学校管理。

**第十六条** 接受学生参加勤工助学活动的申请，安排学生勤工助学岗位，为学生和用人单位提供及时有效的服务。

**第十七条** 在学校学生资助管理机构的领导下，配合学校财务部门共同管理和使用学校勤工助学专项资金，制定校内勤工助学岗位的报酬标准，并负责酬金的发放和管理工作。

**第十八条** 组织学生开展必要的勤工助学岗前培训和安全教育，维护勤工助学学生的合法权益。

**第十九条** 安排勤工助学岗位，应优先考虑家庭经济困难的学生。对少数民族学生从事勤工助学活动，应尊重其风俗习惯。

**第二十条** 不得组织学生参加有毒、有害和危险的生产作业以及超过学生身体承受能力、有碍学生身心健康的劳动。

## 第五章 校内勤工助学岗位设置

**第二十一条** 设岗原则：

（一）学校应积极开发校内资源，保证学生参与勤工助学的需要。校内勤工助学岗位设置应以校内教学助理、科研助理、行政管理助理和学校公共服务等为主。按照每个家庭经济困难学生月平均上岗工时原则上不低于20小时为标准，测算出学期内全校每月需要的勤工助学总工时数（20工时×家庭经济困难学生总数），统筹安排、设置校内勤工助学岗位。

（二）勤工助学岗位既要满足学生需求，又要保证学生不因参加勤工助学而影响学习。学生参加勤工助学的时间原则上每周不超过8小时，每月不超过40小时。寒暑假勤工助学时间可根据学校的具体情况适当延长。

第二十二条　岗位类型：

勤工助学岗位分固定岗位和临时岗位。

（一）固定岗位是指持续一个学期以上的长期性岗位和寒暑假期间的连续性岗位；

（二）临时岗位是指不具有长期性，通过一次或几次勤工助学活动即完成任务的工作岗位。

### 第六章　校外勤工助学活动管理

第二十三条　学校勤工助学管理服务组织统筹管理校外勤工助学活动，并注重与学生学业的有机结合。

第二十四条　校外用人单位聘用学生勤工助学，须向学校勤工助学管理服务组织提出申请，提供法人资格证书副本和相关的证明文件。经审核同意，学校勤工助学管理服务组织推荐适合工作要求的学生参加勤工助学活动。

### 第七章　勤工助学酬金标准及支付

第二十五条　校内固定岗位按月计酬。以每月40个工时的酬金原则上不低于当地政府或有关部门制定的最低工资标准或居民最低生活保障标准为计酬基准，可适当上下浮动。

第二十六条　校内临时岗位按小时计酬。每小时酬金可参照学校当地政府或有关部门规定的最低小时工资标准合理确定，原则上不低于每小时12元人民币。

第二十七条　校外勤工助学酬金标准不应低于学校当地政府或有关部门规定的最低工资标准，由用人单位、学校与学生协商确定，并写入聘用协议。

第二十八条　学生参与校内非营利性单位的勤工助学活动，其劳动报酬由勤工助学管理服务组织从勤工助学专项资金中支付；学生参与校内营利性单位或有专门经费项目的勤工助学活动，其劳动报酬原则上由用人单位支付或从项目经费中开支；学生参加校外勤工助学，其劳动报酬由校外用人单位按协议支付。

### 第八章　法律责任

第二十九条　在校内开展勤工助学活动的，学生及用人单位须遵守国家及学校勤工助学相关管理规定。学生在校外开展勤工助学活动的，勤工助学管理服务组织必须经学校授权，代表学校与用人单位和学生三方签订具有法律效力的协议书。签订协议书并办理相关聘用手续后，学生方可开展勤工助学活动。协议书必须明确学校、用人单位和学生等各方的权利和义务，开展勤工助学活动的学生如发生意外伤害事故的处理办法以及争议

## 附　录

解决方法。

**第三十条**　在勤工助学活动中,若出现协议纠纷或学生意外伤害事故,协议各方应按照签订的协议协商解决。如不能达成一致意见,按照有关法律法规规定的程序办理。

### 第九章　附　则

**第三十一条**　科研院所、党校、行政学院、会计学院等研究生培养单位根据本办法规定,制定完善本单位学生勤工助学活动的实施办法。

**第三十二条**　本办法由教育部、财政部负责解释。

**第三十三条**　本办法自公布之日起施行。教育部财政部印发的《高等学校勤工助学管理办法》(教财〔2007〕7号)同时废止。

教育部　财政部

2018年8月20日

# 参考文献

[1]袁国,徐颖,张功.新时代劳动教育教程[M].北京:航空工业出版社,2020.

[2]刘向兵等.新时代高校劳动教育论纲[M].北京:社会科学文献出版社,2019.

[3]何卫华,林峰.大学生劳动教育理论与实践教程[M].厦门:厦门大学出版社,2019.

[4]李珂.嬗变与审视:劳动教育的历史逻辑与现实重构[M].北京:社会科学文献出版社,2019.

[5]赵荣辉.劳动教育及其合理性研究[M].北京:中央民族大学出版社,2012.

[6]刘向兵.新时代高校劳动教育的新内涵与新要求——基于习近平关于劳动的重要论述的探析[J].中国高教研究,2018(11).

[7]刘向兵,李珂,彭维锋.深刻理解新时代加强劳动教育的重大意义与现实针对性[J].中国高等教育,2018(21).

[8]李珂,曲霞.1949年以来劳动教育在党的教育方针中的历史演变与省思[J].教育学报,2018(5).

[9]卢晓东.劳动,在人工智能时代意味着什么?[J].中国高等教育,2018(21).

[10]文新华.论以新时代马克思主义劳动观为指导深入推进劳动教育[J].中国高等教育,2018(21).

[11]刘丽红.行业特色院校创新创业教育的实践路径[J].中国高校科技,2018(7).

[12]李珂.习近平新时代中国特色社会主义劳动思想探析[J].思想教育研究,2018(1).

[13]曲霞,刘向兵.新时代高校劳动教育的内涵辨析与体系建构[J].中国高教研究,2019(2).

[14]刘向兵,李珂,彭维锋.新时代加强劳动教育的重大意义、主要任务与实施路径[J].理论动态,2018(11).

[15]曹晔.关于新时代产教融合的几点思考[J].教育与职业,2018(18).

[16]胡君进,檀传宝.马克思主义的劳动价值观与劳动教育观——经典文献的研析[J].教育研究,2018(5).

[17]刘黎明.马克思劳动教育思想的现代阐释[J].中国教育科学,2018(9).

[18]冯鑫.苏霍姆林斯基创造性劳动转型[J].古林省教育学院学报,2018(4).

[19]中国人力资源市场信息监测中心.2018年第三季度百城市公共就业服务机构市场供求状况分析[J].人力资源,2018(11).

[20]罗汝珍.职业教育产教融合推进的价值取向[J].职教论坛,2017(13).

[21]邹晓凡.经济转型期我国生产企业劳动者劳动价值观与生产力的关系分析[J].金融发展研究,2016(4).

[22]王丹中.基点形态本质:产教融合的内涵分析[J].职教论坛,2014(35).

[23]郝玉梅.大学生劳动价值观调查分析与教育对策[J].内蒙古财经大学学报,2014(12)5.

[24]杨叔子.校园文化与时代精神[J].中国高教研究,2007(3).

[25]徐长发.我国劳动技术教育的发展[J].教育研究,2004年第12期。

[26]潘懋元.走向社会中心的大学需要建设现代制度[J].现代大学教育,2001(3).

[27]罗建勤.从"教育与生产劳动相结合"到"教育与社会实践相结合"[J].毛泽东思想研究,2001年第3期。

[28]王殿军.补齐劳动教育的短板[J].中国教育报,2018-10-31.

[29]曾天山.劳动教育的时代价值与落实机制[N].中国教育报,2018-12-27.

[30]刘向兵.针对网络原住民的劳育新在哪[N].中国教育报,2018-12-20.

[31]吕文清.劳动教育需要"四个进化"[N].中国教育报,2018-11-7.

[32]杜锐.劳动技术教育的"三无"之痛[N].中国教育报,2014-11-26.